삼국지
인물전

삼국지로 풀어보는 대한민국 인물열전

삼국지
인물전

김재욱 지음

휴먼큐브

온 나라에 썩는 냄새가 진동하는
안녕하지 못한 시대

　『삼국지』는 중국의 후한後漢 말기에서 진晉나라 통일까지의 이야기를 서술한 역사책이지만, 우리에게도 우리 역사서보다 널리 알려진 책이다. 더구나 우리가 읽는 『삼국지』는 딱딱한 정사正史류가 아닌 소설 형식으로 되어 있어 시대와 독자층에 구애받지 않고 폭넓게 사랑받아 왔다. '삼국지를 세 번 읽은 사람과는 논쟁하지 마라'는 말이 있을 정도로 『삼국지』에는 세상살이의 다양한 모습이 펼쳐지기 때문에 독자들은 이 책을 통해 삶의 지혜를 얻는가 하면 드라마틱한 이야기에 감동하기도 한다.

『삼국지』에는 개성이 뚜렷한 수많은 인물이 등장한다. 독자들도 개성이 다양하므로 각자 자신이 좋아하는 인물이 있게 마련이다. 우리나라의 경우 유비의 '촉한정통론蜀漢正統論'이 우세해서 유비 진영의 참모나 장수들이 인기를 끄는 경향이 강하다. 주인공 유비를 비롯해서 제갈량, 조자룡, 관우, 장비, 마초 등이 많은 사람들의 사랑을 받고 있다.

독자는 반드시 유비 진영이 아니더라도 좋아하는 인물이 생기면 자연스레 '지금은 누가 그 사람과 비슷할까?' 하는 생각을 가지게 된다. 아무래도 『삼국지』는 난세를 살다 간 전쟁 영웅들의 이야기다 보니 등장인물과 유명 인사들을 비교하는 경우가 많다. 자신이 좋아하는 사람을 역시 좋아하는 『삼국지』 인물에 비유하면서 그 사람이 주인공으로 성장해주기를 바란다. 반면 싫어하거나 사회적으로 물의를 빚은 사람이 있으면 악당에 비유하기도 한다. 이런 생각을 바탕으로 『삼국지』와 현실 정치를 대비시켜 글을 쓰는 정치 평론가도 꽤 많다.

나는 현재 우리나라의 정치 현실이 황건적의 난이 일어나기 전 후한의 상황과 비슷하다고 보고 있다. 권력자들은 부패했다. 온 나라에 썩는 냄새가 진동하는데도 권력자들은 사리사욕을 채우기에 바쁘고, 말로만 민생을 외치고 있다. 선거에 중립을 지켜야 할 국가기관이 선거에 개입하고도 그 잘못을 모르고 있으며, 바른 소리를 하는 사람에게는 '종북'의 굴레를 씌워 무자비하게 탄압하고 있다. 이런 몰상식한 거대 권력을 견제해야 할 야당은 지방 토호 세력으로 전락하여 제 역할을 못하고 있다. 이들 모두에게 염증을 느끼는 마음들이 새 정치의 깃발 아래 모여들고 있지만, 그 힘이 얼마나 될지는 아무도 알 수 없다. 실체가 없기 때문이다. 진보 진영은 통합진보당 사태를 계기로 사분오열이 되어버렸고, 그들 중 한 정당은 '내란음모죄' 혐의를 받아 정당이 해산될 위기에 처해 있다. 암담한 현실이 아닐 수 없다.

이 책에는 정치인, 전·현직 대학교수, 작가, 전직 및 현직 공직자, 언론인 등 서른두 명이 등장한다. 그중 보수 인사로 구분되는 사람은 세 명에 불과하고, 나머지는 민주·진보 인사들이다. 보수 인사는 무능한 악당에 비유했으며, 진보 인사는 능력 있는 참모나 장수에 비유했다. 후속편을 쓸 생각은 없지만, 만의 하나 쓰게 된다 하더라도 보수 진영의 인사를 좋게 쓸 일은 없을 것이다. 나는 우리나라가 진보의 길로 나아가야 미래가 있다는 명백한 사실을 서른두 명의 삶과 말을 통해 드러내고자 했다.

『삼국지』의 등장인물과 현재 인물을 일대일 대응하는 형식으로 각 편을 구성했으며, 중간중간 나의 평가도 조금씩 넣으면서 글을 전개했다. 현대 인물의 경우에는 그 사람에 대한 전망과 바람을 덧붙여보았다. 한 사람의 행적을 쓰는 것이므로 사실에 근거해서 이야기를 풀어나갔으며, 신중하게 쓰되 재미를 잃지 않으려 노력했다.

중국의 옛사람과 현재 우리나라 인물의 행적이 일치할 수는 없다. 그러나 독자들은 이 책을 읽으면서 『삼국지』의 등장인물과 현재 인물의 모습이 아주 많은 부분에서 흡사하다고 느낄 것이다. 인물 비교와 글의 내용이 독자의 생각과 맞지 않는 부분도 당연히 있을 것이다. 작가의 개인적인 견해라 여기고 해량해주시기를 바란다. 사람의 생각이 모두 다 같을 수는 없는 일이다. 내가 전적으로 옳다고 생각하지 않는다. 재미있게 읽으면서 우리나라의 현재와 미래를 함께 고민하고 생각해주시면 다행이겠다.

이 책에 수록된 글은 페이스북에 연재했던 것이다. 처음에는 『삼국지』의 내용을 자세하게 다루지는 않았고, 관련 일화를 짧게 쓰는 정도였다. 언감생심 출판은 생각지도 않았는데 연재를 시작할 무렵에 서울대 조국 선생님과 인연을 맺게 되었고, 조국 선생님의 권유에 힘을 얻어 정리된 원고를 쓰게 되었다. 선생님은 이 원고를 출판하는 데 많은 힘을 기울여주셨다. 표창원 선생님은 이 연재물을 많은 사람들이 볼 수 있도록 널리 알려주셨다. 두 분의 은혜에 깊은 감사를 드린다. 이 책의 출판과 관련된 뒷이야기는 책 말미에 따로 소개하려 한다.

휴먼큐브 출판사의 황상욱 대표는 원고 작업을 하는 동안 모든 면에서 나를 믿고 기다려주었다. 원고를 출판해주는 것만으로도 고마운 일인데, 각 인물의 캐리커처를 넣어 책을 더욱 다채롭게 꾸며주었다. 귀한 그림을 그려주신 김재훈 화백님께 깊은 감사를 드린다. 거친 글을 독자들이 쉽게 읽을 수 있게 다듬어준 휴먼큐브 편집부에도 고마운 마음을 전한다. 끝으로 이 책이 나오기까지 격려해주신 문경훈 선생님, 유희영 선생님, 김지하 선생님, 그리고 글 한 편 한 편마다 아낌없는 관심과 성원을 보내주신 페이스북의 독자들에게 고개 숙여 감사드린다.

2014년 3월, 봄을 앞둔 어느 날
해 드는 마루에서 김재욱 씀

차례

머리말

온 나라에 썩는 냄새가 진동하는 안녕하지 못한 시대 5

문재인
난세에 성인군자는 필요 없다

사람 좋았던 유표

   동탁을 토벌하기 위해 결성된 17로 근왕병은 목적을 달성하지 못하고 흩어졌다. 동탁은 각지의 군웅들이 압박해오자 낙양성을 불태워버리고 장안으로 수도를 옮겼다. 강동 지역의 맹장 손견은 낙양성을 돌아다니다가 우연히 전국옥새를 손에 넣었다. 황실의 권위를 상징하는 전국옥새를 얻은 손견은 급히 회군해버렸다. 그제야 제후들은 전국옥새가 손견의 손에 들어간 것을 알았다. 근왕병의 맹주였던 원소는 전국옥새를 뺏기 위해 형주의 유표劉表에게 편지를 보냈다. 형주는 손견이 지나가는 길목에 위치했기 때문이다.

"손견이 황실의 보물을 사사로이 훔쳐서 도망갔습니다. 손견은 역적입니다. 손견을 토벌하여 황실의 권위를 바로잡아주셔야겠습니다."

유표는 이렇게 『삼국지』에 등장한다. 유표는 8척의 키에 풍채가 좋았고 글을 잘했다. 선비들과 어울리길 좋아했는데 유표를 포함해 그와 어울리는 선비들을 '강하팔준江夏八俊, 강하 지역의 여덟 인재'이라고 불렀다. 유표는 형주 지역을 차지하고 있던 영웅이었다. 그런데 동탁 토벌을 위한 17로 근왕병에 가담하지 않고 형주에 머물면서 자기 지역을 지키려고만 했다. 애당초 군웅들과 경쟁할 생각이 없었던 것이다. 어쨌든 유표는 손견의 군대를 막아섰지만, 손견을 잡지는 못했다. 이후 손견이 앙심을 품고 유표를 공격했으나 실패하고 전사했다. 전국옥새는 자연히 손견의 아들 손책의 손에 들어갔다.

원소와 조조가 중원에서 대결했다. 원소는 유표에게 조조의 배후를 공격해줄 것을 요청했다. 유표는 그러하겠다고 답을 보내놓고는 군대를 움직이지 않았다. 유표의 관심은 오로지 형주를 지키는 데 있었기 때문이다. 천하를 제패할 수 있는 조건을 갖추었음에도 유표는 죽을 때까지 싸움에 가담하지 않았다. 덕분에 형주 지역 백성들은 다른 지역에 비해 넉넉하게 살 수 있었다.

유표가 죽은 뒤 그의 세력은 둘로 나뉘었다. 유표의 장남인 유기는 강하 지역으로 갔다가 병에 걸려 죽었고, 후처의 소생 유종은 조조에게 항복했으나 결국 조조에게 죽임을 당했다.

유표는 한나라 황실의 종친이었다. 문사 기질이 강해서 싸움을 좋아하지 않았고, 사람 사귀기를 좋아했다. 사람을 보는 눈도 있었다. 오갈 데 없는 유비가 의지해오자 극진히 대접을 했고, 자신의 뒤를 이어 형주를 맡아달라고 청하기도 했다. 가신들의 반대로 그렇게 되진 않았지만, 유표의 행적을 보면 그에게는 천하를 경영할 뜻이 없었다는 사실을 알 수 있다. 유표는 사람 좋은 성인군자였던 셈이다. 이 사람을 폄하할 생각은 없다. 그는 나름대로 최선을 다해 살다 간 사람이었다. 끝내 자기 지역을 지키지 못했다는 점이 아쉬울 뿐이다. 그것도 그의 '운명'이었나.

문재인은 유표다

문재인의 인품은 정치인 중에 단연 으뜸이다. 그러나 유비나 조조 같은 인물로 성장하려면 지금처럼 성인군자 같은 모습을 보여서는 안 된다. 지금보다 독한 영웅이 되어주길 기대한다.

권력욕 없는 대통령 후보

돌아가신 노무현 대통령의 통쾌한 외침이 귓전에 맴돈다.

"나는 대통령감이 됩니다. 나는 문재인이를 친구로 두고 있습니다."

그 어떤 지지 연설보다도 문재인을 지지하는 유권자들의 마음에 와 닿았던, 노무현의 지지 연설이었다. 이게 문제였다. 선거 기간 내내 문재인은 지지자들에게 강한 인상을 주지 못했다. 노무현의 음성이 없이도 자신의 색깔을 보여주어야 했는데 문재인에게는 그런 모습이 보이지 않았다. 그와 노무현이 실과 바늘 같은 관계라는 것은 누구나 아는 사실이지만, 그래도 노무현의 그림자를 지웠어야 했다. 이 때문에 선거에 졌다는 것이 아니라, 앞으로도 그러해야 한다는 말이다. 사람들은 문재인을 찍었지, 노무현을 찍은 게 아니었다.

문재인의 가장 큰 장점은 '훌륭한 인품'을 지녔다는 점이다. 그 인품에 독설가 진중권도 반해서 지지 연설 자리에 나왔다고 할 정도였다. 인품은 정치인으로서 가져야 할 기본적인 덕목이지 그게 전부가 되면 안 된다. 능력 없이 '사람만 좋다'는 뜻으로 오해할 가능성이 많은 장점이다. '겸손함'도 그의 큰 장점이다. 노무현은 대통령 후보였을 때 문재인에게 부산시장 출마를 권유했다. 문재인은 '나는 참모용이다. 더 나은 사람이 출마해야 한다'고 했을 만큼 자신을 잘 알았고 겸손했다. 그러나 이 역시 기본적인 덕목일 뿐 '정치인' 문재인을 규정하는 것이 되어서는 안 된다.

문재인은 지난 대선에 패배하고 1년가량 선거에 대한 말을 하지 않았다. 국정원을 비롯한 정부기관이 조직적으로 대선에 개입한 사실이 속속 드러나는데도 아무런 말을 하지 않았다. 그러던 중 'NLL북방한계선' 사건이 터졌다. 새누리당은 '노무현이 NLL을 포기했다'고 공격하면서 그 증거로 '남북정상회담 회의록'을 공개하는 어처구니없는 짓을 저질렀다.

그동안 침묵을 지키던 문재인이 나섰다. 왜? 바늘과 같은 노무현이 걸려 있기 때문이었다. 유표가 형주 지역만 유지하려 한 것처럼 문재인은 노무현만 지키려고 했다. 게다가 검찰에 출두하는 소극적인 방식으로 대응을 했고, 부정선거에 관련해서는 언급하지 않았다. NLL 문제는 엄연히 선거와 맞물려 있었음에도 철저히 선을 긋는 모습을 보여주었다.

드디어 문재인은 1년간의 침묵을 깨고 자신을 지지했던 대중 앞에 모습을 드러냈다. 모두들 기대가 컸다.

"우리가 작년 대선 때 이루고자 했던 새로운 시대, 새로운 세상에 대한 꿈들이 그냥 스러진 것은 아니고, 2017년으로 미뤄졌을 뿐이다."

충분히 할 수 있는 말이긴 하지만, 종교계까지 일어나서 부정선거이슈를 살려놓은 마당에 찬물을 끼얹는 말이 아니었나 생각한다. 지금까지 밝혀진 문제에 대해 현재 자신의 생각과 앞으로의 투쟁 계획을 구체적으로 밝힌 다음에 그런 말을 해도 늦지 않다.

그럼 왜 저 말부터 꺼냈을까. 역시 '유표의 형주 지키기'로 보인다. 자신은 안철수를 견제하려는 뜻이 없다고 말했지만, 나는 그가 안철수의 움직임을 의식해 '나도 살아 있다'는 메시지를 전한 것으로 해석한다. 동시에 여전히 자신을 지지하는 사람들에게 희망을 심어주면서 '형주'를 지키겠다는 뜻을 밝힌 것으로 본다.

아직까지 정치인 문재인, 대권주자 문재인의 모습이 그려지지 않는다. 2017년 대선을 말했다는 이유만으로, 지난 선거에서 우리의 대선주자였다는 이유만으로 그에게 기대를 걸기 어렵다. 문재인이 유표를 넘어, 유비나 조조 같은 인물로 성장하려면 지금처럼 성인군자 같은 모습을 보여서는 안 된다.

시국의 현안에 대해 구체적인 생각을 밝혀야 한다. 관망하는 자세를 버리고 대중 속으로 뛰어들어야 한다. 언젠가는 걸림돌이 될 노무현의 후광을 벗어던져야 한다. 의식적으로라도 노무현에 대한 언급을 피하는 것이 좋겠다. 민주진보 진영에서 노무현을 혹독하게 비판해도 겸허히 수용해야 한다. 대중들에게 몇 번이고 물어보는 연설 방식을 버려야 한다. 민주진보 진영에서는 이것을 두고 '수평적 소통'이라고 좋게 평가했지만, 내가 보기엔 대중의 인내심을 시험하는 최악의 연설법이다. 묻고 답하는 방식은 학교에서나 써먹는 것이다. 이 모습 역시 그의 성품을 반영하는 것일 텐데, 그렇게 물러터져서는 대중의 지지를 받기 어렵다. 더구나 충남에는 '강동의 호랑이 손책' 같은 안희정이 버티고 있다. 2017년이 되기 전에 손책한테 형주를 넘겨주고 싶지 않다면 연습을 해서라도 스타일을 바꾸어야 한다.

　나는 여전히 문재인에게 기대를 걸고 있다. 문재인, 지금보다 독한 영웅이 되어주길 기대한다.

김한길
역사상 가장 무능한 야당 대표

패가망신의 교과서 원술

동탁을 토벌하기 위한 연합군인 17로 근왕병은 원소를 맹주로 삼고, 손견을 선봉으로 내세워 낙양으로 진격했다. 동탁은 화웅에게 군사를 주어 낙양으로 들어오는 관문인 사수관을 지키게 했다. 손견은 며칠 동안 사수관을 공격했지만, 뚫지 못했다. 설상가상 식량과 말 먹이가 바닥을 드러냈다.

이때 원술袁術이 근왕병의 군량을 관리하고 있었다. 원술은 손견이 공을 세울까 염려해서 일부러 군량을 보내주지 않았다. 그 바람에 손견은 화웅에게 패하고 물러났다.

화웅은 여세를 몰아 근왕병을 공격해왔다. 원술의 부하 유섭과 한복의 부하 반봉이 화웅에게 맞섰다가 죽었다. 모두들 화웅의 기세에 눌려 있을 때, 맹주 원소가 보기에 범상치 않은 세 사람이 눈에 들어왔다. 유비, 관우, 장비였다. 이들 세 의형제는 공손찬의 진영에 가담하고 있었다. 관우가 화웅을 상대하겠다고 나섰다. 이때 원술이 나서서 깐죽거렸다.

"일개 마궁수(기마 궁병) 따위가 화웅을 죽이겠다고? 너 이놈, 우리 장수들이 우스워 보이느냐?"

조조가 나섰다.

"원술님, 이 사람의 생김새가 비범해 보이니 한번 기회를 줘봅시다. 졸병의 풍채는 아니지 않습니까."

곡절 끝에 관우는 화웅을 상대하러 나섰다. 관우는 한칼에 화웅을 죽여버렸다. 관우가 이기고 돌아왔는데도 원술은 이죽댔다.

"화웅이 방심한 틈을 타 이긴 주제에 어디서 잘난 척이냐. 썩 물러가라!"

화웅이 죽자 동탁은 여포를 내세웠지만, 유비 삼형제의 활약으로 여포도 후퇴해버렸다. 근왕병은 낙양으로 진격했고, 불리해진 동탁은 낙양을 불태워버리고 장안으로 수도를 옮겼다. 손견은 낙양성 안을 돌아다니다가 전국옥새를 얻어서 고향인 강동으로 돌아갔다. 근왕병의 맹주였던 원소는 유표에게 편지를 보내 손견을 막아달라고 했다. 손견은 유표 군사의 포위를 뚫고 고향으로 돌아갔다가 군대를 수습해서 유표를 공격했다. 손견은 전사했고, 전국옥새는 손책의 손에 들어갔다. 오갈 데가 없어진 손책은 원술의 밑에 있었지만, 원술이 마음에 들지 않았다. 원술에게 전국옥새를 담보로 하고 군사를 얻어 독립했다.

전국옥새를 얻은 원술은 스스로 황제 자리에 오르고는 나라 이름을 성(成)이라 했다. 다른 영웅들이 가만히 있을 리 없었다. 원술은 조조, 손책, 유비의 연합군에게 근거지인 수춘성을 잃고, 회남으로 도망쳤다. 원술은 그래도 정신을 차리지 못하고 이곳에서 사치와 향락을 일삼았고, 자연히 그의 세력은 위축되었다. 가망이 없음을 깨달은 원술은 전국옥새를 사촌 형 원소에게 바치고 뒷날을 도모하려 했다. 그러나 길목에서 대기하고 있던 유비에게 패해서 죽었다.

원술은 천하를 제패할 그릇이 아니었다. 영웅을 알아보는 눈도 없었고, 도량이 작아서 손책 같은 명장을 거느리지도 못했다. 전국옥새를 가졌다고 해서 황제가 되는 것이 아니건만, 그것 하나만 믿고 황제 자리에 올랐을 정도로 욕심만 많고 사리분별이 없는 졸렬한 사람이었다. 원술의 별명은 '총중고골塚中枯骨'이다. '무덤 속 마른 뼈다귀'라는 뜻이다. 원술 자신만 빼고 나머지 영웅들은 모두 원술을 대수롭지 않게 여겼다.

김한길은 원술이다

"선거에서 이기는 민주당을 만들겠다." 그러려면 우선 이 사람이 당대표에서 물러나야 한다. 원술처럼 능력 없이 전국옥새만 믿고 황제를 참칭하다가 몰락하지 않으려면…….

이미 죽었는데 죽은 줄 모르는 사람

"변화와 혁신의 폭풍 속으로 나아가겠습니다. …… 새로운 민주당의 앞날을 위해 모든 것을 버리고 변화의 폭풍 속으로 몸을 던져 당의 운명을 건 사투를 벌여야 할 때입니다."

"민생을 살리기 위해 정부는 물론 여당과 초당적으로 협력할 준비가 되어 있습니다. …… 만약 국민과 야당을 무시하고 불통의 국정 운영을 고수한다면 강력한 야당의 모습을 보여줄 것입니다."

_2013년 5월, 민주당 대표 수락 연설

작가 출신이라 그런지 말은 참 잘했다. 이 사람은 민주당 전당대회에서 61.7퍼센트의 득표율을 기록하며 민주당의 새 대표가 되었다. 2013년 5월의 일이다. 이후 국정원의 대선 개입 의혹 사건이 수면 위로 떠오르면서 수만 명의 시민들이 서울 청계광장과 서울광장으로 모여들었다. 시민들은 당연히 부정선거의 피해 당사자면서 127석을 보유한 제1야당인 민주당이 적극적으로 나서주리라 믿었다.

그런데 민주당은 나서기는커녕 '대선에 불복하려는 거 아니냐'는 새누리당의 으름장에 아무런 대응을 하지 못했다. 나아가 '변화의 폭풍 속으로 몸을 던져야 할' 민주당의 대표는 수많은 시민들이 모인 서울시청 앞 서울광장 한쪽에 호화 천막을 세워놓고 그 속으로 몸을 던졌다. 시민들은 목소리 높여 '국정원 해체'를 외치고 있는데 천막 안에서 독서를 하며 캠핑을 즐겼다.

이 사람은 원술이 선봉장 손견에게 군량미를 일부러 주지 않아 패배를 조장한 것처럼 국정원의 대선 개입 사건의 내막을 가장 잘 알고 있는 진선미와 김현을 국정조사 특위 위원직에서 쫓아내버렸다. 겉으로는 자진사퇴로 보였지만, 당대표라는 사람이 그걸 멀거니 보고 있었으니 쫓아낸 것과 다름없다. 그 덕분에 국정조사는 이루어졌으나 아무런 성과도 내지 못했다. '당의 운명을 걸고 사투를 벌이는' 선봉장을 죽여놓고 싸우는 시늉만 했으니 성과가 나올 리 만무했다.

이후 시민들의 촛불집회가 20회를 넘어가고, 국정원을 비롯한 정부 기관의 조직적인 선거 개입 정황이 속속 드러나는데도 민주당은 물론 당대표라는 사람은 남의 일 보듯 사태를 관망하기만 했다. 우리나라 역사상 가장 무능한 야당 대표를 이 어려운 시국에 만나게 된 것도 국민의 팔자인가?

"저는 대선에 불복하는 것이 아니라 부정선거에 불복합니다."

"대통령은 사퇴하라. 보궐선거 실시하라."

"검찰 조사에서 밝혀진 것처럼 유권자를 모독하고 헌정질서를 파괴한 장본인은 바로 국가정보원이다. …… 이는 헌법에서 보장한 국민의 주권 행사를 교란시키고 헌법 총강의 7조에서 명시한 공무원의 정치적 중립성을 위반한 총체적인 헌정질서 유린이다. 유권자와 민심을 모독하고 정보기관의 공작정치로 헌정질서를 짓밟은 것은 바로 국가정보원의 부정선거다!"

이 발언을 한 사람은 민주당 장하나 의원이다. 원술 같은 당대표가 이끄는 바보 야당에도 인물은 있었다. 국민들은 장하나 의원의 발언에 통쾌함을 느꼈고 환호했다. 발언의 옳고 그름을 떠나 국회의원 자격으로 '할 수 있는 말'을 했기 때문이다. 국민들은 민주당도 이제는 종전의 수세에서 공세로 전환해주리라 기대했다. 하지만 역시 무능한 당대표답게 국민의 바람을 보기 좋게 짓밟았다.

"당의 단결을 해치거나 당의 이해와 배치되는 언행에 대해서는 대표로서 단호하게 임할 것이다."

당대표의 핵심 측근은 이런 말도 했다고 한다.

"장하나의 배후에는 이해찬 의원이 있는 것으로 안다."

이 사람은 천하 제패가 아니라 당 하나를 맡을 그릇도 못 된다. 민주당 당원들이 왜 이런 바보 같은 선택을 했는지 참으로 이해하기 어렵다. 같은 편을 방해하고, 싸워야 할 때 멍청하게 앉아 있는 사람한테 무엇을 기대하고 있는지 정말 궁금하다. 이제는 편 가르기까지 한다. 이 사람은 언젠가 이런 말도 했다.

"선거에서 이기는 민주당을 만들겠다."

민주당은 안철수 세력과 통합해서 신당을 창당하기로 합의했다. 이 사람은 당대표로서 통합에 주도적인 역할을 했으므로 2014년 6월에 있을 지방선거와 이후의 총선에서도 당대표에 버금가는 권한을 행사할 것이다. 안철수와 힘을 합했다고는 하지만, 이 사람에게는 리더의 자질이 없기 때문에 신당은 큰 힘을 발휘하지 못할 것이다. 이 사람이 주도적인 역할을 하는 한 통합신당은 지방선거에서 만족할 만한 성과를 내지 못할 것이다. 선거에서 처참하게 지는 꼴을 목도하고 자리에서 쫓겨날지도 모를 일이다. 그런 일을 당하지 않으려면 스스로 자리에서 내려와야 할 것인데 이미 완장에 넋을 빼앗긴 사람이라 그런 결단을 하지는 않을 것이다. 끝내는 원술처럼 비참하게 정치 인생을 마감하게 될 것이다.

능력도 없으면서 전국옥새에 탐을 냈던 원술은 비명에 죽었다. 당사자와 그 주변을 제외한 모든 사람이 이미 그를 죽은 사람 취급하고 있는 줄 아는지 모르겠다. 〈식스센스〉의 주인공은 바로 이 사람이다. 나는 끝까지 이름을 말하지 않겠다. '무덤 속의 마른 뼈다귀' 정도로만 해둔다. 이 사람이 민주당을 절반 이상 무너뜨렸다. 신당 역시 이 사람으로 인해 오래 가지 못할 것이다.

|

박원순
서울을 서울답게 만든 시장

서촉을 차지했지만

|

"지방의 관리들 대부분이 뇌물을 바쳐 자리를 차지했습니다. 이들은 백성들을 괴롭혀서 본전을 뽑아내려 하고 있습니다. 민심이 흉흉합니다. 깨끗하고 덕망 있는 사람을 뽑아 지방 관리로 삼는다면, 이 나라가 편안해질 것입니다."

황제는 이 진언을 받아들여 유언劉焉을 익주서촉 지역로 파견했다. 유언의 말대로 후한 말기는 '말기'라는 말이 딱 어울렸다. 조정에는 매관매직이 성행했고, 지방 관료들은 백성들을 가혹하게 수탈했으며, 각지를 떠돌아다니는 유랑민이 많았다. 환관들은 황제 주위에 인人의 장막을 치고 국정을 좌지우지했다. 황건적의 난이 일어날 수밖에 없었다.

나라에 망할 조짐이 보이고 민심이 흉흉해지면 필연적으로 유언비어가 나돌게 된다. 후한 말기에는 참위설讖緯說이 유행했다. '참위'는 예언이라는 뜻이다. 유언은 원래 익주 지역으로 갈 마음이 없었는데 '익주에 황제의 기운이 있다'는 예언에 마음이 흔들려서 곧바로 부임했다.

익주는 전임 관리들의 수탈로 인해 피폐해 있었다. 유언은 부임하자마자 가혹한 수탈 행위를 근절하고 민심 장악에 힘썼다. 이때 관내의 면죽이라는 곳에서 백성들이 스스로 황건적이라 부르며 반란을 일으켰다. 반란군은 가룡이라는 사람의 손에 평정되었다. 유언은 이 지역으로 가서 반란군에 가담했던 사람들을 처벌하지 않고 용서해주었다. 이렇게 유언은 익주 지역에서 민심을 얻는 데 성공했다.

익주 지역이 자기 손아귀에 들어오자 유언은 반란을 계획했다. 부하 장로를 보내 한중을 장악하게 한 뒤에 중원으로 들어가는 길을 모두 끊어버렸다. 그러고는 "오두미교도들이 난리를 일으켜 조정과 연락할 방법이 없다"고 거짓 상소를 올렸다.

이후 맏아들이 서량태수 마등과 함께 반란을 일으켰다가 죽었고, 둘째 아들은 수도에 있다가 잡혀 죽었다. 유언은 이 소식을 듣고 실의에 빠져 있었는데 설상가상 낙뢰로 성이 불타버렸다. 그는 등에 종기가 터져서 죽었다. 능력 있는 영웅은 『삼국지』 이야기가 시작될 무렵 이렇게 죽었다. 유언이 죽자 조정에서는 그의 아들 유장에게 익주를 맡겼다.

박원순은 유언이다

민선 서울시장 중 가장 뛰어난 행정력을 발휘하고 있으며, 인품도 넉넉하다. 서촉을 차지해서
잘 다스렸던 유언보다 어쩌면 더 훌륭한 인물일지도 모른다. 앞으로 박원순 같은 사람이 다시
나오긴 어려울 것이다.

가장 유능한 서울시장

2009년 1월 20일에 '용산참사' 사건이 일어났다. 오세훈은 도시를 정비한답시고 용산 4구역 재개발 사업을 추진했다. 한강로 일대 5만 3442제곱미터를 재개발하는 사업이었다. 서울시는 이 사업을 추진하는 과정에서 기존에 살고 있던 사람들에게 합리적인 보상도 해주지 않은 채 철거를 강행하려 했고, 이에 반발하는 주민들은 한강로 2가 남일당 옥상에서 점거농성을 시작했다. 경찰은 경찰특공대 300명을 투입해 철거민들을 강제로 해산했다.

이 과정에서 철거민 3명, 전국철거민연합회 회원 2명, 경찰관 1명이 사망했고, 농성자 7명과 경찰관 16명이 부상당했다. 진압을 지시했던 경찰청장 김석기는 현재 한국공항공사 사장을 맡고 있다. 이 사건은 민심을 돌보지 않고 개발에만 혈안이 되어 있던 오세훈의 욕심이 불러온 비극이었다.

오세훈은 전혀 경제성이 없는 경인아라뱃길 사업, 세빛둥둥섬 사업에 막대한 예산을 쏟아부으면서 서울시를 빚더미에 앉게 했다. 반면 복지에는 인색했다. 많은 사람들이 전면 무상급식을 원했지만, 이를 반대하고 지원 범위를 제한해야 한다고 주장했다. 그럼에도 이 문제가 논란이 되자 급기야 시장 자리를 걸고 무상급식 지원 범위에 대한 찬반을 묻는 주민투표를 실시하겠다고 발표했다. 결국 개표 가능 투표율에 미치지 못해 오세훈은 시장 자리에서 물러났다.

"용산참사와 같은 잔혹한 일이 이 땅에서 일어나지 않게 하겠습니다. 우리의 고귀한 땅과 주택을 투기의 대상이 아닌, 삶의 휴식이 될 수 있는 고귀한 곳으로 만들겠습니다. 저는 서울이라고 하는 이 땅에서 굶는 아이들, 어르신들, 가정이 없도록 하겠습니다. 헌법에 보장된 인간적 존엄성, 삶의 질과 인간으로 최소의 가치를 서울에서 실현하도록 최선을 다하겠습니다."

_2011년 10월 27일 새벽, 서울광장에서 밝힌 시장 당선 소감

안철수의 '아름다운 양보'에 힘입어 2011년 10월 26일, 박원순이 서울시장에 당선됐다. 박원순이 시장으로서 첫 번째로 결재한 서류는 '초등학교 5~6학년 무상급식 예산 지원안'이었다. 이에 따라 5~6학년 어린이 19만 7천 명이 무료급식을 받게 되었다. 이를 시작으로 박원순은 자신의 당선 인사대로 차곡차곡 시정을 펼쳐나가기 시작했다. 박원순은 서울시립대의 등록금을 50퍼센트 삭감하는 '반값 등록금' 공약을 실현하였다. 지하철 9호선의 요금 기습 인상에 맞서 "요금 인상을 강행할 경우 사업자 지정을 취소할 수 있다"고 강하게 받아쳐 요금 인상을 막아냈다. 서울시 소유로 전두환의 경호를 위해 무상으로 쓰고 있는 부지의 사용권을 회수하겠다고 밝혔다. 재선에 성공하면 반

드시 회수에 성공하리라 믿는다.

박원순은 서울시 비정규직 6200여 명을 정규직으로 전환했고, 임대주택 8만 호를 공급해서 서민의 주택난을 덜어내는 데 기여했다. 겨울철에는 철거를 금지하도록 해서 용산참사와 같은 비극이 되풀이되지 않도록 최선의 노력을 다하고 있다. 전임 시장들이 쌓아놓은 19조 원의 빚을 1조 원이나 줄이는 성과도 거두었다.

이처럼 박원순은 겉만 멀쩡하고 속은 썩어버린 수도 서울을 회생시키고 있으며, 『삼국지』의 유언이 그랬던 것처럼 '민심'을 얻어가고 있는 중이다. 돈에 눈이 먼 일부 계층을 제외한 많은 시민들은 박원순을 가장 유능한 시장이라 평가하고 있다.

그러나 박원순은 아직 서울의 민심을 완전히 얻지는 못했다. 능력이 부족해서가 아니라 기량을 펼칠 시간이 모자랐기 때문이다. 스스로도 이 점을 알고 있어서 그랬는지 몰라도 "나는 대통령에 출마할 생각이 없다"고 밝혔다. 민주당 소속이지만, 아직 서울시장 재선에 성공하지 못했으므로 주변에 사람이 많지 않을 것이다. 천하를 도모하기엔 기반이 약하고 주변에 인재도 없다. 믿을 건 민심뿐이며, 어느 정도 민심을 얻는 데 성공한 것처럼 보이지만 새누리당 진영과 보수 언론들의 연합 공격이 만만치 않을 것이므로 앞길이 결코 녹록지 않으리라 예상한다. 그래도 큰 이변이 없는 한 박원순이 재선에 성공할 가능성은 높은 편이다. 새누리당에는 박원순에 맞설 만한 후보가 눈에 띄지 않는다.

6월 지방선거에서 박원순이 당선된다면 유언처럼 '황제의 기운이 있는 땅'을 얻게 되는 셈이다. 서울시장은 언제나 대권 후보로 거론되는 자리이므로, 주변에 인재들도 모여들 것이다. 4년 동안 자신의 기량을 보여준다면 2017년 대선 국면에서 강력한 면모를 지닌 후보자로 탈바꿈해 있을 것이다. 유표 같은 문재인, 손책 같은 안희정을 일거에 제압할 조조 같은 후보가 되어 있을지도 모를 일이다. 그럼에도 불구하고 박원순은 서울시장에 당선될 경우 대선에 출마하지 않고 시장직 수행에 전념하겠다고 선언했다. 아쉬운 감이 있지만 그의 용단에 박수를 보내며, 그 선언대로 이루어지기를 바란다. 만약 재선에 성공하지 못한다면? 서울은 유장처럼 어리석은 사람이 맡게 될 가능성이 높다. 정말 상상하고 싶지 않은 그림이다.

안철수
허상에의 집착은 파멸을 부를 뿐

결단력 부족, 일관성 결여, 남의 말 안 듣기

　동탁을 치기 위해 각지에서 군웅들이 집결했다. 이들을 17로 근왕병이라 불렀다. 이들은 원소袁紹를 맹주로 추대했다. 동탁은 전황이 불리해지자 수도 낙양을 불태우고 장안으로 도망갔다. 모두들 추격을 포기한 가운데 조조의 군대만이 동탁을 뒤쫓았다. 조조는 동탁의 군사들에게 역습을 당해 크게 패하고 돌아왔다. 조조가 말했다.

"원소 장군 이하 여러분들을 믿고 천하를 평정하려 했는데, 맹주인 원소 장군은 진격 명령을 내리지 않고 주저하고 있습니다. 때문에 세상 사람들의 인망을 잃었으니 한심하기 짝이 없는 일입니다. 정말 부끄러운 일입니다."

조조는 이 말을 남기고 회군해버렸다. 조조가 떠나는 것을 보고 공손찬은 유비 삼형제에게 말했다.

"원소는 무능한 사람이네. 이 사람과 같이 있다가는 아무 일도 하지 못하고, 우리한테 좋지 않은 일이 생길 것 같네. 돌아가세."

근왕병은 해체되었지만, 원소는 여전히 하내 지역에서 진을 치고 있었다. 시간이 지나자 원소 군대 진영에 식량이 떨어졌다. 이 소식을 들은 기주자사 한복이 호의를 베풀어 군량미를 보내왔다. 원소는 이 호의를 원수로 갚을 계획을 세웠다. 공손찬에게 편지를 보내서 "같이 한복을 쳐서 기주 지역을 분할하자"고 해놓고, 한복에게는 "공손찬이 당신을 친다고 하니 내가 가서 돕겠다"고 했다. 한복은 이 말에 속아 원소에게 기주를 내주고 말았다. 공손찬은 원소에게 약속을 지키라고 했지만, 원소의 군대는 공손찬을 공격했다. 이때 상산 출신 조자룡이 나타나서 공손찬을 구해주었다. 이렇게 원소는 기주를 장악했다. 이 과정에서 한복의 부하들이 죽어나갔고, 한복은 진류로 도망갔다.

시간이 흘러 조조는 황제를 옹립해서 권력을 휘둘렀고, 원소 역시 크게 성장했다. 원소는 조조를 치고 권력을 잡고 싶었다. 병력으로 따지면 조조는 원소의 상대가 되지 못했다. 원소가 조조를 치기로 결심하자, 원소의 모사인 전풍과 저수는 이 싸움을 반대했다. 저수가 말했다.

"아군의 수는 많지만 전투력은 조조 군에 비해 약합니다. 조조의 군대는 용맹하지만, 군량이 부족하니 반드시 속전속결로 승부를 내려 할 것입니다. 그러나 아군의 군량은 넉넉하니 맞서 싸우지 말고 지구전으로 가야 합니다."

원소는 이 말을 듣고 부아가 나서 저수를 감옥에 가둬버렸다. 조조 군과 원소 군은 관도에서 크게 싸웠다. 조조의 장수는 강했고, 군사들도 용맹스러웠지만, 병력의 열세를 극복하기 어려웠다. 첫번째 싸움에서 결국 조조 군이 패했다. 원소의 모사인 허유가 계책을 냈다.

"조조는 전군을 거느리고 나왔기 때문에 근거지인 허창이 비어 있을 것입니다. 아군의 일부를 선발해서 허창을 치면 반드시 승리할 것입니다."

원소는 의심이 많아서 선뜻 공격하지 못했다. 그러던 중 원소에게 한 장의 편지가 날아들었다. 편지에는 허유를 헐뜯는 내용이 적혀 있었다. 원소는 화가 나서 허유를 내쫓아버렸다. 원소 휘하에는 모사가 많았지만 서로 사이가 좋지 않았다. 각자 자신의 의견을 내세우며 상대를 헐뜯기 바빴다. 원소는 그들 사이를 중재하지 못하고 우왕좌왕했다. 결국 허유는 조조 진영으로 넘어가서 원소 군대의 기밀을 속속들이 폭로했다. 조조는 원소의 식량 보급 거점을 쳐서 크게 이겼다. 이 싸움에서 진 원소는 다시 일어나지 못했다.

원소는 기주로 돌아가 있다가 병이 들었다. 그에게는 아들 원담과 원상이 있었는데, 원상에게 뒷일을 부탁하고는 피를 토하고 죽었다.

일찍이 조조의 모사인 곽가는 원소를 이렇게 평한 적이 있다.

"원소는 번거로운 예의를 좋아한다. 밖으로는 너그러운 것 같지만 안으로는 시기하는 마음이 강하고 사람을 쓸 때도 친인척을 많이 쓴다. 꾀는 많지만, 결단력이 부족하다. 명예에만 관심이 있다. 가까운 사람은 친하게 여기지만, 먼 곳의 사람은 홀대한다. 누가 헐뜯는 말을 하면 쉽게 흔들린다. 옳고 그른 것을 섞어버린다. 허세를 좋아하고 병법을 모른다."

안철수는 원소다

원소처럼 망하지 않으려면 이슈가 되는 현안에 대해 언론인처럼 논평하지 말고 자신의 의견을
명확히 밝혀야 한다. 원소처럼 옳고 그른 것을 섞어버리지 말아야 한다.

'현상'을 넘어 '현실'이 되려면

서울대 교수로 있던 안철수가 2011년, 서울시장 출마를 선언했다. 기성 정치인들에게 환멸을 느끼며 새로운 인물의 출현을 갈망하던 사람들에게 안철수는 가뭄 속의 단비 같은 존재였다. 단번에 지지율 50퍼센트를 상회하며 강력한 서울시장 후보가 되었다.

그러나 안철수는 "잘할 수 있는 사람이 시장직을 수행해야 한다"는 명언을 남기고 당시 지지율 5퍼센트에 머물던 박원순에게 후보 자리를 양보했다. 박원순은 당선으로 화답했고, 사람들에게 이 사건은 '아름다운 양보'라는 이름으로 기억되고 있다.

'작은 대선'이라 불리는 서울시장 선거에서 50퍼센트 이상의 지지율을 기록했다는 사실은 바로 강력한 대선 후보의 반열에 오르는 것을 의미한다. 안철수는 유력한 대통령 후보로 거론되었다.

여기까지다. 그가 정치인으로서 남긴 업적은 '양보' 이외에는 없다. 그런 결단을 내린 사실 자체가 대단하긴 하지만, 이후 국민의 눈에 띌 만한 일을 한 것은 없다고 봐도 무방하다.

2012년 대선을 치르기 전, 안철수는 민주당의 문재인과 단일화 협상을 벌였다. 이 과정에서 민주당 의원이던 송호창이 탈당을 해서 안철수 캠프로 넘어갔다. 19대 총선에서 민주당에게 패배를 안긴 박선

숙도 안철수 진영에 합류해서 대변인 노릇을 했다. 안철수의 처지에선 지원군을 얻은 기분이었겠지만, 이 사건은 안철수의 지지율을 떨어뜨리는 결과를 가져왔다.

'안철수 현상'은 안철수가 훌륭하기 때문에 생긴 현상임에 틀림없지만, '기성 정치인에 대한 불신'이 없었으면 일어날 수 없는 현상이기도 했다. 안철수를 제외한 나머지 인물은 그 나물에 그 밥이었다. 게다가 핵심 인물은 배신자였다.

우리나라 정치 지형에서 정당의 조직력이 없이 선거에 임한다는 것, 더구나 대통령 선거에 득표로 연결될지 여부가 불확실한 지지율만 믿고 입후보한다는 것은 자살 행위나 다름없다. 이런 사실을 몰랐다면 안철수는 지혜롭지 못한 것이다. 국민들의 단일화 열망이 극에 달했을 때 물러났어야 옳았다.

그러나 안철수는 그렇게 하지 않았다. 시간을 끌 만큼 끌다가 단일화에 합의해주었다. 진격해야 할 때 주저했던 원소처럼 행동한 것이다. 게다가 후보 사퇴 기자회견을 하면서 울먹거리는, '아마추어 같은' 모습을 보이기도 했다. 그 심정이야 십분 이해하지만, 많은 사람들 앞에서, 더구나 대의를 위해 큰 결단을 내린 대인으로서 보일 자세는 아니었다. 앞으로 안철수가 대중에게 믿음을 주려면 공적인 자리에서 개인 감정을 드러내는 언행은 하지 말아야 한다.

대선 기간에 문재인을 위해 열심히 뛰고, 미국에 건너가 있던 안철수는 귀국하여 노회찬의 지역구였던 노원(병) 보궐선거에 출마해서 당선됐다. 보궐선거였으므로 누가 나오든 비난할 이유는 없다. 그러나 '안철수니까' 이 행동은 비난받아 마땅하다. 현재 국회의원으로 활동하고 있지만, 대선 후보로까지 거론되었던 사람이 남의 불행을 이용했다는 비난을 감수해야 한다. 더구나 그 빈자리는 노회찬의 잘못으로 생긴 것이 아니었다는 나름의 특수성이 있다. 원소가 한복을 속이고 기주를 차지한 것과 매우 유사하다. 만만한 곳을 골라서 그 지역에 입성한 후 진보 진영 후보를 죽이고 발판을 마련하지 않았는가.

국회의원은 산에서 도 닦으면서 "나한테 깊은 뜻이 있으니 당신들은 지켜보라"고 하며 촛불 켜놓고 호흡이나 조절하는 도사가 아니다. 끊임없이 국민을 만나야 하고, 이슈가 되는 현안에 적극적으로 의견을 내놓아야 한다.

아쉽게도 안철수는 국회의원으로서 한 일이 없다. 국정원 선거 개입 의혹이 불거지자 "박근혜 대통령이 책임져야 한다"는 원론적인 말만 하며 강 건너 불구경을 했다. 이석기 제명 사태에 대해서는 "민주진보 세력은 친북 세력과 선을 그어야 한다"며 일반인도 할 수 있는 말을 했다. 2013년 12월 17일 기자간담회에서 안철수는 철도 민영화에 반대한다고 하면서 이렇게 말했다.

"우리 사회가 가진 심각한 격차의 문제들, 더 근본적으로 보면 다양성을 인정하지 않는 사회 풍토, 승자 독식의 구조에 대해 문제의식을 갖고 해결하지 않으면 많은 사람들이 힘들 수 있다. …… 그런 분야에 대해 구체적으로 한 가지씩만이라도 정치권이 해결하는 모습을 보이면서 해결하는 것이 필요하다."

그럴듯하게 들리지만 알맹이가 없는 말의 나열일 뿐이다. 칼럼니스트들이 해야 할 말을 정치인이 하고 있다. 이를 두고 안철수 지지자들은 "그래도 바른말 했으니 된 것 아니냐"고 한다. 안철수와 그 지지자들은 정치를 하지 말고 언론사를 세우는 게 나을 것 같다.

시국이 혼란하고, 야당이 제 역할을 하지 못하는 와중에 안철수는 각계의 인사들을 끌어모아 '새정치추진위원회'를 만들었다. 신당 창당을 위한 준비 과정이다. 지난 대선에 조직이 없어 입후보하지 못했으니 안철수 입장에서는 당연히 할 수 있고, 해야 하는 일이다. 안철수는 이렇게 말했다.

"낡은 틀로는 더 이상 아무것도 담아낼 수 없고 이제는 새로운 정치 세력이 나설 수밖에 없다."

좋다. 기대가 된다. 그럼 그 새로운 정치 세력에 참여하는 사람들의 면면을 보도록 하자. 박호군 한독미디어대학원대학교 총장, 윤장현 광주비전 21 이사장, 김효석, 이계안이 공동위원장을 맡고, 송호창이 소통위원장을 맡았으며, 금태섭이 대변인으로 포진했다. 민주당 주력이 아닌 후보군을 불러모아 팀을 구성한 것에 지나지 않는다. 새 정치라기보다는 '민주당 몫 빼앗기'에 가까워 보인다. 이건 거대 세력과 맞설 수 있는 장수 구성이 아니다. 고만고만한 장수들과 오합지졸 대군을 거느렸던 원소 진영과 별반 다를 게 없다.

안철수는 민주당과 힘을 합해 신당을 창당하기로 합의했다. 민주당을 '낡은 세력'으로 규정하며 민주당의 중심인 호남을 휘저었던 때가 엊그제 같은데, 그토록 낡은 민주당과 통합하여 '새 정치'를 하겠다고 나섰다. '정치는 생물'이라는 말도 있다지만, 자신의 신념을 이렇듯 쉽게 뒤집는 것을 보니 역시 천하를 제패할 기량은 갖추지 못한 것이다. 안철수는 원소처럼 배짱 없으며, 고집이 세며, 소심한 사람일 뿐이다. 게다가 자신을 따르던 사람들이 민주당의 2진급 인사들이었으므로 통합을 해도 큰 힘을 발휘하지 못할 것이다. 다만, 현재의 민주당이 워낙 무능하기 때문에 약간의 반사이익은 얻을 것이라 예상한다.

신당이 지방선거에서 실패를 하더라도 안철수는 잃을 것이 없다. 야권에 강력한 후보가 나타나지 않는 이상 안철수의 거품 같은 지지율은 유지될 것이기 때문이다. 나아가 총선에서 큰 성과를 얻지 못하더라도 안철수는 큰 타격을 입지 않을 것이다. 어떤 식으로든 안철수는 2017년까지 야권의 가장 강력한 대권 후보 중 한 명으로 거론될 가능성이 높다.

혹시 안철수가 야권 단일 후보가 되어 2017년 대선에 나선다면? 진다. 현재와 같은 밋밋한 장수 구성에 민감한 사안은 모조리 피해가는 어정쩡한 태도를 유지한다면 이길 수 없다. 안철수의 지지율이 높다는 건 말하지 않아도 안다. 그러나 그의 이와 같은 태도와 신념을 쉽게 뒤집는 모습을 보면서 안철수를 싫어하는 사람도 엄청나게 많아진 것도 엄연한 사실이다. 그가 원소처럼 피를 토하고 죽지 않으려면 이래야 한다.

책임 소재가 확실한 사안은 명확히 따져 묻고 답해야 한다. 정치권 밖에 있는 인재를 선거에 내보내야 한다. 지금처럼 민주당 2진급 인물을 가지고 싸워서는 지방 토호 세력밖에 될 수 없다. 언론인처럼 논평하지 말고 자신의 의견을 명확히 밝혀야 한다. 원소처럼 옳고 그른 것을 섞어버리지 말아야 한다. 현재 이슈가 되고 있는 현안, 예를 들어 국정원 대선 개입 사건, 통합진보당 사태, 민영화 논란에 대해 확실한 의견을 제시하고 어떻게 대처할 것인지를 구체적으로 밝혀야 한다. 이런 정도의 행동은 보여줘야 야권을 대표하는 사람으로 인정받을 수 있을 것이다.

|

오세훈
민심을 거스르면 반드시 무너진다

술잔이 식기도 전에

|

동탁이 말했다.

"뭐라? 근왕병? 괘씸한 놈들! 선봉은 누구라고 하더냐?"

"강동의 호랑이 손견이라 합니다."

"손견이라……, 누가 나서서 손견의 목을 베겠느냐."

여포가 뛰어나왔다.

"하하, 제가 다녀오겠습니다. 저들은 지푸라기 같은 놈들입니다. 당장 손견의 목을 베어 오겠습니다."

이때 덩치 크고 험상궂게 생긴 장수 하나가 불쑥 나섰다.

"닭 잡는데 뭐 하러 소 잡는 칼을 쓰려 하십니까? 저에게 맡겨주십시오."

화웅華雄이었다. 화웅은 5천의 군사를 거느리고 낙양 근처의 관문인 사수관으로 향했다. 근왕병 쪽에서는 예정대로 손견이 군대를 정돈해서 사수관으로 향했다.

그런데 손견을 시기하는 사람들이 있었다. 포신과 포충 형제였다. 포충이 3천의 군사를 이끌고 지름길로 행군해서 손견보다 먼저 화웅의 군대와 싸웠다. 화웅은 강했다. 포충은 제대로 싸워보지도 못하고 죽었다.

드디어 손견의 군대와 화웅의 군대가 만났다. 역시 손견은 강했다. 부하 장수 간의 싸움에서 화웅의 군대가 패하고 사수관으로 철수했다. 손견은 관문 앞에 진을 친 후에, 본진으로 사자를 보내서 군량미를 보내달라고 요청했다. 손견을 시기하는 사람이 또 있었다. 원술이었다. 원술은 이 핑계 저 핑계를 대며 군량 수송을 일부러 지연시켰다. 자연히 손견의 군대는 사기가 떨어졌다.

이 기회를 놓칠 화웅이 아니었다. 화웅은 밤을 틈타서 군사를 둘로 나눈 다음 앞뒤에서 손견의 진영을 기습했다. 순식간에 손견은 포위됐다. 이때 손견의 부하 조무가 포위망을 뚫고 손견을 구해냈다. 조무는 손견의 붉은 두건을 쓰고 화웅을 유인했다. 그사이 손견은 무사히 퇴각했지만, 조무는 끝내 화웅의 칼에 죽었다.

다음 날 승세를 탄 화웅은 근왕병의 본진 앞까지 나와서 싸움을 걸어왔다. 화웅은 손견의 붉은 두건을 장대에 걸고 휘두르며 도발했다. 근왕병의 맹주인 원소는 회의를 소집했다.

"포충 장군은 죽었고, 손견 장군은 패하고 돌아왔소. 아군의 사기가 말이 아닙니다. 어떤 분이 화웅을 상대하시겠소?"

원술의 부하 유섭이 앞으로 나왔다. 그게 끝이었다. 곧 유섭이 죽었다는 소식이 들려왔다. 이번에는 한복의 부하 장수 반봉이 나섰다. 역시 화웅의 칼에 죽었다. 모두들 기가 꺾여 있을 때 한 장수가 우렁찬 목소리로 외쳤다.

"제가 나가서 화웅의 목을 베어 오겠습니다."

관우였다. 근왕병에 참여하고 있던 조조는 관우가 마음에 들었다. 출정하는 관우에게 더운 술을 한 잔 따라주었다.

"화웅의 목을 베어 온 다음에 마시겠습니다."

술이 식기도 전에 관우는 화웅의 목을 가져왔다. 이 싸움을 계기로 근왕병의 사기는 크게 올랐다. 이후 여포가 싸움에 나섰지만, 유비 삼형제에게 패해서 돌아갔고, 결국 동탁은 낙양을 버리고 장안으로 도망갔다.

오세훈은 화웅이다

서울시장으로서 무능함을 보여주었고, 자신의 생각만 믿고 남의 말을 듣지 않는 독단적 성격을 드러내다가 화웅처럼 당했다. 반성해야 재기할 수 있다.

"민심의 무서움을 느끼고 있습니다"

2010년 6월 2일, 시청 앞 서울광장에 많은 시민들이 피켓을 들고 모여들었다. 피켓에는 "세훈아, 방 빼"라고 적혀 있었다. 당초 무난히 서울시장 재선에 성공할 것으로 예상되었던 오세훈이 개표가 시작되자 민주당의 한명숙에게 오히려 뒤지고 있던 것이다. 한명숙은 새벽까지 역전을 허용하지 않으며 앞서나갔다. 한 방송사에서 한명숙에게 먼저 마이크를 내밀었다. 한명숙 진영의 분위기는 밝았다.

"개표가 끝나지 않았으니 담담히 결과를 지켜보겠습니다."

반면 오세훈 진영은 무거운 정적에 휩싸였다. 침통한 분위기 속에서 오세훈이 입을 열었다.

"지금 민심의 무서움을 절실히 느끼고 있습니다."

이렇게 끝날 것 같았던 선거는 '강남 3구'로 불리는 서초구, 강남구, 송파구의 투표함이 열리자 거짓말 같은 반전이 일어났다. 오세훈은 이 지역에서 한명숙을 20퍼센트 이상 앞서면서 0.6퍼센트라는 근소한 차이로 재선에 성공했다. 강적 손견에게 밀리다가 이겼던 화웅처럼 오세훈은 그렇게 살아남았다. 서울광장에 모였던 시민들은 충격과 절망에 휩싸였다.

정말 민심의 무서움을 느끼긴 했을까? 오세훈은 오히려 거칠 것 없이 민의에 반하는 정책을 추진하기 시작했다. 주목할 만한 업적은 '120다산콜센터' 운영 하나에 그쳤다고 해도 과언이 아닐 정도로 오세훈의 정책은 매우 실망스러웠다. 상대 진영인 민주당도 아닌 같은 당의 의원들에게 공격을 받을 정도였다. 당시 한나라당 소속 김충환은 '취임 전 7조 원이었던 서울시의 부채가 4년 만에 20조 원으로 늘어난 것'을 지적했다. 역시 같은 당의 원희룡은 '한강 르네상스 프로젝트는 5년간 7400억 원이라는 국민의 혈세가 들어갔고, 홍보비도 260억 원이나 지출했지만, 시민 만족도는 오히려 감소한, 대표적인 지방자치단체의 예산 낭비성 전시행정 사업'이라고 비판했다.

이외에도 광화문 광장을 '세계 최대의 중앙분리대'로 만들었으며, 서울광장에서 개최될 예정이던 고 노무현 대통령의 추모 집회를 허가해주지 않았다. 재임 기간 중 철거민과 경찰이 희생된 용산참사 사건에 대해서는 사건 발생 6개월이 지나도록 침묵을 지키는 등 도저히 '민심의 무서움을 느낀' 시장이 할 수 없는 모습을 보여주었다. 그 밖에도 오세훈은 일일이 거론하기에도 힘들 만큼 많은 실정을 저질렀다. 그럼에도 오세훈의 앞길을 막는 사람은 아무도 없었다.

역시 민심은 무서웠다. 민주당은 소득 수준에 관계없이 초등학교와

중학교의 전면 무상급식 정책을 시행해야 한다는 주장을 폈다. 반면 오세훈은 저소득층 30퍼센트를 대상으로 선별적인 무상급식을 시행하겠다고 맞섰다. 오세훈은 논란이 지속되자 시장 자리를 걸고 무상급식의 찬반을 묻는 주민투표를 실시하겠다고 나섰다. 투표 결과 무상급식 찬성률이 높거나, 개표 가능 투표율인 33.3퍼센트가 나오지 않으면 시장직을 사퇴하겠다고 약속했다.

전국의 이목이 집중된 가운데 2011년 8월 24일 주민투표가 실시됐다. 최종 투표율 25.7퍼센트. 오세훈은 결국 관우의 청룡도와 같은 민심의 준엄한 심판을 받고 화웅처럼 사퇴했다.

오세훈의 사퇴는 콘크리트처럼 굳어져 있던 '박근혜 대세론'을 무너뜨리는 결과를 불러왔다. 미니대선이라 불리는 서울시장 보궐선거에서 무명의 박원순이 권력을 등에 업은 나경원을 이기는 파란을 일으켰기 때문이다. 화웅의 죽음이 동탁의 천도로 이어졌던 것처럼 한나라당(새누리당)은 막대한 타격을 입었다.

그럼 오세훈의 정치인으로서의 앞날은 어떻게 펼쳐질 것인가. 서울시장으로서 무능함을 보여주었고, 자신의 생각만 믿고 남의 말을 듣지 않는 독선적 성격을 드러냈기 때문에 재기하기 어려울 것이다. 화웅의 목을 다시 이어 붙일 수는 없지 않은가.

권은희
국민을 지키는 유일한 경찰

한 명도 죽지 않고 기습에 성공하다

　손권의 군대는 조조가 한중에 있는 틈을 타서 합비를 공격했다. 순식간에 합비 근처의 완성을 점령했다. 손권은 기세가 올라서 합비를 공격했다. 이때 조조의 장수 악진은 일부러 지는 척해서 손권을 끌어들였다. 손권은 멋도 모르고 신이 나서 전진해 들어갔다.

　이 모든 게 속임수였다. 손권은 적의 매복 작전에 걸려들었다. 좌우에서 조조의 군대가 공격해왔다. 손권의 장수 능통이 사력을 다한 덕분에 손권은 무사히 후퇴했다. 조조는 이 소식을 듣고 합비 쪽으로 진군하기 시작했다. 손권이 말했다.

"조조의 군대가 멀리서 오고 있다. 그들이 오기 전에 우리가 먼저 기선을 제압해야 한다. 누가 나가겠는가?"

감녕甘寧이 나섰다.

"군사 100명만 주십시오. 저들을 무찔러보겠습니다."
"상대는 조조의 대장 장요인데, 어떻게 100명으로 이기겠다는 말이오?"
"제게 생각이 있습니다. 만약 한 사람이라도 잃는다면 공을 세우더라도 없던 일로 하겠습니다."

손권은 감녕에게 100명의 정예 기마병을 주었다. 감녕은 100명의 용사들과 함께 자기 진영으로 돌아왔다. 그들에게 술과 고기를 내리고는 한마디했다.

"나는 오늘 밤 너희들과 함께 조조의 진영을 기습할 것이다. 잘 먹고 마시면서 기운을 내라."

병사들은 어처구니가 없었다. 100명으로 40만 명이 버티는 곳을 야간 기습하다니. 다들 겁에 질려 서로의 얼굴을 바라보기만 했다. 감녕은 칼을 뽑아 들고, 버럭 소리 질렀다.

"나는 대장이다! 그럼에도 주군을 위해 목숨을 아끼지 않으려 하는데, 너희들은 어째서 이토록 겁에 질려 있느냐!"

그제야 병사들은 정신을 바짝 차렸다.

"죽을힘을 다해 싸우겠습니다!"

감녕은 흰색 거위 깃털 100개를 병사들의 투구에 끼우게 했다. 아군의 증표였다. 감녕과 100명의 정예들은 조조 진영으로 돌격해 들어갔다. 뜻밖의 공격을 당한 조조의 군대는 정신을 차릴 새도 없었다. 어둠 속에서 허둥대는 동안 감녕의 군대는 조조의 진영을 헤집고 다녔다. 그러나 100명으로 수십만이 버티는 적진에 오래 있을 수는 없었다. 감녕의 군대는 바람같이 철수했다. 조조의 군사들은 혹시 매복이 있을까 봐 추격도 하지 못했다. 감녕의 병사는 단 한 명도 죽지 않고 귀환했다.

이후 조조 군과 손권 군은 크게 싸웠고, 손권 군이 패했다. 양 진영은 결국 화친했다. 그러나 감녕의 담력과 용맹은 조조의 40만 대군의 간담을 서늘하게 만들기에 충분했다.

권은희는 감녕이다

권은희 과장의 '양심선언'은 저들의 간담을 서늘하게 하고, 국민들의 막힌 속을 뚫어준 빛나는 싸움이었다. 당신이 대한민국 경찰이라서 정말 다행이다. 언제까지나 우리 곁에서 함께해주시라.

저는 대한민국의 경찰입니다

공공기관은 선거에 중립을 지켜야 한다. 이는 새삼 강조할 필요도 없는 기본 원칙이다. 그런데 2012년 선거, 그것도 대통령 선거에서 이 기본이 와르르 무너졌다. 공공기관이 대통령 선거에 개입했다.

국가정보원(국정원)은 북한을 상대하기 위해 만들어놓은 심리전단을 야당 후보를 음해하는 데 활용했다. 심리전단 소속 70여 명의 공무원들은 온라인 게임에서 아이템 획득 작업을 해서 팔아먹는 도둑놈들처럼 조직적으로 각종 사이트와 SNS 등에 엄청난 양의 악성 댓글을 유포했다. 또한 그들은 들통 났을 때를 대비한 듯 소매치기처럼 점조직으로 활동했다고 한다. 국정원이 '아이템 작업장' 또는 '소매치기 본부'가 되어버린 것이다. 국정원뿐만이 아니었다. 범죄를 막아야 할 경찰까지 여기에 가담했다.

김용판 전 서울지방경찰청 청장은 2012년 12월 16일에 '국정원이 댓글을 단 흔적이 없다'고 발표했다. 피해 당사자인 민주당의 대응은 한심한 수준이었다. 제대로 항의조차 못한 채 선거에서 졌고, 이후 국정조사에서도 존재감을 드러내지 못했다.

그러던 중 이외의 한 방이 터져서 꺼져가던 불씨가 되살아났다. 국정원 직원의 오피스텔을 급습했을 때 수사를 맡았던 권은희 서울송파

경찰서 수사과장(당시 수서경찰서 수사과장)이 국정조사에 증인으로 나선 것이다. 권은희 과장이 말했다.

"지난해 12월 12일 김용판 전 청장과 전화 통화를 했습니다. …… 그때는 수사팀에서 오피스텔에 대한 압수수색 영장을 청구하려고 준비하던 때였습니다. 그때 김용판 청장은 저에게 압수수색 영장을 신청하지 말라고 지시했습니다."

민주당의 박영선 의원이 질문했다.

"김용판 전 청장이 지난 금요일 청문회에 나와 (권은희 과장에게) 격려 전화를 한 것일 뿐이라고 했는데요. 그렇다면 김 전 청장의 증언은 거짓말입니까?"
"네, 거짓말입니다."

권은희 과장은 차분하게 말을 이어갔다.

"수사를 진행하는 내내 저희 수사팀이 어려움과 고통을 느꼈습니다. …… 그러한 것들은 수사가 원활하게 진행되는 것을 막는 부당한 지시에 기인한 바가 많습니다."

박범계 민주당 의원이 질문했다.

"(서울지방경찰청의) 심야 수사 발표가 대선 결과에 영향을 줬다고 생각하십니까?"

"실제로 영향을 미쳤는지의 여부는 별개의 문제입니다. 하지만 대선에 영향을 미치기 위한 부정한 목적으로 (수사 발표를) 한 것은 분명하다고 판단합니다."

주군을 위해 40만의 적을 상대로 용감히 싸웠던 감녕처럼 권은희 과장은 국정원과 새누리당이 자신을 공격하고, 심지어 동료 경찰들마저 등을 돌리는 가운데서도 나라를 위해, 그리고 수많은 사람들의 양심을 위해 진실을 말해주었다. 권은희 과장의 희생 덕분에 국민들은 국정원 선거 개입 사건의 진실을 알게 되었을 뿐 아니라, 진실은 밝혀질 것이고 정의는 반드시 승리하리라는 희망을 품게 되었다. 사건의 경위를 알게 된 것보다 희망을 얻은 것이 어쩌면 더 큰 수확이 아니었나 생각한다.

이후 경찰에서는 권은희 과장에게 '경고조치'라는 부당한 징계를 내렸고, 민주당은 역시 아무것도 하지 못한 채 새누리당에게 끌려다녔다. 민주당 대표 김한길이 손권 정도만 되었어도 저들과 화친이라도 맺었을 텐데, 안타깝게도 원술과 비슷해서 민주당은 권은희 과장의 징계조차 막지 못했다.

그럼에도 권은희 과장은 흔들림 없이 직무를 수행하고 있다. 권은희 과장의 '양심선언'은 비록 우리에게 승리를 안겨주진 못했지만, 저들의 간담을 서늘하게 한 빛나는 싸움이었다.

"저는 대한민국의 경찰입니다."

그가 우리나라 경찰이라서 정말 다행이다. 언제까지나 우리 곁에서 함께해주시라.

|

채동욱
정의는 반드시 이기는 날이 온다

빈 그릇에 담긴 의미

|

조조는 동탁을 쳐서 한나라 황제인 헌제를 모시게 되었다. 이후 원소, 원술, 마등, 유표 등을 차례로 격파하며 여러 영웅들 중 가장 강력한 세력을 지니게 됐다. 적벽대전에서 손권에게 크게 패했지만, 여전히 제일 강했다. 조조는 세력이 커지자 슬슬 딴마음을 먹기 시작했다. 조조의 벼슬은 승상이었는데, 내심 더 높은 자리를 차지하고 싶었다. 신하들은 이런 조조의 심중을 파악하고 조조를 부추겼다. 동소라는

사람이 말했다.

"옛날부터 지금까지 신하로서 승상처럼 공을 세운 사람은 많지 않습니다. 승상께선 역적을 소탕하고, 한나라 황실을 다시 일으켰으니 보통 재상들과 같은 반열에 계실 순 없습니다. 위공魏公의 칭호를 받으시고 아홉 가지 특권을 더해야 합니다."

조조는 이 말을 듣고 기분이 좋아서 표정 관리를 하고 있는데 참모인 순욱荀彧이 반대하고 나섰다. 순욱은 사마의가 나타나기 전까지 조조의 가장 유능한 참모였다. 조조가 싸움에 나설 때마다 좋은 작전을 냈고, 성실하고, 인정도 많은 사람이었다. 조조는 순욱을 한나라 고조 유방의 오른팔이었던 장량에 비유하면서 그를 아끼고 믿었다. 순욱이 말했다.

"안 됩니다. 승상께서는 의로운 군대를 일으켜 황실을 바로잡으셨습니다. 황실에 더욱 충성하고, 겸양하는 마음을 지니고 백성들을 어루만지셔야 합니다. 아홉 가지 혜택을 받는 건 옳지 못하다고 생각합니다."

뜻밖의 상황에 조조는 얼굴빛이 변했다. 성난 얼굴로 아무 말도 하지 않았다. 그러자 동소는 더욱 신이 나서 떠들었다.

"모든 신하들이 원하고 있는 일입니다. 순욱 한 사람의 의견만 듣고 따를 순 없습니다."

조조는 묵인을 하고, 동소는 황제에게 상소를 올렸다. 순욱은 자리에서 물러나 탄식했다.

"아, 조조가 이런 짓까지 할 줄은 몰랐는데……."

이 말은 곧 조조의 귀에 들어갔고, 앙심을 품은 조조는 언젠가 순욱을 죽이기로 마음먹었다.

기회가 왔다. 조조는 40만 대군을 일으켜 손권을 치러 가게 되었다. 이때 순욱에게 함께 가자고 말했다. 순욱은 이 싸움에 따라가면 조조가 자신을 죽일 줄 알고 있었다. 아프다는 평계를 대고 가지 않았다. 조조는 사람을 시켜 순욱에게 그릇 하나를 보냈다. 그릇 뚜껑에는 이렇게 적혀 있었다.

"승상 조조가 순욱 대인께 드립니다."

빈 그릇이었다. 순욱은 머리가 좋은 사람이었다.

"빈 그릇을 주니 먹지 말고 죽으라는 뜻이로구나."

순욱은 길게 탄식했다. 그 빈 그릇에 독약을 타서 마시고 죽었다. 순욱은 조조 휘하에 있었지만, 조조보다 한나라 황실에 충성한 사람이었다. 유능한 참모이자, 충성스러운 신하 순욱은 이렇게 죽어갔다.

채동욱은 순욱이다

순욱처럼 원칙을 지켰던 검사. 최고의 가장은 아니었지만, 부끄럽지 않은 남편과 아버지로 살아온 사람. 자연인으로서의 그의 삶에 평온함이 깃들기를…….

낙엽귀근, 낙엽은 지지만 사라지진 않는다

"사실을 밝히고, 있는 그대로 법률을 적용한다는 자세로 일관하는 것만이 검찰의 살 길이며, 그것이 검찰 개혁의 시작과 끝이라고 믿었습니다. …… 39년 전 고교 동기로 만나 누구보다 가장 큰 힘이 되어준 아내, 하늘나라에서도 변함없이 아빠를 응원해주고 있는 큰딸, 일에 지쳤을 때마다 희망과 용기를 되찾게 해준 작은딸, 너무나 고맙습니다. 최고의 가장은 아니었지만, 부끄럽지 않은 남편과 아빠로 살아왔고, 앞으로도 그러할 것입니다. …… 진리는 반드시 따르는 자가 있고, 정의는 반드시 이기는 날이 있습니다. …… 낙엽귀근 落葉歸根, 낙엽은 지지만 낙엽 자체가 사라지는 것은 아닙니다. 존경하는 국민 여러분, 사랑하는 검찰 가족 여러분, 그동안 참으로 고마웠습니다."

_2013년 9월 30일, 채동욱 전 검찰총장의 퇴임사

채동욱은 1982년 제24회 사법시험에 합격했고, 1988년 군 제대와 동시에 서울중앙지방검찰청 의정부지청 부장검사직을 맡은 이후 2013년 9월 30일 검찰총장 자리에서 물러날 때까지 오로지 검사로서 한길을 걸어온 사람이다. 정권의 입김에서 완전히 자유로울 수는 없었겠지만, 그의 행적을 보면 퇴임사에서 말한 것처럼 "사실을 밝히고 있는 그대

로 법률을 적용한다는 자세로 일관"했음을 알 수 있다.

채동욱은 1995년에 전두환·노태우 비자금 사건 수사에 참여했으며, 12·12쿠데타와 5·18민주화운동의 검찰 논고를 작성했다. 2003년에는 굿모닝시티 분양 비리 사건을 수사해서 정대철 민주당 대표를 구속했다. 2004년에는 김운용 IOC 부위원장의 체육기금 등 공금 횡령 사건을 수사했다.

검찰총장으로 재직 중일 때는 검찰총장의 사건 개입 통로라는 비판이 제기되던 서울중앙지검장의 독대 형식의 주례 면담 보고를 폐지했다. 또한 이전 정권에 대한 보복 수사로 악명이 높던 대검찰청 중앙수사부의 현판을 내렸다. 전두환의 미납추징금 환수팀을 구성했고, 이재현 CJ 회장을 횡령·배임·조세포탈 혐의로 구속기소했다. 이처럼 채동욱은 천상 검사였다. 검찰총장 청문회에서 야당인 민주당 의원들에게 질타 대신 '칭찬'을 받았을 정도로 도덕성에도 큰 흠결이 없는 사람이었다.

그러던 그가 검찰총장 취임 5개월 만에 자리에서 물러났다. 채동욱은 '국정원 의혹 사건 처리 관련 검찰총장 입장'을 통해 원세훈 전 국정원장과 김용판 전 서울지방경찰청장을 공직선거법 위반 혐의 등으로 불구속 기소할 것이라고 밝혔다. 이때는 황교안 법무부 장관이 선거법 위반 혐의를 적용하지 말라는 외압을 행사하던 때였다. 정부와 검찰이 충돌했다. 이때 조선일보는 '최고의 가장은 아니었지만, 부끄럽지 않은 남편과 아빠로 살아온' 채동욱을 갈기갈기 찢어놓았다.

이 상황에서 채동욱이 선택할 수 있는 일은 많지 않았다. 빈 그릇에 독약을 타서 마신 순욱처럼, 아니 어쩌면 그보다 더 처량하게 자리에서 물러났다. 억울한 마음이 있었을 텐데도 이를 표현하지 않고 품위 있는 퇴임사를 남기고 순순히 자신의 운명을 받아들였다. 채동욱이 자리에서 물러나기 전 민주당의 김한길은 박근혜에게 채동욱을 찍어내는 것 아니냐고 질문했다. 대한민국 대통령인 박근혜는 이렇게 대답했다고 한다.

"집권당의 검찰총장인데 왜 그렇게 야당이 난리를 치세요. 민주당 검찰총장입니까?"

_2013년 12월 8일, 〈한겨레21〉

이 기상천외한 말에 모든 것이 들어 있다. 조조에게 충성하지 않고 한나라 황실에 충성하려다 죽은 순욱처럼 채동욱은 대한민국의 검찰총장이기 때문에 자리를 잃은 것이다.

그의 앞길에는 어떤 일이 기다리고 있을까. 정부가 만들어내고 조선일보가 퍼뜨린 채동욱에 관한 의혹은 여전히 해결되지 않았다. 여당에 악재가 있을 때 다시 한 번 이 사건을 터뜨릴 것으로 예상한다. 파괴력은 약하겠지만, 여당에게는 손해 볼 게 없으니 끈질기게 채동욱을 괴롭힐 것이다. 자연인으로 돌아가서 살겠다는 사람을 들쑤시지 말아주기를 바랄 뿐이다.

채동욱이 퇴임사에서 말한 '낙엽귀근'이 들어간 시 한 수를 읽으며 그의 삶이 평화롭기를 기원한다. 조선의 학자 용재容齋 이행李荇, 1478~1534의 '차운경운次雲卿韻' 열 수 가운데 일곱 번째 작품이다.

눈길 닿는 곳마다 참으로 감회와 탄식 많으니　　　　觸眼眞成感歎多

푸른 물가 안개비 속 도롱이 걸치던 때 추억하노라　　滄洲煙雨憶披蓑

문득 다시금 내 집의 즐거움을 사랑하노니　　　　　無端更愛吾廬樂

낙엽은 뿌리로 돌아가고 새도 둥지를 가려 앉는 법이니까　落葉歸根鳥擇窠

서청원
뇌물, 사람을 죽이는 흉물

뇌물을 받고 두 명의 맹장을 팔아먹다

서촉의 주인인 유장은 유비의 군대가 공격해 들어오자 한중의 장로에게 구원을 요청했다. 장로는 근거지를 잃고 자신에게 의탁하고 있던 마초에게 유비를 공격하라고 명령했다. 가맹관이라는 곳에서 유비의 군사와 마초의 군사가 만났다. 장비와 마초가 일대일로 대결했다. 둘다 강했다. 하루 사이에 세 번을 싸웠지만 승부가 나지 않았다. 유비는 마초의 무예에 탄복한 나머지 자기편으로 삼고 싶었다. 제갈량이 말했다.

"장로의 모사 양송楊松은 뇌물을 좋아한다고 합니다. 이 사람한테 뇌물을 써서 군대를 물리도록 하고, 마초를 고립시키면 될 것입니다."

유비는 사람을 시켜 양송에게 금은보화를 바치게 했다. 양송은 입이 떡 벌어져서 장로에게 유비를 칭찬한 뒤 군대를 철수하라고 진언했다. 장로는 마초에게 철군을 명령했지만, 마초는 성공하기 전엔 돌아갈 수 없다면서 명령을 거부했다. 장로는 하루에 세 번이나 사자를 보냈고, 마초는 번번이 철군하기를 거부했다. 양송이 말했다.

"마초는 우리 진영에 머물 뜻이 없는 사람입니다. 군사를 물리지 않는 건 딴마음을 품고 있어서 그런 것입니다."

그러고는 성안에도 같은 내용의 유언비어를 퍼뜨렸다. 장로는 양송의 말과 백성들의 말이 일치하자 겁을 먹었다. 양송은 못된 꾀를 냈다. 마초에게 사신을 보내서 서촉을 차지하고, 유장의 목을 베고, 유비의 군대를 물리치라고 명령했다. 이 세 가지 중 어느 하나라도 실패할경우 목을 베겠다고 으름장을 놓았다. 기가 막힌 마초는 어쩔 수 없이철군을 결정했다. 양송은 다시 유언비어를 퍼뜨렸다.

"이번에 마초가 회군하면 창을 거꾸로 돌려 유장을 공격할 것이다."

이 말을 들은 유장의 장수들은 관문을 지키면서 마초의 퇴로를 열어주지 않았다. 마초는 오도 가도 못하는 상태가 되어버렸다. 유비는 사람을 보내 마초를 설득해서 자기편으로 끌어들이는 데 성공했다. 양송은 뇌물을 받고 이렇게 최강의 장수를 적에게 팔아넘겼다.

한편 조조는 장로가 차지한 한중을 노리고 있었다. 허저, 서황, 하후연, 장합 등 화려한 장수진을 거느리고, 10만 대군을 일으켜 한중으로 진군했다. 장로의 진영에는 마초의 부하였던 맹장 방덕이 있었다. 조조는 방덕의 명성을 알고 있었다. 산 채로 잡아 부하로 삼고 싶었다. 조조는 장수들에게 돌아가면서 방덕과 상대하면서 힘을 뺀 다음 사로잡으라고 명령했다. 그러나 방덕은 조조의 장수 네 명을 상대하고도 지친 기색이 없었다. 조조의 참모 가후가 말했다.

"장로의 참모 양송은 욕심이 많아 뇌물을 좋아합니다. 이 사람한테 비단과 황금을 보내서 방덕을 모함하도록 하면 주공의 뜻을 이룰 수 있을 겁니다. 내일 방덕과 싸울 때 우리가 일부러 패해서 진영을 넘겨준 다음 기습을 하면 방덕은 성안으로 후퇴할 것입니다. 이때 우리 편 첩자를 방덕의 진영에 잠입시켜 함께 성안으로 들어가도록 하면 됩니다."

다음 날 방덕은 가후의 꾀에 넘어가 성안으로 후퇴했다. 조조의 첩자는 양송에게 황금 갑옷을 선물했다. 양송은 곧바로 장로를 찾아갔다.

"허허, 방덕 그 사람이 조조한테 뇌물을 받고 일부러 졌다고 합니다. 정말 괘씸한 사람입니다."

장로는 화가 나서 방덕을 잡아들여 죽이려 했다. 그러나 장로를 천거했던 염포라는 사람이 울면서 진정하여 죽이지 않았다. 장로가 말했다.

"내일 싸워서 이기지 못하면 너의 목을 칠 것이다!"

다음 날 조조의 군대가 공격해왔다. 방덕은 성문을 열고 조조의 진영으로 돌격해 들어갔다. 조조 군은 일부러 지는 척하면서 미리 파놓은 함정 쪽으로 방덕을 유인했다. 방덕은 함정에 빠져 사로잡혔고, 조조에게 항복했다. 방덕을 잃은 장로의 군대는 급격히 무너졌다. 끝내 장로는 조조에게 항복했다. 조조는 항복한 장로와 그의 부하들에게 벼슬을 내렸다. 끝까지 항전한 염포에게도 벼슬을 내려주어 그의 충성을 표창했다. 그럼 양송은? 주인을 속이고 부귀영화를 탐낸 놈이라고 해서 길거리에 끌고 나가 목을 베어버렸다.

서청원은 양송이다

양송은 뇌물을 밝히다가 패가망신했다. 과거에는 양송이었지만, 미래에는 양송이 되지 않기를 바란다.

'차떼기'의 끝은 어디인가

우리나라 정치인이나 공무원 중에서 아마 뇌물의 유혹을 느낀 적이 없거나, 뇌물에 마음이 흔들리지 않거나, 크고 작은 뇌물을 받지 않은 사람은 손에 꼽을 정도일 것으로 짐작한다. 이러다 보니 많은 사람들이 뇌물수수를 대수롭지 않은 일로 여긴다. 심지어 '큰일을 하다 보면 그럴 수도 있다'고 생각한다. 공직자의 뇌물수수 사건이 워낙 많다 보니 웬만한 액수에는 놀라지도 않는다. 그런데 이런 무감각 속에서 정신을 번쩍 들게 하는 사건이 있었다. 이른바 '차떼기 사건'이다.

차떼기 사건은 2002년 대선 때 한나라당 이회창 후보가 측근인 서정우 변호사를 통해 어떤 대기업으로부터 대선자금을 트럭째로 받은 사건이다. 한나라당은 경부고속도로 만남의 광장 지하 주차장에서 트럭에 실려 있던 현금 100억 원을 전달받았다. 이 일은 이듬해 검찰 수사에 의해 전모가 드러났다. 당시 한나라당은 모두 820여억 원의 불법 대선자금을 대기업들에게 뜯어냈다. 이에 대해 이회창은 대국민 사과를 하기도 했다.

이회창은 자신이 법적인 책임을 지겠다고 했지만, 검찰 조사 결과 무혐의로 판결받았다. 대신에 당시 한나라당 대표이던 서청원이 징역 1년 6개월에 집행유예 3년, 추징금 12억 원을 선고받았다(추징금 12억

원의 출처에 대해서도 의혹이 제기되었다).

지난 2013년 10월 30일 화성(갑) 국회의원 보궐선거를 앞두고 새누리당 측에서는 서청원이 "개인적 착복이나 횡령을 하지 않았다"고 결론을 내렸지만, 대기업으로부터 뇌물을 받았다는 건 틀림없는 사실이다. 좋다. 그건 그렇다고 친다. 서청원은 이후 2008년 총선 당시에도 친박연대 비례대표 공천 대가로 양정례 의원 모녀로부터 17억 원, 김노식 전 의원으로부터 15억 1천만 원 등 32억 1천만 원을 받아 1년 6개월 복역했다. 이건 어떻게 설명해야 하는가.『삼국지』의 최고 뇌물 밝힘이 양송과 비교해도 서청원이 결코 뒤지지 않는다.

서청원은 화성(갑) 보궐선거에 출마하면서 3억 6천여만 원의 재산을 신고했다. 선거 공보물에 '18대 국회의원 중 재산이 꼴찌'라고 홍보했다. 이 홍보가 먹혀들어간 것일까. 아니면 화성(갑) 주민들은 서청원이 '차떼기의 주역'임을 몰랐던 것일까. 서청원은 민주당의 오일용을 압도적인 차이로 누르며 당선되었다. 참 아쉬운 일이지만, 이것이 우리나라 유권자들의 수준임을 인정하지 않을 수 없다. 뇌물을 받아서 실형을 산 경력이 있어도 힘이 있는 후보한테 표를 몰아줘서 '나'와 '내 지역'만 잘살면 된다고 생각하는 사람이 너무나 많다. 이런 사고방식을 버리지 않으면 서청원 같은 사람은 계속 등장할 것이고, 나라는 썩어들어갈 것이다. 유권자의 생각이 하루빨리 변해야 한다.

『삼국지』등장인물 양송은 목이 날아갔는데, 왜 서청원은 무사한

가. 아니 무사한 것을 넘어 권력의 핵심에 있는 것인가.

역사를 살펴보면 뇌물을 받고 무사한 사람은 없었다. '우리가 어떻게 벌을 주냐', '언제 벌을 받느냐'는 마음이 일어날 줄 안다. 뇌물과 관련이 없어도 서청원은 반드시 벌을 받는다. 지방선거와 총선을 앞두고 새누리당 내부에서 공천 전쟁이 벌어질 것이다. 친이계로 분류되는 김무성과 친박계의 수장인 서청원은 필연적으로 충돌하게 되어 있다. 누가 이길지 섣불리 예상하기는 어렵지만, 현재까지는 서청원이 다소 약하지 않은가 생각한다. 목까지 날아가진 않겠지만, 비참하게 정계에서 은퇴할 것이라 짐작한다. 이미 양송한테서 확인하지 않았는가. 이래서 역사는 무서운 것이다. 뇌물은 사람을 죽이는 흉물이다.

조국
만인을 아우르는 미래의 리더

선비의 기상을 지닌 최고의 장수

원소와 공손찬이 기주를 놓고 싸울 때였다. 원소의 맹장 문추와 공손찬이 일대일로 싸웠다. 문추는 강했다. 공손찬은 말을 돌려 도망가기 시작했다. 문추는 뒤를 쫓았고, 도망가던 공손찬은 말에서 떨어졌다.

"문추는 함부로 창을 쓰지 마라!"

어린 장수 하나가 바람처럼 나타나서 공손찬을 구해냈다. 그는 공손찬에게 예를 갖추어 인사를 했다.

"저는 상산 땅에 사는 조자룡趙子龍이라 합니다. 이름은 운雲입니다. 원소의 진영에 있었는데 이 사람한테는 나라에 충성하고 백성을 구원하려는 마음이 없는 것을 보고 당신께 왔습니다."

조자룡은 이렇게 『삼국지』에 등장한다. 조자룡은 무예가 뛰어난 장수로 유명하지만, 그 무예를 더욱 돋보이게 하는 인품을 가졌다. 저 말 한마디에 조자룡의 모든 것이 들어 있다. 조자룡에게는 '나라에 충성하고 백성을 구원하려는 마음'이 있었다. 조자룡은 공손찬의 세력이 멸망하자 유비의 품으로 갔다.

조자룡의 활약상은 『삼국지』 곳곳에 드러난다. 특히 단신으로 조조의 진영을 뚫고 들어가 유비의 젖먹이 아들을 구해낸 일은 명장면 중 하나로 꼽힌다. 조자룡은 아기를 품에 안은 채 조조 진영의 한복판을 헤치고 빠져나오면서 대장기 두 개를 베어버렸고, 세 개의 창을 빼앗았으며, 조조의 장수 50명을 쓰러뜨렸다. 이렇게 포위망을 뚫고 유비에게 갔을 때, 아기는 쌔근쌔근 자고 있었다. 조자룡은 아기가 무사한 것을 보고 싱글벙글 웃었다. 이게 전부였다. 조자룡은 자신의 공을 내세우지 않았다. 그는 이처럼 겸손한 사람이었다.

마초가 유비 진영에 막 몸담았을 때였다. 서촉 유장의 부하 장수인 유준과 마한이 유비 진영을 공격해왔다. 조자룡이 담담하게 말했다.

"제가 나가서 두 놈을 단번에 잡아오겠습니다."

유비와 마초는 성 위에서 술을 마시고 있었는데, 얼마 지나지 않아 조자룡은 두 장수의 목을 베어 와서 유비에게 바쳤다. 마초는 이 모습을 보고 유비를 더욱 공경하게 되었다. 조자룡은 여전히 아무 말도 하지 않았다. 조자룡은 좀처럼 마음의 동요를 드러내지 않는 사람이었다. 유비는 서촉 지역을 차지한 다음 수도 성도의 이름난 저택과 논밭을 부하 장수들에게 나누어주려 했다. 그러자 조자룡이 반대했다.

"서촉의 백성들은 오랫동안 전쟁에 시달려서 논밭이 없습니다. 백성들에게 땅을 돌려주어 편안히 농사를 짓게 하는 것이 좋겠습니다."

유비는 조자룡의 말에 따라 장군들에게 토지를 지급하는 일을 중단했다. 조자룡에게는 백성을 사랑하는 마음과, 주인한테 할 말은 하는 강직함이 있었다.

유비가 형주를 차지할 때, 조자룡은 계양 땅을 공격하는 임무를 맡았다. 계양태수 조범이 조자룡에게 항복을 했다. 조자룡은 계양의 주인 자격으로 조범을 초대해서 술을 마셨다. 둘은 본관이 같았고, 나이도 동갑이었다. 술을 마시면서 의형제를 맺었다.

다음 날 조범은 자신의 집으로 조자룡을 초대했다. 술자리가 무르익을 무렵, 조범이 예쁜 여자 한 명을 불러들여 조자룡에게 술을 따르게 했다. 여인의 고운 자태에 조자룡의 마음이 흔들렸다.

"이분은 누구신가?"
"네, 저의 형수님입니다."

조자룡은 자세를 바로잡고 공경하는 태도를 보였다.

"아, 그러한가. 자네의 형수님이면 나한테도 형수님이지."

그 여인은 조자룡에게 술 한 잔을 따르고 물러났다.

"자네는 어째서 형수님께 술을 따르라고 했나. 그분께 정말 미안하네."
"형님은 너무 마음 쓰지 마십시오. 형수는 지금 수절을 하고 있습니다. 제가 개가를 권해도 듣지 않으십니다. 그래도 개가하라고 하니 '문무를 겸비해서 세상에 이름난 사람이어야 하고, 용모가 당당하고 잘생겨야 하며, 돌아가신 형과 성이 같아야 개가하겠다'고 하셨습니다. 하지 않겠다는 거죠. 그런데 형님은 이 세 가지를 다 지니고 있으니 형수님이 싫지 않으시다면 아내로 삼아주십시오."

조자룡은 좀처럼 내지 않던 화를 냈다.

"나는 자네와 의형제를 맺었으니 자네의 형수님이면 나한테도 형수님이네! 자네가 어떻게 날더러 인륜을 어지럽히게 할 수 있단 말인가!"

결국 둘 사이에 싸움이 일어났지만, 이후에 유비가 중재해 무마되었다. 유비가 웃으며 말했다.

"계양을 차지하는 공을 세웠으니 그분께 장가를 들어도 괜찮을 것 같소만?"
"세상에 여자는 많습니다. 하필이면 그런 불명예스러운 일을 할 이유가 없습니다. 아내가 없어도 조금도 걱정되지 않습니다."

이렇듯 조자룡은 뛰어난 장수이면서도 남들이 가지기 어려운 도덕성을 갖추고 있었다. 조자룡은 선비의 덕을 겸비한 위대한 장수였다. 그러나 그런 조자룡도 세월의 무게를 감당하지 못했다. 대업을 이루는 모습을 보지 못하고 병들어 죽었다. 제갈량은 통곡했다.

"자룡이 죽다니 말이 되는가. 나라의 큰 대들보가 꺾였고, 내 한쪽 팔을 잃었구나!"

조국은 조자룡이다

조자룡을 넘어 조조로 성장할지도 모를 사람. 진보 진영을 넘어 보수 세력까지 아우를 수 있는
사람. 학자로서 빛나는 업적을 남긴 뒤에 조국은 대한민국을 이끌 사람 중 하나로 국민 앞에 나
타날 때가 있을 것이다.

무장의 기운을 지닌 최고의 지식인

"사노맹은 '혁명의 시대'의 마지막 장, '정치의 시대'의 첫 장 사이에서 발생한 조직 사건이었다. 사노맹이 추구하는 사회주의와 내가 생각하는 사회주의 사이에는 일정한 차이가 있었다. 그러나 당시 나는 이러한 세밀한 차이를 중시하지 않았다. 소련은 붕괴했지만 한국에는 사회주의 운동이 필요하다고 판단했던 것이다. 부끄러워할 일도 뽐낼 일도 아니라고 생각하고 있다. 사적 인연이 깊어서였을까, 만용이었을까, 아니면 순진하고 철이 없어서였을까. 감옥을 가게 되고 교수직도 버리게 되었지만 크게 후회하지는 않았다. 많은 친구와 선배들이 여러 사건으로 감옥을 갔던바, '별로 한 것도 없는데 내 차례가 왔구나'라고 생각했다. 시간을 거꾸로 돌려 백 선배의 제안을 받은 순간으로 다시 돌아가더라도 그의 손을 뿌리치진 않았을 것 같다."

_조국의 페이스북

1982년, 만 16세 나이로 서울대 법대에 '최연소' 입학, 만 26세가 되던 1992년에 '최연소' 울산대학교 교수로 임용. '어린 학자' 조국은 그야말로 혜성처럼 학계에 등장했다. 그러나 기쁨도 잠시, 보수 세력은 이 어린 학자의 성장을 처음부터 막으려 했다. 교수가 된 지 1년 만인 1993년, 조국은 서울대 총학생회장 백태웅과 시인 박노해가 가담했던

'사회주의노동자동맹(사노맹)'을 도운 혐의로 재판을 받았으며, 1심에서 집행유예를 선고받고 석방되었다.

이 6개월간의 감옥생활에 조국의 현재와 미래가 다 들어 있다. 조국은 나라에 충성하고 백성을 구하려는 마음을 지닌 어린 장수 조자룡처럼 법의 민주화를 구현하기 위해 노력했고, 법의 비인간성을 비판하는 데 거침없던 어린 학자였다. 학자의 신분으로 현재까지도 불가침의 영역으로 간주되는 '국가보안법'을 비판하는 건 결코 쉬운 일이 아니다. 마음속에 투사 기질이 있는 학자다. 진보 성향이 강해서 천재지변이 일어나지 않는 한 변절하지 않을 사람이다.

조국은 울산대 교수로 재직하다가 동국대를 거쳐 현재 서울대 법학전문대학원 교수로 있다. 그는 학자로서 최고의 지위에 올라 있다. 그러나 대부분의 교수들이 사회적인 문제에 대해 의견을 내거나 참여하기를 꺼리는 데 비해 조국은 끊임없이 자신의 소신을 펼쳤고, 많은 일에 참여했다. 그의 대표적인 경력을 보겠다.

2000~2001년, 민주화운동 관련자 명예회복 및 보상심의위원회 자문위원
2003~2004년, 여성부 성매매방지대책자문단 자문위원
2002~2005년, 참여연대 사법감시센터 소장
2007~2008년, 법무부 검찰인권평가위원회 평가위원
2007~2010년, 국가인권위원회 인권위원

이외에도 여러 단체와 학회에서 활발하게 활동하고 있다. 여기에서 눈길을 끄는 것은 조국의 관심이 '인권'에 집중되고 있다는 사실이다. 세상의 모든 일은 사람과 연결되어 있으므로 이 사실을 가볍게 보아 넘길 수도 있겠지만, 조국의 눈은 일관적으로 언제나 '사람'을 향해 있다. 조국은 사람을 사랑하는 사람이다.

"솔직히 저는 상아탑에서 조용히 평온히 무게 잡고 살 수 있습니다. 하지만 제가 이렇게 나선 것은 정글이 돼버린 대한민국의 현실 때문입니다. …… 독재정권 행태가 부활했습니다. 불법사찰이 되살아났습니다. 견실한 중소기업가가 감시와 사찰의 대상이 됐고 재기 불능 상태가 됐습니다. …… 중산층이 줄고 있습니다. 중산층은 떨고 있습니다. 실직, 고물가, 사교육비 등으로 언제 바닥으로 떨어질지 몰라 불안에 떨고 있습니다. 저는 법학 교수로서 법과 제도가 바로 서야 그 속에 사는 사람들이 편하다는 것을 알고 있습니다. …… 지금 대한민국의 과제가 무엇입니까? 저는 민생과 민주를 회복하고 국민의 정부와 참여정부의 성과는 계승하고 잘못된 점을 고쳐나가는 것이라고 생각합니다."

_2012년 12월 16일, 문재인 후보 찬조 연설

조자룡의 강점 중 하나는 상대의 포위망 속에 있어도 뚜렷한 목표를 세우고 이를 이루기 위해 노력한다는 점이다. 언뜻 '용맹'을 떠올리겠지만, 그보다는 '평정심'을 유지하는 것이 더욱 중요하다. 제아무리 싸움을 잘해도 평정심을 잃으면 시야가 좁아지고, 기력 소모가 빠르다.

조국은 투사 기질을 갖고 있으면서도 다년간의 연구 경험과 다양한 사회활동을 통해 습득한 평정심을 가지고 있다. '자신이 지지하는 후보를 도운 일이 뭐 그리 대단하냐'고 할 수도 있겠다. 그렇지 않다. 굳이 돕는 행동을 하지 않더라도 보수 세력의 칼끝은 언제나 조국을 향해 있다. 사방이 포위된 상황에서 일부러 적진으로 뛰어드는 일은 아무나 할 수 있는 것이 아니다. 게다가 그는 문재인을 도왔지만, 알고 보면 민주당과 결이 맞는 사람도 아니다. 둘 다 민주주의를 추구한다는 공통점이 있지만, 조국은 사회주의적 신념과 신자유주의에 반대하는 생각을 지니고 있다는 것이 둘의 분명한 차이점이다. 조국은 절대적으로 문재인을 지지하지 않았다. 서울대 교수라는 기득권을 누리고 있지만, 그는 진보적인 사람이다.

인터넷 검색창에 '조국'을 입력하면 표절이라는 말이 따라오는 경우가 있다. 보수 세력은 조국을 낙마시키기 위해 조국의 석사학위 논문과 버클리대 박사학위 논문에 대한 표절 의혹을 제기했다. 보수 언론들은 기다렸다는 듯 조국을 향해 집중 포화를 퍼부었다. 여기에 대한 버클리대 로스쿨의 조사 결과를 보자.

조국 교수의 논문은 JSD 프로그램의 높은 기준을 충분히 충족한다. …… 조 교수의 논문은 네 개 나라의 형사사법 체계에 대해 충분한 통달도를 보여주는바, 이는 놀라운 성취다. …… 우리는 조 교수의 논문을 심사한 JSD 위원회가 이 논문에 대해 보낸 높은 찬사를 재고할 이유를 전혀 못 느낀다.

표절이 아닌 정도가 아니라 '놀라운 성취'라고 한다. 이런 결과가 나왔음에도 불구하고 보수 언론에서는 의혹만 키워놓고 이 사실에 대해서는 제대로 보도하지 않았다. 뿐만 아니라 지금까지도 이 결과에 승복하지 못하고 조국을 괴롭히고 있다. 조국은 지적 수준에 맞는 도덕성을 지니고 있는 사람이다.

현재까지 조국은 민주진보 진영에서 조자룡과 같은 역할을 하고 있는 사람이다. 아쉽게도 아직 유비 같은 주인을 만나지 못해서 그가 가진 기량을 십분 발휘하지 못하고 있다. 그에게 문재인은 유표 정도의 사람이었지 유비가 아니었다. 조국은 아직 유비를 만나지 못했다. 그러니 우선 유비를 기다려야 한다. 그것이 자신을 끌어줄 사람이든 대중의 호응이든 지금처럼 소신을 지키고 할 말을 하면서 기반을 만들어놓아야 하겠다. 그런 후에 조자룡으로 머물 것인가, 아니면 군주가 될 것인가를 결정해도 늦지 않다.

"나는 한 명의 '공적 지식인public intellectual'으로서의 소임을 다하고자 한다. 좌빨 폴리페서polifessor 딱지도 받고 있고 온갖 허위중상과 음해를 받고 있지만 감당하려 한다. 냉정히 자신을 돌아볼 때 나는 자신의 실력이나 기여에 비하여 과대포장되거나 과대평가되고 있다고 생각한다. 인품, 내공, 덕성 등에 있어서 나보다 훨씬 뛰어난 지식인들이 많이 있지만, 내가 대중적 노출이 많은 '정치전선' 앞에 서다 보니 그렇게 되었을 것이다. 학벌사회에서 서울대 출신 미국 박사에다 서울대 교수라는 학력과 경력도 중요한 요인이 되었을 것이다. 그렇지만 잊히고 사라질 때까지 내게 주어진 일, 내가 해야 할 일을 할 것이다. 어떤 때는 맹렬히, 어떤 때는 담담히. 어떤 때는 웅변으로, 어떤 때는 침묵으로."

_조국의 페이스북

조국은 올해 만 49세다. 젊은 데다가 지금까지의 활약도 충분히 인정받을 만하다. 이래서 앞으로의 행보가 더 기대되는 사람이다. 조국, 조자룡을 넘어 조조로 성장할지도 모를 일이다. 세상일은 아무도 모른다. 분명한 것은 그가 진보 진영을 넘어 보수 세력까지 아우를 수 있는 사람으로 성장하고 있다는 사실이다. 조국은 주변으로부터 국회의원·시장·교육감 출마를 권유받고 있지만, 거절하는 모습으로 일관하고 있다. 아직까지는 학계에서 해야 할 일이 남아 있으므로 그 범위를 벗어나지 않겠다는 의지를 보인 것이다. 그러나 조국은 머지않은 장래에 학자로서 빛나는 업적을 남긴 후, 대한민국을 이끌 사람 중 하나로 국민 앞에 우뚝 서게 될 것이다.

표창원
모두에게 사랑받는 영웅

두 영웅에게 사랑받은 장수

조조는 헌제를 옹립한 후 원소, 원술, 유표 등을 차례로 격파하며 가장 큰 세력을 차지하게 되었다. 조조는 애당초 한나라 황제를 모실 생각이 없었고, 자신이 한나라를 장악하려 했다. 대놓고 황제를 핍박했으며, 권력을 잡고 나라를 좌지우지했다. 자연스레 조조는 만인의 적이 되었다. 이들 중 서량태수 마등은 조조를 죽이려 하다가 일이 탄로 나서 아들 마철은 화살에 맞아 죽었고, 자신은 작은아들 마휴와 함께 사로잡혀서 처형당했다.

마등의 큰아들 마초馬超는 서량에 남아 있다가 비보를 들었다. 곧바로 군대를 정돈해서 조조를 치러 나갔다. 마초는 아버지의 죽음을 애도하는 뜻으로 갑옷 위에 흰옷을 걸치고, 은빛 투구를 쓰고 싸움에 나섰다. 피부에는 윤기가 흘렀고, 입술은 붉은 칠을 한 듯 아름다웠다. 목소리는 우렁찼고, 온몸에 강한 기운이 흘러넘쳤다. 마초는 큰 소리로 조조를 꾸짖었다.

"이놈! 늙은 역적 조조야! 너는 임금을 속이고 윗사람을 능멸하며 천하를 희롱하는 놈이다. 천하를 위해 너의 목을 치지 않을 수 없다. 나의 아버지까지 해쳤으니 네놈과 한 하늘 아래 살 수가 없다. 너를 산 채로 잡아서 너의 날고기를 잘근잘근 씹어주마!"

마초는 조조의 진영으로 돌격해 들어갔다. 조조의 맹장 장합이 마초를 상대했다. 20여 합에 장합이 패해서 달아나자, 이번에는 이통이 덤벼들었다. 마초의 창은 이통의 심장을 꿰뚫었다. 다급해진 조조 진영에서는 조인과 하후연이 동시에 덤벼들었다. 그러나 이들 역시 마초의 신들린 듯한 창을 이겨내지 못했다. 조조의 군대는 삽시간에 무너졌다. 조조는 입고 있던 붉은 도포를 벗고, 수염까지 자르며 줄행랑쳤다. 마초는 끝까지 조조를 추격했지만, 조조의 장수 조홍과 하후돈이 가로막는 바람에 조조를 죽이지 못했다.

며칠 후 마초의 군대와 조조의 군대는 다시 만났다. 조조가 자랑하는 장수 허저와 마초가 일대일로 대결했다. 마초의 창과 허저의 칼이 상대의 급소를 노리며 춤을 추었다. 싸운 지 100여 합이 지나도록 승부가 나지 않았고, 두 사람이 타고 있는 말도 지쳐버렸다. 말을 갈아타고 나와서 다시 100여 합을 싸웠지만, 승부가 나지 않았다. 화가 난 허저는 갑자기 갑옷과 투구를 벗어던지고 칼을 들고 덤벼들었다. 두 장수의 힘과 힘이 충돌했다. 마초의 창과 허저의 칼이 두 동강이 났다. 치고받는 육탄전이 벌어졌다. 그러고도 승부를 내지 못하는 가운데 양 진영의 군사가 뛰쳐나와 합세했다. 이 싸움에서 조조 군은 또 패했다.

조조는 마초의 무예를 보고 도저히 힘으로는 이길 수 없다고 생각했다. 성으로 돌아와서 마초를 이길 방법을 찾으며 고민했다. 하루는 조조가 성 밑을 살펴보니 마초가 서량의 기병 수백 명을 거느리고 훈련을 하고 있었다. 조조는 감탄했다.

'과연 남자답게 잘생겼구나.'

그러나 마초는 적장이었다. 조조는 울컥 화가 나서 쓰고 있던 투구를 집어던지며 소리 질렀다.

"저 아이가 죽지 않으면 나는 죽어도 장사 지낼 땅이 없겠구나!"

이 말을 들은 하후연이 화를 내며 성문을 열고 마초의 진영으로 돌격해 들어갔다. 조조는 깜짝 놀라서 하후연을 말렸지만, 이미 하후연은 뛰쳐나간 뒤였다. 조조는 걱정이 돼서 자신도 군사를 거느리고 하후연의 뒤를 쫓았다. 조조를 발견한 마초는 하후연을 버리고 조조한테 덤벼들었다. 겁을 먹은 조조는 다시 도망쳤고, 마초는 또 한 번 승리했다. 그러나 이게 끝이었다.

조조는 마초를 도와주던 한수라는 사람과 마초 사이에 이간계를 놓았다. 마초는 이 계책을 넘어서지 못하고, 조조 군에게 패해서 오랑캐 지역으로 피신했다. 이후 오랑캐 지역을 평정하고 조조의 군사와 싸웠지만, 이기지 못하고 한중의 장로에게 몸을 의탁했다. 마초는 비록 조조를 잡는 데 실패했지만, 혼자서 조조의 장수 몇 명을 물리쳤고, 조조의 군대와 대등하게 싸운 군계일학의 명장이었다.

유비는 서촉을 공격했다. 한중의 장로는 마초에게 서촉을 구하라고 명령했다. 드디어 유비와 마초가 만나게 되었다. 유비는 성 위에서 마초를 바라보았다. 수많은 깃발이 펄럭이는 가운데 마초가 말을 달려 나왔다. 사자의 투구를 쓰고, 짐승 가죽의 띠를 두르고, 은 갑옷 위에 흰옷을 입고 있었다. 유비는 감탄했다.

"사람들이 '비단 같은 마초'라고 하더니, 오늘 보니 그 소문이 거짓이 아니었구나."

옆에 있던 장비가 벌컥 성을 내며 싸우러 나가려 했다. 유비의 머릿속에 어떤 생각이 스쳐갔다.

"안 되네. 잠깐만 참게. 우선 저 예리한 기운을 피하는 게 좋겠네."

그만큼 마초의 무예와 기개는 출중했다. 유비는 한참 시간을 끈 뒤에야 장비에게 나가서 싸우라고 했다. 장비와 마초는 하루에 세 번을 격돌했지만, 승부를 내지 못했다. 유비 역시 조조처럼 마초를 힘으로 제압할 수 없음을 깨달았다. 제갈량이 말했다.

"장로의 모사 양송은 뇌물을 좋아한다고 합니다. 이 사람한테 뇌물을 써서 군대를 물리도록 하고, 마초를 고립시키면 될 것입니다."

양송은 입이 떡 벌어져서 장로에게 유비를 칭찬한 뒤 군대를 철수하라고 진언했다. 장로는 마초에게 철군을 명령했지만, 마초는 성공하기 전엔 돌아갈 수 없다면서 명령을 거부했다. 마초는 의지가 강한 사람이었다. 이후 장로는 하루에 세 번이나 사자를 보냈지만, 마초는 번번이 철군하기를 거부했다. 양송이 말했다.

"마초는 우리 진영에 머물 뜻이 없는 사람입니다. 군사를 물리지 않는 건 딴마음을 품고 있어서 그런 것입니다."

그러고는 성안에도 같은 내용의 유언비어를 퍼뜨렸다. 장로는 양송의 말과 백성들의 말이 일치하자 겁을 먹었다. 양송은 못된 꾀를 냈다. 마초에게 사신을 보내서 서촉을 차지하고, 유장의 목을 베고, 유비의 군대를 물리치라고 명령했다. 이 세 가지 중 어느 하나라도 실패할 경우 목을 베겠다고 으름장을 놓았다. 기가 막힌 마초는 어쩔 수 없이 철군을 결정했다. 양송은 다시 유언비어를 퍼뜨렸다.

"이번에 마초가 회군하면 창을 거꾸로 돌려 유장을 공격할 것이다."

이 말을 들은 유장의 장수들은 관문을 지키면서 마초의 퇴로를 열어주지 않았다. 마초는 오도 가도 못하는 상태가 되어버렸다. 유비는 사람을 보내 마초를 설득해서 자기편으로 끌어들이는 데 성공했다.

"저, 마초는 이제야 밝은 주인을 만났습니다. 마치 안개구름을 헤치고 푸른 하늘을 보는 것 같습니다."

조조와 유비 모두에게 위협적인 장수였던 마초는 이렇게 유비의 사람이 되었다.

표창원은 마초다

신념이 강하고 상대가 강해도 결코 기죽지 않는다. 성품이 곧아 어디에 가든 중용될 사람이다.
'보수'라는 틀에 스스로를 가두지 않는다면 큰 리더로 성장할 가능성이 높다.

나를 움직이는 건 나일 뿐이다

|

2012년 12월 12일, 국정원 직원이 여당 후보를 칭송하고 야당 후보를 비난하는 댓글 작업을 하고 있다는 제보를 받은 선관위는 경찰과 함께 국정원 직원이 기거하는 오피스텔을 급습했다. 그 여직원은 문을 잠그고 열어주지 않았으며, 오랜 시간 동안 대치하다가 결국 유유히 도주했다. 이를 두고 새누리당에서는 민주당 측에서 그 여직원을 '감금'했다고 공격했고, 민주당에서는 피의자인 여직원이 불법으로 문을 잠갔다고 반박했다.

갑론을박이 오가는 사이 국내 최초의 범죄심리 분석관이자, 경찰대학 교수로 재직 중이던 표창원이 자신의 트위터에 의견을 내놓았다.

"대통령 선거에 국가기관이 개입, 조직적으로 여론을 조작하고 있는 현장이라는 신고를 받고 출동한 경찰이 요구에 불응하고 문을 안 열어주는 거주자 앞에서 할 수 있는 조치, 긴급성과 중대성이 확인되면 경찰권을 발동하여 즉시진입이 가능하다. …… 무엇보다 경찰과 선관위는 법절차에 따라 증거인멸 방지와 증거 확보에 최선을 다해야 한다."

이 발언 후에 표창원은 자신의 의견 피력에 경찰대학 교수로서의 직위가 이용될 수 있음을 인식하고 사직서를 제출했다. 사건 발생 나흘 만에 이루어진 일이었다. 자유롭게 의견을 말하기 위해 근거지를 버렸다지만, 그 짧은 시간에 이런 어려운 결정을 내릴 때의 심정은 어떠했을까. 그럼에도 그의 사직서에는 개인이 없다. 오직 대의가 있을 뿐이었다.

"경찰대학과 학생들의 숭고한 명예와 엄정한 정치적 중립성에 부당한 침해가 발생할 가능성을 방지하고, 경찰대학 재학생 및 졸업생 등에게 혹여 자유롭고 독립적인 견해를 구축하는 데 있어 부당한 영향을 끼칠 가능성을 방지하기 위해 사직하고자 합니다."

근거지를 잃고 복수를 다짐했던 마초처럼 표창원은 자유인이 되자마자 강력한 기운을 내뿜으며 날카롭고 화려한 창 솜씨를 발휘하기 시작했다. 그의 창에 심장을 찔린 사람은 새누리당 전략조정단장 권영진이었다. 두 사람은 2012년 12월 17일 TV토론회에서 맞붙었다. 표창원은 시종일관 공격 일변도로 나섰고, 권영진은 더듬거리면서 당혹감을 감추지 못했다.

"국정원 직원이 여론 조작에 개입했다면 워터게이트보다 더 불법적인 사건입니다!"
"이 의혹이 제대로 밝혀지려면 정권이 교체되는 수밖에 없습니다!"
"국가 공무원이 문을 열어달라고 하고 있어요. 이 상황에서 문만 열어주면 돼요. 안 열어주고 그러고 있어요. 그게 무슨 감금이에요, 잠금이지!"

"국민들이 왜 절망하는지 아세요? 우리나라 국가정보원을 그렇게 타락시켰기 때문에 그렇습니다!"

"박근혜 떨어뜨리려고 사직했습니다. 박 후보의 어제 토론 실력을 보면서 외국에 가서 정상을 만났을 때 어떻게 될지 암담했습니다!"

이러한 노력에도 불구하고, 국정원 대선 개입 의혹 사건은 경찰이 '댓글이 없다'고 수사 발표를 해버림으로써 유야무야되었다. 이 사건을 제대로 밝히기 위해 표창원은 모든 것을 던지고 나왔는데 자신과 같은 길을 걷는 경찰이 그를 꺾어버렸다.

그래서였을까? 표창원은 2012년 12월 19일 〈GO발 뉴스〉를 통해 생방송으로 진행된 〈생방송 대선 뉴스쇼〉에 출연했다. 전날까지 하루 종일 잠을 자지 못했다면서 자신이 좋아하는 '시인과 촌장'의 노래를 들었다고 했다. 그는 함께 출연한 '노래를 찾는 사람들'에게 시인과 촌장의 노래를 불러달라고 청했다.

세상 풍경 중에서 제일 아름다운 풍경,
모든 것들이 제자리로 돌아가는 풍경.
세상 풍경 중에서 제일 아름다운 풍경,
모든 것들이 제자리로 돌아오는 풍경.

노래를 듣던 표창원은 책상에 얼굴을 묻고 통곡하기 시작했다. 옆에 있던 곽현화도 눈물을 흘렸고, 이상호 기자는 애써 눈물을 참으며 카메라를 응시했다. 홀로 조조의 여러 장수와 맞섰던 마초처럼 표창원은 혼자서 적진을 헤집고 다녔지만 끝내 저들을 이기지 못했다. 그 눈물 속에는 무엇이 들어 있었을까.

시간이 흘러 국정원의 대선 개입은 사실로 드러났고, 그때 표창원이 근거지를 버린 일은 옳았고 소중한 결정이었음이 판명되었다. 그날 이후 표창원은 더욱 화려한 창술을 선보이고 있다. 국정원의 선거 개입으로 인해 직접적인 피해를 입은 민주당조차 미온적으로 대처하고, 국민의 힘을 한곳으로 집중해야 할 시민단체들의 활동 역시 지지부진한 가운데 표창원은 정권을 향해 거침없는 일격을 날렸다.

"자유롭게 말하고 싶어 그 좋은 교수 자리도 그만둔 사람이 뭐 무서울 게 있다고 자기검열하고 눈치 보며 말조심하겠습니까? 오직 저 스스로 정한 '보수의 품격'에서 벗어나지 않겠다는 제약뿐이죠. 박근혜, 대통령 되겠다고 나섰다면 무지막지한 비판받을 각오 되어 있어야 합니다. 더구나 당선의 합법성, 정당성, 정통성이 입증되지도 않은 상태, 스스로 사죄하고 진실규명 협조하고 책임진 후 추인받을 수 있었지만, 그 기회조차 다 날려버린 사람 아닙니까?"

_표창원의 페이스북

그렇다. 이걸 잊고 있었다. 표창원의 말은 그 어떤 진보적인 사람보다 강한데, 알고 보면 그는 스스로 '보수'임을 자처하고 있다. 경찰대학 교수직을 버린 후의 그의 행적은 굳이 분류하자면 진보에 가깝다. 이래서 표창원은 보수와 진보 양 진영의 사랑을 동시에 받고 있다. 마초가 조조와 유비에게 동시에 사랑받았던 것과 마찬가지 형국이다. 조조는 역적으로 일컬어지지만 부패한 한나라를 무너뜨리려 했던 진보적인 사람이고, 유비는 한나라를 부흥시키려 한 보수적인 사람으로 볼 수 있다. 어쩔 수 없는 상황이었다지만 마초는 보수적인 유비를 선택했다.

그렇다면 표창원은 어떤 선택을 할 것인가. 현재까지 표창원은 어떤 정치집단에도 가담하지 않고 있다. 주인을 만나지 못한 마초의 신세와 닮아 있다. '정권 교체가 이루어진다면'이라는 조건을 달았지만, 향후 5년 동안은 공직을 맡지 않겠다고 말했다. 당분간은 어디에도 속하지 않겠다는 의지를 보인 것이다.

거꾸로 말하면 5년 후에는 스스로 봉인을 풀겠다는 뜻으로 받아들일 수도 있다. 삶은 자신의 의지대로만 되지 않는다. 사람들은 현재 분명히 '정치인 표창원'을 좋아하지는 않는다. 그렇다고 해서 작가로서의 표창원의 모습에만 열광하는 것도 아니다. 왜냐하면 그는 현재 '정치적인 말'을 하고 있으며, 그 말에 대중은 물론, 정치인들까지 상당한 영향을 받고 있기 때문이다. 많은 사람들이 표창원이 정치의 전면에 나서주기를 바라고 있다는 점도 엄연한 사실이라는 얘기다. 정치 세력이 없고, 소속된 자리가 없을 뿐 이미 그는 정치를 하고 있는 것이다.

앞으로 있을 모든 선거에서 표창원의 말 한마디 한마디는 판세에 적지 않은 영향을 줄 것으로 예상한다. 이래서 성향이 다른 대중들과 각 정당들은 표창원을 둘러싸고 동상이몽에 빠질 것이다. 보수적인 사람들은 새누리당을 선택하기를 바랄 것이고, 진보 성향이 강한 사람들은 그와 반대의 길을 걸어가주기를 바랄 것이다.

당분간 표창원은 어디에도 가지 않을 것이다. 어느 곳을 선택하는 순간 많은 이들이 그의 곁을 떠날 것이고, 자신의 기반이 아직 견고하지 않다는 점을 스스로 잘 알고 있을 것이기 때문이다. 게다가 당분간은 표창원을 받아들일 만한 큰 그릇이 나타나지도 않을 것이다. 표창원은 자기 주관이 뚜렷하고 철저히 정도를 추구하는 사람이므로 이런 사람을 곁에 두기 쉽지 않다. 그 스스로 보수적이라고 자처하고 있음에도 진보 성향을 지닌 사람들이 그에게 열광하는 이유는 그의 사람됨이 이러하기 때문이다.

표창원은 누가 오란다고 오고 가란다고 가는 사람이 아니다. 마음이 정해지거나, 마초처럼 어쩔 수 없는 상황이 되어야 움직일 사람이다. 그의 신세는 당분간 유비를 만나기 전의 마초와 같을 것이다.

어떤 영웅이 있어 표창원을 얻을 것인가. 표창원을 얻는 자, 천하를 흔들 것이다. 표창원은 곧은 사람이므로 어디에 가든 중용될 것이다.

'보수'라는 틀에 스스로를 가두지 않는다면 군주로 성장할 가능성도 있는 사람이라고 본다. 이미 그의 명성은 국회의원 정도는 넘어서 있다. 더구나 표창원은 잘생겼다. 기품이 있다. '비단 같은 마초'와 꽤나 잘 어울리지 않는가?

【태사자는 정봉주다】

정봉주
혼자서 적진으로

처음부터 끝까지 남을 위해서

북해태수 공융은 공자의 20대 손으로 학식과 인품을 겸비했고, 백성들을 사랑으로 다스렸다. 다른 지역이 황건적의 피해를 입어 황폐해졌어도 북해는 공융 덕분에 비교적 평온한 상태를 유지했다. 그러나 전국을 휩쓴 황건적의 바람을 피해가지는 못했다.

"나는 황건의 관해다. 나한테 곡식 1만 석을 꿔준다면 이대로 물러갈 것이다. 그렇지 않으면 모조리 쓸어버리겠다."

공융의 부하 종보가 군사를 이끌고 성 밖으로 나갔다. 잠깐 사이 종보의 목이 댕강 잘려나갔다. 군사들은 성안으로 후퇴했고, 관해의 군사들이 북해를 에워쌌다. 공융은 성 위에서 주변을 둘러보며 번민에 휩싸였다. 갑자기 관해의 진영 쪽에서 아우성 소리가 들려왔다. 어떤 사람이 창을 휘두르며 관해의 진영을 누비고 다니는 게 아닌가. 그 사람은 성문 앞으로 와서 문을 열어달라고 소리쳤다. 공융은 의심이 들어 주저했다. 그러자 그 사람은 다시 관해의 진영으로 뛰어들어 대장 수십 명을 찔러 죽였다. 마침내 그 사람은 성으로 들어왔는데 공융이 처음 보는 사람이었다.

"저는 태사자太史慈라고 합니다. 제 어머니께서 태수님의 보살핌을 많이 받았다고 하시며 빨리 가서 도우라 하셨습니다."

태사자의 어머니는 성 밖에 혼자 사는 할멈이었는데, 공융이 사람을 보내 식량이며 옷가지를 보내주곤 했다. 공융은 태사자에게 구원병을 청하는 편지를 써서 유비에게 전해달라고 부탁했다. 태사자는 포위망을 뚫고 유비 진영에 무사히 도착했다. 유비는 즉시 군대를 출동시켜 관해의 군대를 궤멸시켰다. 태사자가 말했다.

"어머니의 말씀을 받들어 태수님을 도왔고, 이제 황건적도 없으니 저는 이만 돌아가겠습니다."

공융은 태사자를 자기 사람으로 삼고 싶었다. 그래서 은근히 만류해보았다.

"양주자사 유주한테서 도와달라는 연락이 왔습니다. 유주는 같은 동네 출신이라 가봐야 하겠습니다."

태사자는 이렇게 남을 돕는 역할로 『삼국지』에 등장하는 인물이다. 나중에 손권의 장수가 되었다. 손권은 조조와 겨룬 적벽대전에서 승리한 후 자신감이 하늘을 찔렀다. 군사를 거느리고 합비성을 치러 나갔다. 조조의 장수는 지모와 용맹을 겸비한 장요였다. 첫 싸움에서 크게 패했다. 이 과정에서 손권의 장수 송겸이 전사했다. 태사자는 분했다. 어떻게든 이기고 싶었다.

"제 부하 중에 장요 군대의 말먹이꾼과 형제인 사람이 있습니다. 그 말먹이꾼이 장요한테 꾸지람을 듣고 장요를 원망하고 있답니다. 제 부하를 장요 진영으로 보내서 성에 불을 지르게 한 다음 혼란한 틈을 타서 합비성을 공격해보겠습니다."

한편 장요는 싸움에서 이긴 뒤에도 갑옷을 벗지 않고 전군에 비상을 걸어놓았다.

"적을 가볍게 봐선 안 된다. 이겼다고 기뻐해서도 안 되고, 졌다고 실망할 필요도 없다. 늘 준비하는 것이 대장의 자세다. 우리가 방심한 틈을 타서 적이 기습하면 어떡할 텐가. 승리를 거둔 오늘 밤은 더 조심해야 할 것이다."

잠시 후에 성안에 불이 났다. 모두들 동요했지만, 장요는 침착했다.

"아군이 전부 배반했을 리가 없다. 몇몇 사람이 소란을 피워 우리를 교란시키려는 작전이다. 가서 주동자를 잡아오너라."

이런 줄도 모르고 태사자는 5천 명의 군대를 이끌고 합비성으로 행군했다. 드디어 성에 불이 붙었고, 동시에 성문이 열렸다. 태사자는 의심 없이 공격해 들어갔다. 성벽 위에 매복해 있던 장요의 궁수들이 일제히 화살을 퍼부었다. 장요는 태사자의 계획을 역이용했던 것이다. 태사자는 당황하여 급히 후퇴하기 시작했다. 그러나 적의 화살은 무정했다. 태사자는 네 군데 화살을 맞았고, 병사 절반이 전사했다. 태사자의 상태는 위중했다. 그런데 그가 갑자기 벌떡 일어나 큰 소리로 부르짖었다.

"난세에 대장부로 태어났으면 긴 칼을 차고 큰 공을 세워야 하는 법! 아, 나는 이제 큰 뜻을 이루지 못하고 죽으려 하네! 이 일을 어쩌면 좋단 말인가!"

젊은 시절 강동의 호랑이 손책과 맞섰을 적에도 지지 않았던 맹장 태사자. 자신보다는 이웃을, 개인보다는 나라를 먼저 생각했던 명장 태사자는 그렇게 죽음을 맞았다. 그의 나이 마흔한 살이었다.

정봉주는 태사자다

불의의 일격에 목숨을 잃은 태사자, 정치적 목숨을 잃은 정봉주. 참으로 닮았고, 그러기에 아쉽다. "오늘은 정의가 감옥에 갇히지만, 내일은 불의가 갇히게 될 것입니다." 그날이 올 때까지 달려라, 정봉주!

오늘은 정의가 갇히지만, 내일은 불의가 갇힐 것이다

"안 됩니다. 저격수가 되라는 것은 죽으라는 말인데 어떻게 그런 역할을 아무 생각 없이 받아들이십니까. 결국 희생은 의원이 하고 당은 아무런 책임도 지지 않습니다. 그렇게 당을 위해서 고생한 의원들은 아무도 기억하지 않고 구제할 생각도 하지 않습니다. 그것이 정당의 모습이고 정치입니다."

_정봉주, 『달려라 정봉주』, 왕의서재, 203쪽

보좌관들이 뜯어말렸음에도 노원구 공릉동을 지역 기반으로 하는 치명적인 매력의 소유자 정봉주는 '저격수'라는 말에 혹해서 'BBK 저격수'가 되기로 마음먹었다.

BBK 사건은 그 자체로 책 한 권이 나올 정도로 복잡한 사건이다. 간단히 설명하면 이렇다. BBK는 회사 이름이다. 이 회사의 대표인 김경준은 회사 돈 300억 원을 횡령해서 5200명의 소액투자자에게 피해를 주었고, 이로 인해 자살한 사람도 있었다. 2007년 당시 한나라당의 유력한 대선 후보이던 이명박이 이 회사의 실소유주라는 의혹이 있었다. 이에 대해 검찰은 2002년 이명박과 관련이 없다고 결론을 내렸다. 그런데 같은 당의 라이벌 박근혜 캠프에서 BBK 사건을 다시 거론했고, 야당에서는 정봉주와 박영선이 의혹을 밝히기 위해 노력했다.

당시 민주진보 진영은 상황이 좋지 못했다. 모든 게 '노무현 탓'이라는 말이 유행할 정도로 노무현 대통령에 대한 여론이 좋지 않았고, 한나라당에서 누가 대선에 나오더라도 승리할 수 있는 여건이 마련되어 있었다. 그 상황에서 가장 강력한 대통령 후보인 이명박을 한나라당과 대통합민주신당이 동시에 압박했던 것이다.

정봉주는 원래 교육위원회 소속 의원으로 주가를 올리고 있었는데 그의 '전투력'을 높이 평가한 당에서 정봉주를 정무위원회 소속으로 옮기게 했다. 정봉주는 황건적을 물리친 태사자처럼 기꺼이 저격수가 되기로 했으며, 대통합민주신당의 BBK 진상조사단장이 되었다. 그는 이명박의 자필 서명이 들어 있는 계약서와 이명박의 이름이 찍힌 BBK의 명함, 이명박이 출연해서 'BBK를 설립했다'고 말하는 동영상 등의 증거를 들고 적장 이명박을 쏘기 위해 분투했다. 이때 한나라당 대변인 나경원이 이 동영상을 두고 "설립했다고는 하지만 '내가'라는 주어가 없다"고 일축하는 진풍경이 벌어지기도 했다.

이렇게 밀고 당기는 와중에 이명박은 대통령에 당선되었다. 이로써 좌충우돌했던 정봉주의 노력이 수포로 돌아갔다. 그럼에도 불구하고 'BBK' 하면 정봉주가 떠오를 정도로 그의 전투력은 많은 사람들에게 깊이 각인되었다.

대통령에 당선된 이명박과 한나라당이 이런 전투력을 지닌 정봉주를 그냥 놔둘 리 없었다. 그들은 정봉주에게 공직선거법 위반과 허위 사실 유포 혐의를 씌워 검찰에 고발했다.

정봉주는 2008년 대선을 13일여 앞두고 재판을 받았다. 1심에서 징역 1년, 2심에서 역시 징역 1년을 선고받았다. 국회의원에 당선되더라도 대법원에서 확정판결이 나면 의원직을 상실함은 물론이고, 거기에 징역이 끝나는 날부터 10년 동안 피선거권 박탈이라는 '정치적 사형'을 당해야 하는 엄청난 고난이 그를 기다리고 있었다. 다행히(?) 국회의원 선거에서 낙선했다. 그는 조용히 대법원의 확정판결을 기다렸다.

"국민의 명령을 받아 대통령 후보의 검증이라는 지극히 정당한 정치적 활동에 대해, 그것도 철저하게 자료에 근거했던 가장 정상적인 정치 활동을 형사법이라는 이름으로 족쇄를 채우려 한다면 사회의 가장 높은 경쟁력인 도덕성은 어떻게 찾겠습니까? 국회의원의 도덕성 검증을 위한 정치적 표현에 재갈을 물리려 한다면 우리 사회의 미래 경쟁력인 투명성, 정직성은 어디에서 찾겠습니까."

_2008년, 정봉주의 최후진술, 『달려라 정봉주』, 199쪽

여당은 낙선을 했더라도 여전히 정봉주는 전투력이 강한 장수였으므로 다시 BBK 문제를 거론하면 잡아들이려는 계산을 하고 있었으리라. 태사자가 자신의 계략이 성공할 줄 알고 적진으로 뛰어들었다면, 정봉주는 자신이 당할 줄 알면서도 BBK 사건으로 이명박을 공격했다.

2011년 4월 27일, 정봉주는 김어준, 주진우, 김용민과 함께 팟캐스트 〈나는 꼼수다〉를 진행하면서 물밑으로 가라앉았던 BBK 문제를 끄집어냈다. 반응은 폭발적이었다. 정봉주의 입심은 적진을 무인지경처럼 휩쓸고 다녔던 태사자의 창과 같았다. 정봉주를 좋아하는 사람들은 '정봉주와 미래권력들'이라는 인터넷 카페를 만들었고, 트위터에서도 10만 명이 넘는 유저들이 정봉주에게 성원을 보내주었다. 아쉽게도 그것이 끝이었다. 상대는 태사자가 공격해 들어오기를 기다리던 장요와 같았다.

2011년 12월 22일, 대법원은 판결 확정을 지음으로써 그에게 정치적 사형선고를 내렸다. 늘 웃음을 잃지 않던 나꼼수 멤버들의 눈물을 뒤로하고, 12월 26일 정봉주는 수감되었다.

정봉주는 1년 뒤 석방되었다. 그러나 10년간 피선거권을 박탈당했으므로 정치인으로 활동할 수 없다. 석방 후 정봉주는 경북 봉화로 내려가 '봉봉협동조합'을 결성해 지역 사회의 발전에 기여했고, 현재는 〈전국구〉라는 팟캐스트 방송을 진행하고 있다.

앞으로 그는 어떤 길을 걸어갈 것인가. 천재지변이 일어나지 않는 한 박근혜 정부는 그를 사면해주지 않을 것이다. 그가 정치적으로 재기하려면 2017년에 정권 교체가 이루어져야 한다. 그의 나이 올해 54세. 정권 교체가 된다고 가정하면 58세부터 각종 선거에 후보자로 나설 수 있다. 나이로만 보면 그의 재기는 어렵지 않을까 한다. 현재와 같이 정치의 외곽에서 정치적 발언을 하며 민주진보 진영에 기여하는 삶을 살아가지 않을까 생각한다. 비교적 젊은 나이에 불의의 일격에 목숨을 잃은 태사자, 정치적 생명을 잃은 정봉주. 참으로 닮았고, 그러기에 아쉽다.

"오늘은 정의가 감옥에 갇히지만, 내일은 불의가 갇히게 될 것입니다."

그날이 올 때까지 달려라 정봉주!

진중권
좌우를 살피지 않는 독설가

장수보다 강한 배짱

조조는 유표에게 항복을 받고 싶었다. 유표를 설득할 사신을 물색했다. 모사 가후가 말했다.

"유표는 선비와 사귀는 걸 좋아하는 사람입니다. 명성 높은 선비를 보내야 할 것입니다."

주변에서는 공융을 보내자고 했지만, 공융은 자신보다 더 나은 사람이 있다면서 예형禰衡을 추천했다. 스물네 살의 멋진 선비 예형은 이렇게 조조와 만나게 되었다. 젊은 나이였지만 예형의 명성은 높았다. 조조는 예형을 어리다고 무시했다. 그러자 예형은 조조 앞에서도 자기 할 말을 다했으며, 조조의 장수들을 일일이 거명하며 폄하했다. 다들 예형을 죽이라고 했지만, 조조는 죽이지 않고 그를 욕보이기 위해 조회나 잔치에서 북을 치는 북재비 벼슬을 주었다. 뜻밖에 예형은 그 제안을 순순히 받아들였다.

얼마 후 조조는 잔칫상을 차려놓고 예형한테 북을 치라고 했다. 주변의 관리들이 예형에게 새 옷을 입으라고 했지만, 예형은 픽 웃으면서 옷을 갈아입지 않았다. 옷을 갈아입으라고 꾸짖자, 예형은 속옷까지 홀랑 벗어버렸다. 사람들은 당황해서 눈을 가렸다. 그제야 예형은 웃으며 옷을 입는데 얼굴빛 하나 변하지 않았다. 조조가 꾸짖었다.

"너는 어째 그리 무례하냐."

"임금과 윗사람을 속이는 도둑놈들보다는 낫지 않겠소? 나는 우리 부모가 주신 깨끗한 몸을 보여준 것뿐인데 뭐가 무례하다는 거요?"

"이놈이? 너만 깨끗하고 남은 더럽다는 거냐?"

"조조 당신은 현명한 사람과 어리석은 사람을 구분하지 못하니 이건 눈이 탁한 것이고, 글을 읽지 않으니 입이 탁해졌으며, 충고를 듣지 않으니 귀가 막힌 것이고, 역사를 모르니 몸까지 탁해진 사람이죠. 늘 역적질이나 할 생각을 하고 있으니 마음이 탁한 것이고, 나 같은 천하의 선비한테 북이나 치라고 시켰으니 이건 공자나 맹자를 헐뜯는 것과 마찬가지요. 정말 대업을 도모하려 한다면 사람을 이렇게 대접해선 안 됩니다!"

"너를 유표한테 보낼 테니 그를 설득해서 항복시킨다면 너에게 높은 벼슬을 주마."

"내가 왜요? 나는 당신 심부름 따위는 안 할 건데요?"

조조는 강제로 예형을 말에 태우고 사람들에게 말했다.

"예형은 천하의 재주 있는 선비다. 모두들 성문 밖까지 나가서 전송하도록 하라."

이 말을 들은 부하들은 경악했다. 저런 오만방자한 놈을 전송해야 하다니. 그러나 주인의 명령이라 어길 수는 없었다. 순욱이 여러 사람들에게 말했다.

"우리 저놈이 오면 다 같이 앉아서 일어나지 않도록 합시다."

예형이 나타났다. 사람들은 예형을 보고도 멀거니 앉아 있었다. 예형은 갑자기 엉엉 울기 시작했다. 눈물 콧물을 다 흘리더니 통곡까지

했다. 순욱이 버럭 소리 질렀다.

"왜 우는 거냐!"
"모두들 시체처럼 앉아 있으니 이는 관 뚜껑 옆을 지나는 것과 뭐가 다릅니까? 문상이라도 해야 하지 않겠소?"
"너 이놈! 우리가 모두 죽은 사람이라면, 너는 머리가 없는 귀신 나부랭이다!"

조금 전까지만 해도 울던 예형이 별안간 껄껄 웃었다.

"하하하! 내가 머리 없는 귀신이라고? 나는 당당한 한나라의 황제를 모시고 있는 신하다. 네놈들이야말로 역적 조조 놈을 두목으로 두고 있으니 한나라 신하가 아니지. 네놈들이야말로 머리 없는 귀신이다!"

예형은 유표한테 갔다. 거기에서도 고개를 뻣뻣이 들고 할 말을 다했다. 유표는 예형을 황조한테 보냈다. 황조는 예형의 꼬장꼬장한 태도에 화를 참지 못하고 그를 죽여버렸다.
어리석은 황조, 조조는 처음부터 예형을 죽이고 싶었지만, 명성 높은 그를 죽이면 세상 사람들이 비난할 줄 알고 일부러 유표한테 보낸 것이었다. 유표도 머리가 좋은 사람이라 속지 않고 예형을 황조한테 보냈다.

장수들의 칼 앞에서도 굽히지 않았던 선비 예형은 이렇게 죽었다. 그러나 그가 했던 말은 한 치의 틀림도 없었다.

진중권은 예형이다

많은 지식인들이 침묵하는 방법으로 보수의 부패를 부추기는 가운데 진중권은 그렇지 않다는 사실 하나만으로도 인정받아야 하는 사람이다. 그는 재주 있는 선비다. 민주진보 진영에 반드시 필요한 사람이다.

싫은 구석이 있어도 꼭 필요한 사람

"문재인 한 사람만 빼고 민주당은 그냥 쓰레기 더미다."

"대선 패배의 원인은 후보가 아니라 민주당에 있다."

"민주당을 해체하든지 새로운 세력이 나타나 아예 민주당을 접수하든지 해법은 둘 중 하나밖에 없어 보인다."

"그나마 문재인 후보에 안철수의 도움이 있었으니 48퍼센트라도 얻었지 민주당 후보로 그 어떤 놈을 내세웠어도 30퍼센트 못 넘겼을 것이다."

"민주당에서 지금 해야 할 일은 주제 파악이다."

이렇듯 속 시원한 말을 한 사람은 이름 앞에 '독설가'라는 수식어가 붙는 진중권이다. 진중권은 우리 사회에 중요한 이슈가 생길 때마다 나서서 자기 소신을 거침없이 밝힌다. 현재 정의당 당원으로 있으니 진보 진영의 사람이라 하겠다. 그러나 같은 진보 진영의 사람이라도 자신의 생각과 어긋나면 가차 없이 독설을 날린다. 이래서 진보 진영에서도 그를 좋아하지 않는 사람이 꽤 많다. 보수 세력은 말할 나위도 없다.

독설가로서 그의 명성이 워낙 높기 때문에 많은 사람들은 진중권의 재주가 '말솜씨'뿐인 줄 안다. 그렇지 않다. 인터넷에서 진중권을 검색해보면 저서만 해도 40여 권이나 되며, 번역서도 약간 있다. 특히 『미학오딧세이』는 대중에게 널리 읽힌 책이다. 독설가라기보다는 작가나 학자에 가까운 사람이다. 이렇게 보면 아무 말이나 마구잡이로 던지는 것 같아도 그 안에는 정연한 논리가 있고, 근거가 있다. 그의 독설에는 분명 이와 같은 학문적인 바탕이 있다고 보아야 할 것이다.

재주가 워낙 뛰어난 사람이다 보니 스스로 그 재주를 믿다가 실수하는 경우도 더러 있다. 대표적인 예가 2011년 11월 11일 'NLL의 진실'이라는 주제로 '사망유희'라는 토론에 참여했다가 밀린 일이다. 그러나 이것은 옥의 티일 뿐, 그는 토론에서 잘 지지 않는다.

진중권의 독설은 나이를 가리지 않는다. 언젠가 마광수가 이외수의 학력을 문제 삼아 비난을 한 적이 있었다. 이 말을 들은 진중권은 트위터를 통해 마광수에게 직격탄을 날렸다.

"여기 또 한 분 곱게 늙기 국민운동을 제안합니다. …… 솔직히 마광수 교수님도 유식하진 않으세요."

진중권의 말 때문인지 아닌지는 알 수 없지만, 이후 마광수는 사과의 뜻을 밝혔다. 앞의 민주당에 대한 말이나 이 말을 보면 진중권의 어투는 가볍고, 사용하는 단어도 그리 점잖지는 않다. 그가 하는 말이 맞고 틀리고를 떠나 이런 모습 때문에 진중권을 싫어하는 사람이 꽤 많은 것 같다.

진중권이 진보 진영에서 비난을 받게 된 결정적인 계기는 그가 〈나는 꼼수다〉를 비판했기 때문이 아닌가 한다. 〈나는 꼼수다〉는 굳이 말하지 않아도 될 만큼 엄청난 인기를 모았던 팟캐스트 방송이다.

"각하 시퍼렇게 살아 계실 때 쫄지 말고 개겨보지. 각하 갈물 되니까 야담과 실화까지 동원해 씁냐. 도대체 뭘 위한 건지."

_2011년 10월 30일, 진중권의 트위터

"눈 찢어진 아이는 BBK와 전혀 관련이 없죠. 에리카 킴과의 관계 역시 본질과 아무 관계 없어요. 핵심은 실소유주가 누구냐, 주가 조작에 관여했느냐인데, 그건 에리카 킴과 염문을 갖느냐 마느냐와는 논리적으로 독립된 사안입니다."

_2011년 10월 31일, 진중권의 트위터

많은 사람들은 진중권의 이 말을 놓고 갑론을박을 벌였다. 여기에 대해 어떤 생각을 가지든 그건 그 사람의 자유다. 다만 이런 말을 통해 그의 사람됨을 짐작해볼 수는 있다. 그리고 이 짐작에서 우선 그의 생김새나 어투, 태도 등 '외적인' 것은 되도록 제외하고 봐야 하겠다. 진중권은 자기 주관이 뚜렷한 사람이고, 대중이 바라는 대로 움직이지 않는 자기만의 고집도 있는 사람이다.

여기에서 진중권을 싫어하는 사람들의 반론이 하나 나온다. 진중권은 '튀기 위해' 대중의 생각과 반대로 간다는 것이다.

"보통은 가만히 있어도 언론에서 전화가 옵니다. 제가 전화 걸어서 '나 할 말 있으니까 방송 내보내줘요. 신문 지면 줘요' 이럴 수는 없잖아요. 연락이 와도 대부분은 제가 자릅니다. 우선 많은 경우 의견이 없어요. 제가 모든 사안에 의견을 갖고 있는 건 아니잖아요. 또 의견이 있어도 전문가들이 발언하는 게 더 나을 때가 있습니다. 제가 나서는 일은 보통 궂은일이죠. 악역이 필요할 때. 영화 〈디워〉 논란 때도 전화가 왔는데, 제가 영화평론가가 아니잖아요. 저한테 전화를 거는 이유가 빤한 거죠. 그때도 '왜 또 나야' 했던 기억이 납니다. 물어봤더니, '여러 평론가한테 연락했는데 안 한다고 한다'고 하더군요. 대개 그런 식이죠."

_2008년 3월 26일, 〈경향신문〉과의 인터뷰

분명 자기 분야가 아닌 면에 의견을 내는 것으로도 모자라 독설까지 내뱉는 진중권이 '의견이 있어도 전문가들이 발언하는 게 더 나을 때가 있다'는 말을 한다. 자기 방어에서 나온 말이라고 하더라도, 최소한 '튀고 싶어'하는 사람은 아님을 짐작할 수 있다.

어떻게 하다 보니 '미운 오리 새끼' 같은 진중권을 변호하는 글이 되어버린 것 같다. 그렇지 않다. 내가 어떤 식으로 글을 쓰든 그를 싫어하는 사람은 앞으로도 싫어할 가능성이 높을 것이므로 그런 의도는 전혀 없다. 다만 이런 것은 있다. 부패한 보수 세력을 향해 자신을 드러내고 통렬한 일침을 가하는 지식인은 많지 않다. 많은 지식인들이 침묵하는 방법으로 보수의 부패를 부추기는 가운데 진중권은 그렇지 않다는 사실 하나만으로도 인정받아야 하는 사람이 아닐까?

자, 이제 끝으로 진중권이 현 정권과 그의 하수인들을 어떻게 보고 있는지 살펴볼 차례다. 하지만 쓰지 않으련다. 이미 예형이 모든 것을 말했으니까.

진중권, 그는 재주 있는 선비다. 민주진보 진영에 반드시 필요한 사람이다.

노회찬
봉황이 되어 비상하리라

적로 때문인가, 기습 때문인가

유비가 유표에게 의탁하고 있을 때였다. 유표가 다스리는 형주에서 반란이 일어났다. 유비 삼형제(유비, 관우, 장비)와 조자룡은 반란군을 제압하고, 전리품으로 말 한 마리를 얻었다. '적로'라고 불리는 명마였다. 유비는 흐뭇했다. 늘 이 말을 타고 다녔다. 어느 날 형주에 손님으로 와 있던 이적이라는 사람이 유비에게 말했다.

"이 말을 타시면 안 됩니다."

"무슨 말씀이신지?"

"적로의 눈 아래에 눈물받이가 있고, 이마에 흰 털이 박혔으니 이는 주인을 죽일 상입니다. 지난번 장군에게 죽은 장수 역시 그 때문에 죽은 것입니다."

"하하, 선생의 말씀은 잘 알겠습니다. 그러나 사람에겐 정해진 명이 있습니다. 짐승이 어떻게 사람의 목숨을 좌우하겠습니까."

나중에 서서가 유비의 부하가 되었을 때였다. 서서도 적로를 타지 말라고 했다. 유비가 말했다.

"내가 지난번 적에게 쫓길 때 적로가 나를 구해줬는데도요?"

"말이 주인을 구하는 것과 말 자신도 모르는 사이 주인에게 해를 입히는 건 전혀 다른 일입니다. 이 말은 언젠가 반드시 한 명의 주인을 죽이고 말 겁니다. 이를 예방하는 방법이 있는데, 한번 시험해보시겠습니까?"

"말씀해보시죠."

"장군이 싫어하는 사람한테 이 말을 선물하셨다가 그가 죽으면 다시 타시면 됩니다."

"선생께서는 저를 올바른 길로 인도하지 않으시고, 어떻게 이런 말씀을 하십니까. 나를 위해 남을 죽이는 일은 절대로 할 수 없습니다."

방통龐統이라는 사람이 있다. 제갈량의 별명은 와룡臥龍이었고, 방통의 별명은 봉추鳳雛였다. 봉추는 '봉황의 새끼'라는 뜻이다. "와룡과 봉추 중 하나만 얻어도 천하를 제패한다"는 소문이 있을 정도로 방통의 명성은 높았다. 방통은 처음에 손권한테 갔다. 손권은 방통의 못생긴 얼굴을 보고는 그를 대수롭지 않게 여겼다. 손권의 부하 노숙은 그의 재주를 아까워하며 유비에게 방통을 추천하는 편지를 써주었다.

방통은 유비를 찾아갔다. 이때 방통의 절친한 친구인 제갈량은 자리에 없었다. 방통은 유비를 시험해보기 위해 노숙의 추천장을 보여주지 않고, 일부러 거만하게 행동했다. 유비는 방통의 못난 용모와 거만한 태도가 마음에 들지 않아서 뇌양현이라는 곳의 사또 자리를 주었다. 방통은 픽 웃으며 물러났다.

뇌양현에 부임한 방통은 매일같이 술만 마시며 시간을 보냈다. 백성들의 원망이 쌓여갔다. 이 소문은 유비의 귀에 들어갔다. 유비는 장비를 보내 방통을 혼내주라고 명령했다. 장비가 뇌양현 관청에 갔을 때, 방통은 여전히 술에 취해 있었다. 장비는 성질이 급한 사람이었다.

"우리 형님이 너를 사람으로 봐서 백성 다스리는 일을 맡겼는데, 네 놈은 부임한 지 100일이 지나도록 아무 일도 안 하고 있구나. 나한테 혼 좀 나야 하겠다."

방통은 술 취한 얼굴로 부하를 시켜 백성들의 민원 서류를 가지고 오게 했다. 민원을 해결해준다는 말에 백성들은 관청 한가득 모여들었다. 방통은 반나절도 안 돼서 산더미처럼 쌓인 일을 능란하게 뚝딱 처리했다. 백성들은 물론이고 장비도 입이 떡 벌어졌다.

"제가 선생을 몰라보고 결례를 저질렀습니다. 돌아가서 형님께 선생을 강력히 추천하겠습니다."

방통은 그제야 노숙의 추천장을 보여주었다. 장비는 더욱 놀라며 돌아갔다. 유비는 장비의 말을 듣고 크게 후회했다. 노숙의 추천장에는 이렇게 적혀 있었다.

"방통은 백리 정도의 좁은 땅을 맡길 인재가 아닙니다. 높은 벼슬을 줘서 그의 기량을 펼치게 해주십시오. 얼굴만 보고 이 사람을 버리면 끝내 다른 사람이 쓰게 될 텐데, 이는 정말 아까운 일입니다."

유비는 방통을 맞아들여 백배사죄하고 그를 제갈량보다 한 등급 아래인 '부군사'로 임명했다.

형주를 평정한 유비는 서촉 지역을 취할 계획을 세웠다. 제갈량은 형주에 남겨두고 방통을 참모로 삼고, 명장 황충과 위연을 선봉으로 세워 서촉으로 출병했다. 유비의 군대는 가는 곳마다 승리를 거두었다. 낙성을 앞두고 진을 쳤는데, 제갈량의 편지가 왔다.

"제가 어제 하늘을 살펴보니 태백성이 낙성의 근처에 떠 있습니다. 아군 장수한테 큰일이 생길 것 같으니 조심하시기 바랍니다."

방통은 이 편지를 보고 제갈량이 자신을 질투하는 줄 오해했다. 자신도 천문을 볼 줄 아는데 이미 적의 장수가 죽어서 액땜을 했다고 하면서 유비를 안심시켰다. 유비는 기분이 찜찜했지만 방통의 말을 받아들여 낙성을 공격하기로 했다.

낙성을 공격하는 날이 되었다. 황충과 위연은 먼저 출동을 했고, 방통과 유비는 그 뒤를 따라 천천히 행군하고 있었다. 그런데 별안간 방통이 타고 있던 말이 무언가에 놀라서 날뛰기 시작했다. 그 바람에 방통은 말에서 떨어졌다.

"말이 이렇게 사나우면 반드시 사람이 다치는 법입니다. 제가 탄 말이 성미가 좋으니 제 말을 타십시오."

방통은 감격했다. 그렇게 해서 유비의 말을 타고 자신의 부대를 거느리고 출동했다. 방통은 속전속결로 낙성을 함락시키기 위해 좁은 지름길을 택해서 진군했다. 좁은 길에는 반드시 복병이 있게 마련이다. 서촉의 복병은 방통의 부대를 발견했다. 서촉의 장수 장임이 바라보니 맨 앞에 오는 사람이 백마를 타고 있는 게 아닌가. 서촉 군사들은 서로 바라보면서 속으로 쾌재를 외쳤다. 말의 생김새나 말 장식을 보니 영락없는 유비였기 때문이다.

　방통은 아무것도 모르고 행군을 계속했다. 더운 여름에 밀림 같은 숲을 헤치고 나가자니 힘이 들었고, 기분도 좋지 않았다. 그는 한마디 툭 던졌다.

"여기가 어디냐?"
"이곳은 '봉황이 떨어지는 언덕'이라 부릅니다."
"어? 내 별명이 '봉황의 새끼'인데? 안 되겠다. 모두 후퇴하라!"

　때는 늦었다. 사방에서 복병이 일어났고, 서측 군대의 화살이 일제히 백마를 탄 방통에게 날아들었다. 봉황의 새끼 방통, 그는 끝내 봉황이 되지 못하고 서른여섯의 한창 나이에 이처럼 허무하게 전사했다. 그를 죽인 건 적로인가? 불의의 기습인가?

노회찬은 방통이다

지식과 실천이 일치하는 사람. 방통처럼 날개가 꺾였던 그는 2014년 2월 13일, 자격 정지 기간
이 끝나고 다시 우리 곁으로 돌아왔다. 이제 봉황이 되어 비상할 일만 남았다.

독화살보다 무서운 '돈 화살'

"올해 사자성어는 난부난녀難父難女. 점점 우열을 가리기 힘듭니다. 1979년 YH노조원 강제 해산 신민당사 난입, 2013년 철도노조 간부 검거 민주노총 난입. 2014년엔 청출어람青出於藍 될 듯."

이 말은 진보 진영에서 많은 사랑을 받고 있는 노회찬이 트위터에 남긴 것이다. 촌철살인의 대명사답게 몇 마디 말로 현재의 정치 상황을 정리해버린 그의 솜씨에 감탄할 따름이다.

YH사건은 1979년 8월 9일, YH무역 여성 노동자 170여 명이 회사 운영 정상화와 근로자 생존권 보장을 요구하며 신민당사에서 농성을 벌인 일을 말한다. 이때 박정희는 경찰 1천 명을 농성장으로 투입해 이들을 강제 해산했다. 이 과정에서 YH무역 직원 김경숙이 사망하고, 100여 명의 노동자가 부상당했다.

이와 유사한 일이 34년 만에 또 벌어졌다. 박근혜 정부는 '철도 민영화'에 반대하며 파업투쟁을 벌이던 철도노조 간부를 검거하기 위해 경찰 5500명을 투입하는 초강수를 두었다. 경찰은 구속영장도 없이 건물 입구를 깨부수고 민주노총 사무실에 난입했다. 대한민국의 민주주의가 처참하게 깨지는 사건이었다. 그러나 철도노조 간부는 그 자리에 없었고, 경찰은 사람 대신 '커피믹스'를 체포해가는 진풍경이 연출되었다. 인명 피해 없이 물건만 도둑맞았으니 불행 중 다행이라 하겠다.

'난부난녀', 그야말로 아버지가 나은지 딸이 나은지 우열을 가리기 어렵다고 하겠다. 위의 말대로 올해는 '청출어람'하는 일이 없기를 바랄 뿐이다.

노회찬은 이런 말도 했다.

"대통령 사퇴를 요구한 장하나 의원과 생각이 다르지만 '대통령 사퇴'를 주장했다고 해서 장하나 의원을 제명 처리한다면 모든 것을 걸고 '대통령 하야'를 위한 투쟁에 앞장설 것을 다짐합니다."

_노회찬의 트위터

많은 사람들은 그의 입담이 타고난 것인 줄 안다. 그렇지 않다. 세상에 공짜란 없는 법이다. 노회찬이 대중에게 널리 알려진 것은 2004년에 민주노동당 소속 비례대표 국회의원이 되면서부터지만, 20여 권의 책을 집필한 저술가이며, 고등학교 시절부터 현재까지 진보운동의 외길을 걸으며 현장에서 많은 경험을 쌓은 사람이다. 지식과 실천이 비교적 일치하는 사람이라 할 수 있다.

『삼국지』의 방통 역시 그 명성을 얻기 위해 부단한 노력을 했을 것이다. 인재는 하루아침에 만들어지지 않는다. 노회찬은 평생 진보운동을 하면서 진보 진영의 단결과 향후 집권을 위한 전략을 짜기도 했고, 2004년 총선에서는 민주노동당의 선거를 지휘하는 등 지략가의 면모를 보였다.

그의 지식과 경험에서 우러나오는 말들은 '노회찬 어록'이라는 이름으로 한때 인터넷을 달궜다. 어록의 확산에 당황한 보수 진영에서는 어록을 유포하는 행위를 불법으로 규정하여 막았을 정도로 노회찬의 인기는 폭발적이었다. 진보 진영뿐만 아니라 대중들까지 노회찬에게 많은 기대를 걸었다. 노회찬은 그렇게 승승장구했다.

노회찬은 '백리 정도의 좁은 땅이나 다스릴' 인재가 아니었다. 2010년, 노회찬은 진보신당 소속으로 서울시장 선거에 입후보했다. 그러나 돌아온 것은 3퍼센트대의 낮은 지지율이었다. 이때 서울시장 선거는 한나라당 오세훈과 민주당 한명숙의 양강 구도였는데, 한명숙이 0.6퍼센트라는 박빙의 차이로 패했다. 이 때문에 노회찬은 엄청난 비난에 시달려야 했다.

이 부분에서 그를 변호하지 않을 수 없다. 당시 여론조사에서 오세훈이 워낙 우세했기 때문에 민주당에서는 노회찬에게 어떠한 협상도 제안하지 않았다고 한다. 이 패배와 그의 책임을 연계해서는 곤란하다. 반면 노회찬은 18대 총선에서 서울 노원(병) 지역구에 출마해 40퍼센트를 득표하고도 43퍼센트를 득표한 한나라당 홍정욱에게 졌다. 민주당의 득표율은 16퍼센트 정도였는데, 노회찬은 패배하고도 민주당에게 책임을 묻지 않았다.

역시 노회찬은 백리 정도의 좁은 땅이나 다스릴 인재가 아니었다.

19대 총선에서 같은 지역에 출마해 57퍼센트를 득표하면서 국회의원이 되었다. 대중들은 그의 귀환에 환호했고, 다시 힘찬 날갯짓을 해줄 것이라 기대했다. 그런데 이게 끝이었다. 노회찬은 당시 MBC 기자였던 이상호와 함께 2005년 8월, 삼성그룹으로부터 '떡값'을 받은 것으로 보이는 검사 7인의 이름이 담긴 이른바 '삼성 X파일'을 인터넷에 올렸다. 조직을 공격당한 검찰이 가만히 있을 리 없었다. 검찰은 이 파일이 불법도청으로 인해 만들어졌다고 반격하면서 노회찬과 이상호를 통신비밀보호법 위반 혐의로 기소했다. 반면 삼성 이건희 회장, 이학수 부회장, 중앙일보 홍석현 회장에게는 무혐의 결정을 내렸다.

2013년 2월 14일, 진보정의당 노회찬 대표는 국회를 떠나며 다음과 같은 성명을 발표했다.

"저는 오늘 대법원의 판결로 10개월 만에 국회의원직을 내려놓고 다시 광야에 서게 되었습니다. 안기부 X파일 사건으로 대법원 판결을 앞두고 있다는 사실을 잘 알고서도 뜨거운 지지로 당선시켜주신 노원구 상계동 유권자들께 죄송하고 또 죄송할 뿐입니다. 그러나 8년 전 그날 그 순간이 다시 온다 하더라도 저는 똑같이 행동할 것입니다. 국민들이 저를 국회의원으로 선출한 것은 바로 그런 거대 권력의 비리에 맞서 이 땅의 정의를 바로 세우라는 뜻이었기 때문입니다."

노회찬은 홀로 거대한 돈 권력, 가족 같은 분위기의 삼성과 맞섰다. 방통처럼 공을 세우려고 급히 공격한 것은 아니었지만, 그래도 국민을 위해 혼자서 지름길로 달려가 삼성을 공격하려 했다. 방통은 적진에서 날아온 화살에 집중 공격을 받고 죽었다. 노회찬은 독화살보다 무서운 '돈 화살'에 맞아서 그렇게 날개가 꺾여버렸다. 유비는 방통을 잃고 통곡했다. 국민들도 노회찬을 잃고 분노했다. 그는 스스로 낙마했는가? 아니면 유비 같은 국민들이 그를 위한다면서 적로에 태워 사지로 보냈는가?

그럼에도 불구하고 노회찬은 누구도 원망하지 않고 현재까지 자신의 기량을 펼치고 있다. 그런 그에게 많은 국민들은 아낌없는 성원을 보내고 있다. 방통은 죽었지만, 노회찬은 죽지 않았다. 향후 있을 각종 선거에서 노회찬을 참모로 중용하면 뜻밖의 성과가 있을 것임에 틀림없다. 그는 진보 인사지만, 진보의 틀에만 가두지 말고 적극 활용해야 할 것이다.

한편 그가 낙마한 '봉황이 떨어지는 언덕' 노원(병)에는 원소 같은 안철수가 그 불행을 틈타고 들어와 그 지역을 장악하고 자신의 기반을 마련하였다. 반드시 잃을 것이므로 큰 걱정은 하지 않는다.

노회찬, 날개가 꺾였던 그는 2014년 2월 13일, 자격 정지 기간이 끝나고 다시 우리 곁으로 돌아왔다. 이제 그는 봉황이 되어 비상할 것이라 믿는다.

손석희
마음은 이곳에, 몸은 저곳에

한곳에 머물지 않는 바람

유비는 유표의 아들과 이야기를 나눈 후 자신이 있는 성으로 돌아가고 있었다. 어떤 사람이 유비 앞으로 걸어오며 큰 소리로 노래 불렀다.

"천지가 엎어지는구나! 불기운 잦아드네. 큰 집이 무너지려 하는구나! 나무 하나로 붙들기 어렵도다. 산골짜기의 현명한 사람이여! 밝은 주인에게 몸을 맡기려 하네. 밝은 주인은 현명한 사람 구한다면서 나를 알아보지 못하는구나!"

한나라는 목화토금수로 일컬어지는 오행 중 불의 기운으로 세워졌다는 말이 있다. '불기운이 잦아든다'는 말은 한나라의 운수가 다하고 있음을 뜻했다. 밝은 주인은 유비를 가리킨다. 이 사람은 유비한테 스스로를 추천하는 노래를 부른 것이다. 이 노래를 부른 주인공은 서서 徐庶였다. 제갈량과 방통에 비해도 손색없는 참모 서서는 이렇게 유비의 사람이 되었다.

서서의 작전에 걸려 두 명의 장수를 잃은 조조의 장수 조인은 직접 대군을 거느리고 유비의 신야성을 공격해왔다. 이때 유비는 유표에게 의지해 있었으므로 조인의 대군과 맞대결을 펼칠 수 없었다. 그러나 서서는 빙그레 웃었다.

"조인은 저번에 부하 장수 둘을 잃었으므로 전군을 거느리고 오는 겁니다. 그렇게 되면 근거지가 텅 비게 되니 소수의 병력을 관우 장군한테 줘서 그곳을 치도록 하십시오. 나머지는 저한테 생각이 있습니다."

조인은 무예가 뛰어날 뿐 아니라 진법에도 능한 장수였다. 그는 유비 군 앞에 이상한 진을 쳐놓았다. 서서가 말했다.

"이건 팔문금쇄진이라 하는 겁니다. 진 안에 여덟 개의 문이 있죠. 조자룡한테 군사를 줘서 동남으로 들어가서 서쪽으로 치고 나오도록 하면 됩니다."

조인이 자랑하던 팔문금쇄진은 맥없이 깨져버렸다. 조인은 대패해서 근거지로 후퇴했지만, 그곳에는 관우의 깃발이 나부끼고 있었다. 조인은 망연자실하여 조조한테 달려갔다.

조조는 서서의 어머니가 자신의 영내에 있다는 것을 알고 서서 어머니를 데리고 왔다. 조조의 모사 정욱은 서서의 어머니에게 자신은 서서와 의형제라고 속인 뒤에 며칠 동안 지속적으로 음식과 함께 편지를 보냈다. 서서 어머니는 정욱의 호의에 감동해서 친필로 답장을 써서 보내주었다. 모든 게 흉계였다. 정욱은 서서 어머니의 필적을 흉내 내서 서서에게 조조 진영으로 가담하라는 편지를 보냈다.

서서는 소문난 효자였다. 어머니의 편지를 받자 유비에게 사정을 말했다. 서서는 눈물을 흘리며 말했다.

"주인께서 저를 버리지 않고 중하게 써주셔서 몸둘 바를 모르겠습니다. 주인을 모시고 천하를 도모하고 싶었는데 조조가 어머니를 잡아갔으니 가지 않을 수 없겠습니다."

유비도 눈물을 흘렸다.

"저 때문에 천륜을 끊을 수는 없지요. 그러나 언제라도 다시 가르침을 받고 싶군요."
"아무런 재주도 없는 제가 주인의 은혜를 입었습니다. 불행히 이런 일을 만났지만, 비록 조조의 진영에 가더라도 그를 위해 일하지 않겠습니다."

작별하는 날이 왔다. 서서가 말했다.

"여러분들께서 우리 주인을 도와 큰 공을 세우시기를 바랍니다. 저 같은 사람이 되지 않았으면 좋겠습니다."

눈물을 흘리는 사람들을 뒤로하고 서서는 말을 재촉해 길을 떠났다. 그런데 갑자기 서서가 말 머리를 돌려 다시 돌아왔다. 유비는 서서가 마음을 돌린 줄 알고 기뻐했다.

"제가 이 말씀을 드리고 간다는 걸 잊었습니다. 주인께서는 양양성 밖 20리 근처에 있는 융중으로 가십시오. 그곳에 천하제일의 선비가 살고 있습니다."

제갈량이었다. 서서는 유비에게 제갈량을 추천해주고 조조 진영으로 떠났다.

"네가 어찌 왔느냐?"
"저는 그동안 유비 장군을 섬기고 있었는데, 어머니께서 보낸 편지를 보고 돌아왔습니다."

이 말을 들은 어머니는 발끈 화를 내면서 주먹으로 책상을 내리쳤다.

"몇 년 동안 세상을 돌아다니면서 공부가 좀 나아진 줄 알았더니 도리어 처음만 못해졌구나. 글을 읽었다는 놈이 어째서 충성과 효도를 동시에 할 수 없다는 것도 모르느냐! 네놈이 어떻게 한꺼번에 충신도 되고 효자도 될 수 있겠느냐! 조조는 역적이고, 유비 장군은 덕망이 높은 분이다. 그런 주인을 버리고 거짓 편지에 속아서 이곳으로 왔으니 참으로 어리석구나!"

서서는 부끄러워서 고개를 들지 못했다. 어머니는 서서를 한바탕 꾸짖고는 병풍 뒤로 돌아갔다. 서서는 어머니에게 아무 말도 못한 채 한참을 그렇게 있었다. 갑자기 하인이 뛰어나오며 소리쳤다.

"부인께서 목을 매셨습니다!"

이렇게 서서는 어머니를 잃었다. 동시에 그의 참모 인생도 끝났다. 서서는 조조 진영에 머물렀지만, 죽을 때까지 조조를 위해 작전을 내지 않았다.

손석희는 서서다

손석희는 누차 자신에게는 당파성이 없음을 밝혔고, 언론인의 역할에만 충실하겠다고 했다. 우리가 할 수 있는 일은? 지켜보는 것밖에 없다. 손석희는 어느 진영에 속하든 명망을 얻을 사람이다.

적은 아니지만, 아군도 아니다

"7년 10개월 전에 제가 이 게시판에 올린 첫 글에 '저는 어떠한 정치적 당파성으로부터도 자유롭습니다'라고 썼습니다. 저는 지난 8년 가까운 시간 동안 〈100분 토론〉을 진행하면서 이 약속을 크게 어긴 적은 없다고 감히 말씀드리고 싶습니다. …… 제가 실제로 그랬다면 〈100분 토론〉이 오늘날 대표적 토론 프로그램으로 자리 잡기는 어려웠을 것입니다. 토론 진행자로서 허물이 없을 순 없겠지만 8년을 진행하고 물러나면서 가질 수 있는 이 정도의 자부심은 허락해주시길 부탁드립니다."

_2009년 10월 22일, MBC 〈100분 토론〉 게시판

'정치적 당파성에서 자유롭다'는 게 손석희의 가장 큰 강점이다. 이래서 진영을 떠나 많은 사람들이 손석희를 좋아한다. 그런데 분명 보수 세력에서 손석희를 평가할 때는 '당파성이 있다'고 한다. 새누리당 의원들이 손석희에게 일침을 맞은 적이 어디 한두 번이던가. 손석희는 MBC 라디오에서 〈손석희의 시선집중〉이라는 프로그램도 진행했다. 이 프로그램에서도 보수 진영의 인사들은 손석희의 말에 쩔쩔맸다. 이렇게 보면 그 자신만 당파성에 자유로울 뿐, 그의 의지와 상관없이 민주진보 진영 사람들은 그를 같은 편이라 생각할 가능성이 높다.

손석희는 말을 길게 하지 않는다. 어조가 강하지도 않다. 담담하게 상대의 말문을 막아버린다. 2004년 노무현 대통령 탄핵 이후에 벌어진 〈100분 토론〉에서 한나라당 쪽 출연자가 말했다.

"이건 총선을 앞두고 지지 세력을 결집시키기 위한 노 대통령의 정략입니다. 탄핵을 기다리며 버티기 하고 있었던 겁니다."

손석희가 대답했다.

"알면서 왜 하셨습니까?"

서서가 조인의 팔문금쇄진을 간단히 제압해버린 모습과 같다. 이후 손석희는 〈100분 토론〉 진행을 그만두고 성신여대 교수로 부임했다. 교수로 있으면서 〈손석희의 시선집중〉은 2013년 5월까지 계속 진행했다.

그러던 중 의외의 사건이 터졌다. 손석희가 성신여대와 MBC에 사표를 제출한 것이다. 워낙 명성이 높은 사람이라 그것만으로도 '시선이 집중'되었다. 더 나아가 손석희는 이명박 정권에서 기형으로 태어난 종합편성 채널인 JTBC 사장으로 부임했다. 그를 믿었던 민주진보 진영의 사람들은 손석희의 중립적인 성향을 알면서도 충격을 받았다.

손석희와 절친한 관계이면서 최근 MBC 복귀 판결을 받아낸 〈GO발 뉴스〉의 진행자 이상호는 그를 향해 통렬한 비판을 가했다.

"손석희 선배 가시면서 어록을 남기셨죠. '종편이 현실이 되었으니 배척하는 것보다는 수준을 높이는 게 현실적이지 않느냐'는 얘기 기억하시죠? …… 실망했습니다. 현실론이잖아요. 거의 초등학교 6학년생 수준이에요. 일제시대 이완용이 원래 독립협회 위원장으로 독립문 건립을 주도한 양반이잖아요. 하지만 일제를 '현실'로 인정한 순간, 나라를 팔아넘긴 매국노가 된 거죠. …… 저널리즘의 세계는 고리타분해 보일지 몰라도 명분의 세계입니다. 현실이 거래되는 시장통이 아닙니다. '리얼 폴리티크'를 얘기하는 정치판이 아니잖아요. 언론의 세계에서는 다만 '옳은 건 옳은 것'일 뿐입니다. '현실적으로' 옳은 건 없습니다. 팩트는 고온다습한 환경에서도 부패하지 않습니다. 압제와 회유에도 굽어지지 않아요."

_2013년 5월 25일, 〈오마이뉴스〉와의 인터뷰

조조의 진영에 투신해버린 서서를 준엄하게 꾸짖던 서서의 어머니 같은 말이다. 이상호는 끝까지 종편으로 가지 않았다. 손석희는 방송인이 적성에 맞는다. 방송으로 복귀한 일은 그다운 결정이라 하겠다. 그러나 종합편성 채널은 만인의 지탄을 받는 매체인데, 다른 곳을 놔두고 왜 이 길을 선택했는지 알 수 없고, 그의 결정에 유감을 표하지 않을 수 없다. 이 질문에 대한 그의 대답은 이렇다.

"삼성은 JTBC에 지분이 없다. 형식적으로나 내용적으로 삼성은

JTBC, 중앙일보와 관련이 없다. 삼성이 이래라저래라 할 것도 없다. 그러나 이렇게만 말할 수는 없다는 것 또한 잘 안다. 역사가 있기 때문이고 인적 관계도 엄연히 있기 때문이다. 어쨌든 JTBC의 이미지를 높여 일종의 대중 조작을 한다는 것인데, 글쎄 내부 구성원 가운데 거기에 동의할 사람이 얼마나 있을지는 모르겠다. …… 사영방송의 경우 자본으로부터 자유로울 수 없다는 우려가 많은 것은 당연하다. 이건 내가 광고를 하는 공영방송에 30년 동안 몸담으며 고민해왔던 문제이기도 하다. 그 고민이 헛되지 않도록 해보겠다. 자꾸 시작부터 너는 안 될 테니 하지도 말라든가, 해봤자 소용없다고 말하지 않았으면 한다."

_2013년 10월 4일, 〈한겨레〉와의 인터뷰

근래 손석희가 진행하는 JTBC의 뉴스가 공중파의 뉴스보다 더 주목받는 기현상이 벌어지고 있다. 손석희의 뉴스에서는 '국정원 선거 개입 사건', '이석기 사태', '철도노조 파업' 등 굵직한 사건에 대해 진보와 보수 양 진영의 말을 공평하게 전하려 애쓰고 있다. 공중파의 뉴스는 정부 입장만 대변하고 있으므로, 이에 염증을 느낀 많은 사람들이 손석희의 뉴스를 시청한다. 그나마 '손석희니까' 이런 정도의 말을 한다고 한다. 일리 있는 말이다. 그러나 종합편성 채널에서 얼마나 소신대로 방송할 수 있을지 의문이다. 이렇게 얼어붙은 언론 환경에서 이런 정도도 대단하다고 여기는 사람이 많다. 맞는 말이다. 그러나 은

연중 그렇게 비판하던 종합편성 채널의 존재를 인정하고 있다는 점도 알아야 한다. 손석희의 뉴스는 원래대로라면 '지극히 정상적인' 것일 뿐이다.

손석희의 행적은 서서와 닮았다. 서서가 유비를 택했다가 어머니의 편지 한 장에 조조 진영으로 간 것처럼, 손석희는 민주진보 진영의 사람이었는데 보수의 이익을 대변하는 JTBC의 제안을 받고 그쪽으로 가버렸다. 서서가 받은 편지는 위조된 것이었다.

그렇다면 JTBC가 손석희에게 구체적으로 제안한 것은 무엇이었을까. 만약 그것이 '공정한 언론의 역할'이라면 이 안에 진심이 담겨 있을까? 아니면 손석희를 데려오기 위한 '거짓 편지'였을까? 이런 가정은 손석희가 '민주진보 진영'의 사람일 때 유효한 것이다. 그렇지 않다면 이런 가정은 애당초 쓸모가 없다. 그러니 일단 민주진보 진영의 사람이라고 믿어보기로 한다. 다행스럽게도 아직까지 손석희는 서서가 그랬던 것처럼 조조를 위해 일하지는 않는 것으로 보인다.

손석희는 누차 자신에게는 당파성이 없음을 밝혔고, 언론인의 역할에만 충실하겠다고 했다. 우리가 할 수 있는 일은? 지켜보는 수밖에 없다. 손석희는 어느 진영에 속하든 명망을 얻을 사람이다. 그는 앞으로 어떤 길을 걸어갈 것인가. 역설적이게도 JTBC에 있기 때문에 보수 진영으로 완전히 넘어가지는 않을 듯하다.

현재 많은 사람들은 손석희의 JTBC행에 불만을 느끼면서도 '손석희니까' 참아주고 있는 상태인 듯하다. 손석희가 아닌 다른 사람이 종편행을 택했을 때를 떠올려보면 짐작할 수 있을 것이다. 이 상황에서 보수 세력 소속으로 선거에 입후보라도 하는 날이면? 당선 가능성은 있다. 그러나 그 선택으로 인해 그간 쌓아온 명성은 와르르 무너질 것이다. 아울러 JTBC를 택했던 그의 순수한 의도마저 짓밟힐 것이다.

손석희, 서서처럼 이미 조조의 진영에 갇혀버렸다. 그나마 다행인 건 그가 저들을 위해 작전을 내진 않을 것이라는 점이다. 저들 역시 손석희의 명성을 알고 있으므로 섣불리 건드리지 못할 것이다. 손석희, 분명 그는 적이 아니다. 그러나 이제는 아군도 아니다. 그가 몸담고 있는 곳은 JTBC다.

이외수
아낌없이 주는 할배

10만 명의 복병

제갈량은 경악했다.

"아니 누가 주인에게 이렇게 진을 치라고 했는가?"

마량이 대답했다.

"주인께서 스스로 결정하셨습니다."

"우리 한나라도 이제 끝이로구나. 습지와 험한 곳에 진을 치는 것은 병법에서 금기로 삼는 일이야. 적이 화공을 하면 어쩔 셈인가. 게다가 진영을 700리나 늘여놨으니 적과 효율적으로 싸울 수 없네. 자네는 어서 가서 진영을 뜯어고치라고 하게."

"그사이에 우리가 지면 어떡합니까?"

"오나라 군대는 이기더라도 후방의 조조가 무서워서 우리를 쫓아오지 못할 거야. 그리고 내 아군이 패할 때를 대비해서 어복포에 10만 명을 매복시켜두었네."

"네? 10만 명을요? 어복포 근처엔 아무도 없던데요?"

"때가 되면 알게 될 테니, 더 묻지 말게."

유비는 관우의 원수를 갚기 위해 직접 대군을 거느리고 오나라로 진격했다. 적장은 육손이었다. 육손은 싸우지 않고 기다리고 있다가 유비의 진이 숲 속에 있는 것을 확인하고, 제갈량이 우려했던 것처럼 화공으로 유비의 군대를 궤멸시켰다. 유비는 백제성에 피신해 있다가 병을 얻어 죽었다.

육손은 큰 승리를 거둔 후에 여세를 몰아 유비의 군대를 추격했다. 한참을 달리다가 육손은 말을 멈추었다. 전방에서 매서운 살기가 느껴졌기 때문이다.

"전방에 분명히 적이 매복해 있을 것이다. 살펴보고 와라."

척후병이 동정을 살피고 왔는데 아무것도 없다고 보고했다.

"그럴 리가 없다. 그럼 이렇게 강한 살기는 뭐란 말이냐."

이번에는 좀 더 영리한 부하를 보냈다.

"아무것도 없고, 돌덩이가 80~90개 있습니다."

육손은 의심이 났다. 동네 주민을 불러서 물어보았다.

"여긴 어복포라는 곳입니다. 제갈공명 선생이 서촉의 군사들을 데리고 와서 여기다가 돌을 가지고 진을 만들었습니다. 그 후로 이 돌무더기 속에서 안개구름이 피어납니다."

육손은 호기심이 생겨서 돌무더기 앞까지 갔다. 돌무더기 사이에 문이 있고, 창문도 있다. 육손은 대수롭지 않게 생각하고 말을 돌려 나오려 했다. 그런데 갑자기 강한 바람이 일어나면서 모래가 흩날리고, 돌이 이리저리 굴렀다. 하늘도 캄캄해졌다. 육손은 정신을 차릴 수가 없었다. 겨우 정신을 차리니 돌무더기 사이에서 살기가 일어나면서 창과 칼이 춤을 추고, 조금 전까지 모래톱이었던 곳이 삐죽삐죽한 산으로 변했다. 옆에 흐르던 잔잔한 강물은 갑자기 큰 소리를 냈다. 육손은 기가 죽었고, 당황했다. 이리저리 헤매는데 나갈 길이 보이지 않았다. 그때 한 노인이 나타났다.

"장군은 어쩌려고 여기로 뛰어든 거요."
"어르신, 이곳을 나가는 법을 아십니까? 좀 도와주시오."
"하하, 어쩌자고 이 팔진도 속으로 들어오셨을까. 따라오시오."

육손은 노인의 뒤를 따라 무사히 빠져나왔다.

"나는 제갈량의 장인 황승언黃承彦이라 합니다. 예전에 사위가 이곳에 돌무더기로 진을 만들었는데 문이 여덟 개가 있어서 팔진도라고 부릅니다. 적병이 이 진으로 발을 들여놓으면 벗어날 길이 없지요. 이 팔진도의 위력은 정예병 10만 명과 견줄 만하답니다. 예전에 사위가 여기를 떠나면서 '나중에 오나라 대장이 팔진도에 걸려들 테니 절대로 길을 가르쳐주지 말라'고 당부했는데, 사위의 예언이 맞았군요. 허허."
"그런데 어째서 저를 구해주셨습니까?"
"아까 보니 장군이 '죽는 문'으로 들어가더군요. 영락없이 죽는 것이죠. 그러나 나는 착한 일 하기를 좋아합니다. 장군이 죽는 걸 차마

볼 수가 없었어요. 허허."

"어르신, 제게 이 팔진도의 이치를 알려주실 수는 없겠습니까?"

"허허, 나는 팔진도의 변화까지는 모릅니다. 살펴 가시오."

육손은 제갈량의 재주에 탄복했다. 자기가 도저히 미칠 수 없다고 생각했다. 육손은 본진으로 돌아와 더는 유비의 군대를 추격하지 않고 퇴각했다.

이외수는 황승언이다

황승언은 제갈량의 장인이지만, 제갈량의 편을 들지 않았다. 이처럼 이외수 역시 자신이 옳다
고 판단하면 진영 논리에 갇히지 않고 '착한 일'을 할 사람이다.

아낌없이 주는 할배

2012년 9월 25일 새누리당 대선 후보였던 박근혜는 '트위터 대통령'으로 불리는 이외수를 만났다. 두 사람은 1시간 30분이라는 비교적 긴 시간 동안 많은 이야기를 나누었다. 박근혜가 말했다.

"정치도 문화 예술과 흐름을 같이해야 한다. …… 국민 행복을 모색하는 일에 동참해달라."

이외수는 대답했다.

"특정 정당에 소속돼 정치에 조언하는 건 어려움이 있다. 어떤 정당이든 도움을 필요로 하면 응하겠다."

이외수의 정치적 관점은 이 대답에 모두 들어 있다. 그런데도 보수 세력에서는 그를 진보 진영의 사람으로 간주하고 공격한다. 저들이 원하는 건 '무조건 자기편'을 들어주는 것인데 이외수는 그렇지 않기 때문이다. 이외수는 새누리당을 비롯한 보수 세력의 부정부패가 심해서 그에 대해 질책하지 않을 수 없다는 엄연한 사실을 잘 안다. 그리고 진보 진영에 문제가 있어도 쓴소리를 할 사람이다.

"박근혜 후보와 어떤 이야기를 나누었는지 궁금해하시는 분들이 많군요. 가장 많이 거론된 이야기는 문화 예술 발전의 중요성이었습니다. 그중에서도 특히 의견을 같이했던 부분은, 정치와 무관하게 표현의 자유를 최대한 보장해야 한다는 점이었습니다."

_2013년 11월 23일, 이외수의 트위터

이외수는 글 쓰는 일을 업으로 삼고 있는 작가다. 그러다 보니 사회의 이러저러한 문제에 대해서 쓴소리를 하더라도 그의 관심은 '정치와 무관한 표현의 자유'에 집중된다. 이 말은 그만큼 표현의 자유가 제약되어 있다는 사실을 반증한다. 이 자리에서 분명 박근혜는 이외수와 '의견을 같이'했다.

"(지난 5년간은) 양심과 도덕이 사라졌고 자살률과 성폭력이 증가했다. 부정부패가 만연됐고 언론 장악이 있었고, 노동 문제는 소외됐으며 양극화가 심화됐다. 가진 자를 위한 정치, 1퍼센트를 위한 정치를 한다는 생각을 갖게 했다. …… 문 밖에 있는 사람도 문 안에 있는 사람도, 재력 있는 사람도 재력이 없는 사람도, 인간답게 살 수 있는 시대를 열어가소서."

_2012년 12월 4일, 〈아이뉴스〉와의 전화 인터뷰

이를 두고 많은 사람들은 이외수가 사실상 민주진보 진영의 편을

들어준다고 생각했다. 일시적으로 편을 들어준 것은 맞다. 그러나 이 것을 액면 그대로 '누구 편'을 들어준다고 해석해서는 안 될 것 같다. 이외수가 완전히 민주진보 진영의 편이라고 한다면 앞서 박근혜와 이 야기한 내용은 모두 거짓이 되기 때문이다. 박근혜에게 말한 사람도, 문재인의 유세 현장에 전화 연결을 해서 앞의 말을 한 사람도 모두 이 외수다. 박근혜에게는 작가로서, 문재인에게는 시민으로서 자신의 생 각을 전했을 뿐이다.

마침내 박근혜가 대통령에 당선되었다. 그럼 박근혜는 이외수와 의 견을 같이한 바와 같이 '정치와 무관하게 표현의 자유를 최대한 보장' 하고 있는가. 표현의 자유를 최소한만 보장받더라도 다행스럽게 생각 해야 하는 시절이 되어버렸다. 보수 언론들은 근거 없는 의혹을 퍼뜨 려 이외수를 괴롭혔고, 새누리당의 하태경은 이외수가 2010년에 일어 난 천안함 사건을 '소설'이라 규정했다고 하면서, 천안함 사령부에서 진행한 강연을 방송하지 못하도록 막기도 했다. 결국 이외수의 강연 부분은 편집되어 방송되지 못했다.

이외수는 어떤 사람인가. 그는 작가일 뿐이다. 많은 사람들에게 영 향을 준다고 해서 작가 일을 관두고 '정치가'가 될 리 없다. 보수와 진 보 진영을 막론하고 자신의 생각이 필요하다고 하면 무슨 말이든 흔 쾌히 해줄 사람이다.

황승언은 제갈량의 장인이지만, 제갈량의 편을 들지 않았다. 그가 육손을 죽이기로 마음먹었으면 그냥 놔두면 되었다. 그런데 황승언은 사위의 적을 살려주었다. 이런 황승언처럼 이외수 역시 자신이 옳다고 판단하면 진영 논리에 갇히지 않고 '착한 일'을 할 사람이다.

그래도 민주진보 진영의 사람들은 그가 같은 편에 서주기를 바란다. 그렇게 믿는 사람도 많다. 앞으로 벌어질 정치 상황에서 이외수는 어느 편에 설 것인가. 황승언은 제갈량의 장인이었다는 사실에 그 답이 들어 있다.

김어준
영원한 자유인

모두 적중한 예언

조조는 괴짜 도사 좌자라는 사람에게 놀림을 받은 뒤에 두통이 생겼다. 조조는 허지에게 자신의 병에 대해 점을 쳐달라고 부탁했다. 허지는 손사래를 치면서 자신보다 훨씬 뛰어난 점술가를 소개했다.

"관로管輅라는 사람이 있습니다. 어렸을 적부터 천문 보기를 좋아했고, 주역과 수학에 통달한 사람입니다. 바람 소리를 듣고 길흉을 판단할 줄 알며, 관상에도 일가견이 있습니다. 특히 주역 방면에는 어릴 적부터 명성이 높았습니다. 근처에 있다고 하니 한번 불러보시지요."

조조는 관로를 불러들였다. 조조가 두통 증세를 설명하자, 관로는 태연히 대답했다.

"그 두통은 요망한 술법 때문에 생긴 것이니, 걱정할 것 없습니다."

이 말 한마디에 조조는 마음을 놓았다.

"앞으로 세상일은 어떻게 돌아갈 것 같소?"
"흠, 건안 24년에 누런 돼지가 호랑이를 만나니 정군산 남쪽에서 다리 한쪽이 꺾이는 격으로, 조만간 명장 한 명을 잃게 될 것입니다."
"그럼 내 운수는 어떻습니까?"
"사자의 궁궐 안에 신위神位가 편안하고, 왕도王道가 새로우니 자손이 귀하게 될 것입니다."
"좀 구체적으로 말씀을……."
"하늘의 일을 사람이 다 알 순 없지요. 살다 보면 다 알게 되실 겁니다."

조조는 관로에게 벼슬을 내려주었다.

"하하, 제 관상이 궁해서 벼슬을 할 수 없습니다. 귀신은 다스려도 사람은 못 다스립니다."
"내 관상은 어떤가?"
"조조 님은 이미 제일 높은 벼슬을 차지하고 계신데 무슨 상을 또 보려고 하십니까?"
"그럼 좋네. 오나라와 촉나라에는 무슨 일이 벌어질 것 같은가?"
"오나라에선 대장이 한 명 죽을 것이고, 촉나라에선 지금 군사를 출동시켜 국경을 침범하고 있을 겁니다."

아니나 다를까, 오나라에선 노숙이 죽었고, 촉한의 장비와 마초가 국경을 넘었다는 소식이 들어왔다. 조조는 관로의 점에 감탄하면서 한편으로는 화가 나서 직접 군대를 이끌고 출전하려 했다.

"직접 나가시면 안 됩니다. 내년 봄 이곳에 큰불이 날 것입니다."

조조는 관로의 말을 철석같이 믿었다. 자신은 남고 부하 장수를 출동시켰다. 얼마 후에 조조가 있는 도시에 불이 났다. 조조의 권력 확장을 막기 위해 몇 사람이 의거를 일으켰던 것이다. 참, 앞서 관로는 조조에게 '명장 한 명을 잃는다'고 했다. 이후 관로의 말대로 조조의 맹장 하후연이 정군산에서 황충의 칼에 죽었다. 조조는 하후연이 죽자 관로를 찾았다. 그러나 관로는 이미 자취를 감춘 뒤였다.

세월이 흘러 조조가 죽고 한나라도 망했다. 조방이라는 사람이 위나라 황제가 되었다. 이때 위나라의 병권은 조상이라는 사람이 쥐고 있었다. 조상은 자신의 권세를 믿고 오만방자하게 굴었다. 여기에 하안과 등양이라는 사람이 조상한테 붙어 아첨을 해서 높은 벼슬을 받았다. 하안은 관로가 고향에 와 있다는 말을 듣고 그를 불러들였다. 하안과 함께 있던 등양이 말했다.

"관로 당신은 주역을 그렇게 잘 안다면서 왜 그 깊은 뜻은 말하지 않는 거요?"
"주역을 잘 아는 사람은 주역을 말하지 않는 법입니다."

하안이 말했다.

"내 점을 한번 봐주시겠소? 내 벼슬이 어디까지 갈 것 같소? 그리고 어젯밤 꿈에 파리 수십 마리가 내 코에 앉았는데, 이걸 어떻게 해석할 수 있소?"
"당신은 이미 지위가 높고 권력도 가졌습니다. 그런데 주변에 당신을 두려워하는 사람이 많으니, 이래서는 복을 받기 어렵습니다. 사람의 코는 산과 같은데, 산이 높으니 오랫동안 귀한 자리에 있을 상이긴 합니다만, 파리 떼가 냄새를 맡고 모여들었으니 자리가 엎어질 꿈이로군요. 앞으로 좋은 일이 많지 않을 테니 조심하셔야겠습니다."

옆에서 듣고 있던 등양이 화를 냈다.

"그게 무슨 점이야? 그런 말은 나도 하겠네."
"늙은이는 죽을 사람을 볼 줄 알고, 말을 해주는 사람은 그걸 보고도 말하지 않는 법이지. 허허."

이 말을 남기고 관로는 자리를 떠나버렸다. 하안과 등양은 관로를 미친놈이라 생각했다. 관로의 집에는 그의 외삼촌이 와 있었다. 외삼촌은 관로의 말을 전해듣고 깜짝 놀랐다.

"그 사람들이 어떤 사람인데 그런 말을 했나? 큰일 났구나!"
"하하, 어차피 죽을 사람인데 뭐가 두렵겠습니까? '쫄지' 마세요."
"그게 무슨 소리냐?"
"등양은 다리 힘이 약해서 제대로 일어서지도 못해요. 삐딱한 자세로 걸어다니니, 이는 귀신이 뛰어다니는 모습입니다. 하안은 눈빛이 흐릿하고 얼굴에 핏기가 없으니, 역시 귀신의 상입니다. 조만간 둘 다 살해당할 겁니다."

아니나 다를까, 하안과 등양은 사마의에게 잡혀서 죽임을 당했다. 관로는 어떻게 되었을까? 이후로 그를 본 사람은 아무도 없었다.

김어준은 관로다

대중이 약자임을 알고 그들의 언어로 정치적 이슈를 이야기하고 자신의 생각을 전파하려 했던 따뜻한 사람. 많은 사람들이 답답해할 때 어디선가 나타나서 막힌 속을 시원하게 뚫어준 뒤 툭 한마디 던지고는 가고 싶은 곳으로 떠날 것이다. "쫄지 마! 끝."

나는 '멘토'가 아닙니다

"새누리당이 기댈 네거티브는 이제 NLL밖에 없다. …… 새누리당이
(대화록을 공개할 것을) 국정원에 계속 요청하고 있다. 심지어 같은 편
인 국정원장을 고발했는데, 아마도 국정원장이 월요일(12월 17일) 검
찰에 직접 대화록을 제출하는 퍼포먼스를 할 것이다. …… 종편 등
보수 언론이 이를 대서특필하는 식으로 그림을 만들 것이다. ……
그런데 새누리당이 NLL 카드를 다시 들고 나오는 것은 이미 불리하
다는 증거다."

_2012년 12월 12일, 〈나는 꼼수다〉

이 예언을 한 사람은 딴지일보 총수 김어준이다. 아니나 다를까, 검
찰에서는 12월 17일 '고 노무현 전 대통령의 NLL 포기 발언 의혹'에서
시작된 여야의 고소·고발 사건과 관련해 자료를 제출받았다고 밝혔
다. 새누리당의 서상기도 원세훈 국정원장이 '오늘(17일) 검찰에 대화
록을 갖고 가서 검찰이 법적인 절차를 밟는 데 필요한 부분만 제출하
고 원본하고 대조를 시켜준 뒤 대화록은 다시 가져왔다'고 말했다. 닷
새 만에 예언이 적중했다.

김어준은 2011년 전국을 강타했던 팟캐스트 방송 〈나는 꼼수다〉를

진행하면서 대중에게 널리 알려졌다. 〈나는 꼼수다〉는 이명박이 연관되었다는 의혹이 있는 'BBK 사건'을 다루면서 시작되었다. 이후 〈나는 꼼수다〉는 정치적으로 민감한 이슈를 과감하게 다루면서 대중들의 이목을 사로잡았다.

김어준은 기성 언론들이 사실을 전달하는 데 주안점을 두는 방식을 버리고 먼저 사실을 설명하고 거기에 자신의 생각을 설명하는 방식을 취했다. 법적으로 문제가 될 만한 사안에 대해서는 '소설을 써본다'는 말로써 분쟁의 소지를 없애려 했고, 방송 말미에는 '이렇게 예언한다'고 하면서 기성 언론에서는 '추측 기사'로 취급받을 만한 말을 거침없이 쏟아냈다. 반응은 폭발적이었다. 이런 방식에도 신선함을 느꼈지만, 그 예언이 대부분 적중했기에 사람들은 더욱 열광했다.

그럼 그 예언의 방식은 어떠했는가. 김어준은 관로가 점괘를 풀면서도 구체적으로 말하지 않은 것과 유사한 방식을 취했다. 김어준은 '국정원 댓글 알바'를 이렇게 이야기했다.

"지금도 활동하고 있는 네이버 알바하고는 달라졌어. 이 알바들은 1월 2일부터 활동을 시작합니다. 시무식을 마치고 활동하는 것 같은데 하하하. …… 댓글을 일곱 개에서 열 개만 달아요. 그게 내부 업무 규정인지 몰라도, 이 댓글은 오전 9시에서 오후 6시까지만 달아 …… 소스는 한 사람이 쓰는 것으로 보입니다. 대략 보기에는 10여 명이 한 단위로 활동하는 것이 아닌가 …… 지금까지와는 유형이 다른 알바들인데 왜 이렇게 알바들이 시무식이 끝난 이후에 출퇴근 시간을 지켜가면서 쾌적한 환경 속에서 활동을 하는가 ……."

_〈나는 꼼수다〉

김어준은 이 말을 하면서 단 한 번도 국정원을 언급하지 않았다. 그럼에도 이미 많은 힌트가 들어 있다. '시무식', '내부 업무 규정', '10여 명이 한 단위', '지금까지와는 유형이 다른', '쾌적한 환경 속에서 활동', 이 말 안에 다 들어 있다. 당시에는 몰랐지만 근래에 '국정원의 대선 개입'이 실제로 있었음이 드러났고, 밝혀진 결과가 김어준의 말과 크게 다르지 않음을 알 수 있다.

이외에도 오세훈 전 서울시장의 낙마를 예언했고, 2011년 10월 26일 서울시장 재보궐 선거일에 선관위가 디도스 공격을 받았다고 하는 말은 거짓일 거라 예견했으며, 대선과 관련해서 '선거에 이기고 개표에서 질 수 있다'는 예언을 하기도 했다. 신기하게도 다 들어맞았다.

이렇게 되자 김어준을 비롯한 나꼼수 멤버를 지지하는 팬클럽이 생겼고, 김어준의 한마디 한마디는 대중을 움직일 만큼의 힘을 지니게 되었다.

"나꼼수는 풍자의 언어고, 풍자나 패러디는 기본적으로 약자의 언어잖습니까. 대놓고 들이받기는 약하고, 쌓여 있는 스트레스를 풀지 않으면 못 살 것 같으니까 권력을 제외한 모두를 웃게 만드는 것이, 그래서 풍자하는 사람이 살아남는 것이 역사적, 시대적 화술이라는 거죠. 모두가 웃기 때문에 권력이 화를 내면 쪼잔하게 보이잖아요. 이게 통하는 시대인 거죠. 그만큼 심리적 억압이 심하다는 얘기예요."

_2011년 9월 29일, 〈경향신문〉, '신동호가 만난 사람'

김어준이 '예언'의 형식으로 말할 수밖에 없는 이유를 밝힌 대목이다. 그는 대중이 약자임을 알고 그들의 언어로 정치적 이슈를 이야기하고 자신의 생각을 전파하려 했던 것이다. 그런데 풍자와 패러디는 아무래도 사실 그대로를 전달하는 신문 기사나 방송에 비해 진실성이 떨어질 수밖에 없다. 다시 말해 기성 언론인의 눈으로 보면 김어준의 말은 언제나 틀릴 수 있는 '논'이나 '설'에 가깝다. 그런데 많은 사람들은 어느덧 기성 언론보다 김어준의 말에 고개를 끄덕이는 현상이 나타나버렸다.

이 지점에서 김어준에 대한 평가가 엇갈린다. 실제로 김어준을 비판하는 사람들은 그의 말을 '음모론'이라고 하면서 모두 믿지 말라고 한다. 반면 김어준을 좋아하는 사람들은 '그 음모론이 결국 사실로 밝혀지지 않았느냐'고 맞선다.

김어준의 예언이 워낙 잘 들어맞으니 그에게는 '역술 지식인'이라는 별명도 있다. 그는 제도권의 지식인들을 '먹물'이라 지칭하면서 자신에게는 '무학無學의 통찰력'이 있다고 자랑한다. 아무것도 배우지 않았는데 통찰력은 있다는 말이다.

이 말을 어떻게 받아들여야 할 것인가. 배우는 내용이 무엇인지는 알 수 없지만, 이것이 만약 일반적으로 알려진 '학문'이라고 한다면 김어준의 말은 일리가 있다. 김어준은 홍익대학교 전기공학과를 졸업했다. 정치학, 신문방송학, 경제학 따위를 전공하지 않았다. 그런데 이 분야에 대해 누구보다 잘 알고 있으며, 언론계에 몸담고 있다.

"나도 처음부터 자기 객관화나 지성 등의 거창한 목표 때문에 여행을 다니기 시작한 것은 아니다. 그저 재미있으니까, 열심히 일하고 돈을 모아서 여행을 다녔다. 자신이 처한 상황에서 애를 쓰며 찾으면, 어떤 식으로든 방법은 있다고 생각한다. 또한 여행을 가기 전에 위기 상황을 그려보며 여행을 주저하는 분들도 많다. 나는 숙소 호객도 해보고, 암달러상도 해봤다. 화투를 가지고 다니면서 현지 노숙자분들에게 고스톱을 전수하며 길에서 밤을 지새운 적도 있다."

_2009년 4월 17일, 〈한겨레21〉, '인터뷰 특강'

김어준의 높은 예언 적중률은 바로 여행에서 나왔다. 책상 앞에서는 결코 배울 수 없는 지식과 지혜를 그는 여행을 통해 배웠던 것이다. 각종 돌발 사태를 만나면서 해결하는 방법을 터득했고, 이것을 우리나라 정치 상황에 적절히 활용했다. 김어준은 무려 80여 개국을 여행했다고 한다. 이 과정에서 얼마나 다양한 경험을 했을지 충분히 짐작할 수 있으리라.

『삼국지』의 관로도 마찬가지다. 주역과 관상법을 책으로만 공부해서는 적중률을 높일 수 없다. 『삼국지』에는 관로의 예언이 모두 들어맞는 이야기만 나오지만, 그렇게 되기까지 얼마나 많은 곳을 여행했으며, 얼마나 다양한 경험을 했는가에 대해서는 아무도 관심을 두지 않는다. 이것이 관로(또는 김어준)가 제도권에 들어갈 능력을 갖췄음에도 그 안에 소속될 수 없는 이유일 것이다. 책상과 현장은 비슷하면서도 다르다.

나꼼수 팬카페에서 주최하는 김어준의 강연에 다녀온 적이 있다. 여전히 김어준의 인기는 높았다. 김어준과 청중이 묻고 답하는 시간이 있었다. 어떤 사람이 물었다.

"앞으로 야권이 승리하려면 어떻게 해야 한다고 생각하십니까?"

김어준의 대답이 걸작이다.

"그걸 제가 어떻게 알겠습니까. 저한테 그런 거 묻지 마세요. 이래서 남자한테 마이크 주면 안 된다니까? 하하하, 그냥 알아서 생각하세요. 여러분들은 제 말을 믿으면 안 돼요. 저는 누구의 멘토가 아니고, 그럴 생각도 없습니다."

자신 있게 툭툭 던지는 말투가 관로와 닮았다. 관로가 그러지 않았던가.

"하늘의 일을 사람이 다 알 순 없지요. 살다 보면 다 알게 되실 겁니다."

앞으로 김어준은 어떤 삶을 살아갈 것인가. 그걸 내가 어떻게 알겠는가. 동에 번쩍 서에 번쩍 하는 사람인데. 다만 이런 생각은 든다. 많은 사람들이 답답해할 때 어디선가 나타나서 막힌 속을 시원하게 뚫어준 뒤 툭 한마디 던지고는 가고 싶은 곳으로 떠날 것이다.

"쫄지 마! 끝."

안희정
민주 진영의 맏아들

이겼을 때 조심해야 한다

『삼국지』 초반에 등장해서 만인의 기대를 모으다가 비명에 횡사한 굵직한 영웅이 있다. 그의 이름은 손책孫策. 손책의 아버지는 반동탁 연합군인 17로 근왕병의 일원이자 강동의 영웅이었던 손견이다. 이후 손견이 유표와 싸우다가 전사하자 손책은 갈 곳이 없어졌다. 손견이 죽었을 때 손책의 나이 불과 17세였다. 손책은 원술의 휘하로 들어갔다.

원술은 손책을 선봉으로 삼아 몇 번의 싸움에서 이겼다. 원술은 잔치를 베풀면서 여러 사람들이 보는 앞에서 손책의 등을 두드리며 칭찬했다.

"나한테 너 같은 아들이 있어야 하는데……."

이때 손책의 나이는 스무 살이었다. 원술의 태도에 자존심이 상한 그는 마음이 울적해져서 자리를 빠져나왔다.

'아버지는 위대한 영웅이었는데 지금 나는 이런 떠돌이 신세가 되어 남의 집에 얹혀살고 있으니 이게 뭐란 말인가.'

괜히 처량한 생각에 눈물이 나기 시작했다. 훌쩍거리며 울고 있는데 어떤 사람이 허허 웃으며 다가왔다. 아버지의 종사관이었던 주치라는 사람이었다.

"제가 우는 건 다만 아버지의 큰 뜻을 받들지 못하는 것이 한스럽기 때문입니다."
"원술한테 자네 외삼촌을 구하러 간다고 핑계를 대고 군사를 빌려달라고 해보게. 그렇게 원술한테서 벗어나 자네의 대업을 이루면 되지 않겠나?"

이런 이야기를 나누고 있는데 어떤 사람이 불쑥 끼어들었다.

"하하, 원술이 호락호락하게 군사를 빌려줄 리 있겠습니까?"

원술의 모사인 여범이었다. 이 말을 듣자 손책은 머릿속에 한 가지 생각이 스쳐갔다.

"아, 아버지께서 물려주신 전국옥새가 있습니다. 이걸 잡히고 군사를 빌리면 어떨까요?"

전국옥새는 한나라 황실의 도장이었다. 황실의 권위를 상징하는 물건인 셈이다. 예전에 손견이 낙양성 안에서 발견해서 갖고 있다가 손책에게 물려준 것이었다. 원술은 전국옥새를 보자마자 손책에게 3천 명의 군사와 500필의 말을 빌려주었다. 손책은 원술을 떠나 행군하기 시작했다. 도중에 불세출의 참모 주유가 합류했고, 능력 있는 선비 장소와 장굉도 손책의 휘하에 들었다. 손책은 아버지의 옛 장수와 새로 합류한 참모를 거느리고 대업을 위한 기반을 다지기 시작했다.

손책은 나이가 어렸지만, 무예가 뛰어났으며, 겸손한 품성을 지녔다. 게다가 사람 보는 눈도 있었다. 어린 시절에 고초를 겪어서 그랬으리라. 손책은 유요라는 사람과 싸우던 중 그의 부하로 있던 맹장 태사자를 사로잡았다. 태사자는 꽁꽁 묶여서 손책 앞으로 끌려 나왔다. 손책은 손수 밧줄을 풀어주었다.

"장군은 뛰어난 분입니다. 장군께서 유요의 군대를 이끌었다면 제가 이기지 못했을 것입니다. 유요는 어리석어서 장군 같은 분을 쓰지 않았기 때문에 저에게 진 것입니다."

태사자는 감동했다. 그 자리에서 손책에게 충성을 다짐했다. 태사자가 말했다.

"유요의 군대는 흔들리고 있습니다. 손책 장군께서 허락하신다면 제가 가서 군사들을 데리고 이곳으로 다시 오겠습니다."
"좋습니다. 다만 내일 정오까지 돌아와주셨으면 합니다."

태사자가 유요의 진영으로 돌아가자 손책의 장수들은 불평을 늘어놓았다.

"그렇게 쉽게 사람을 믿는 법이 어디 있습니까. 태사자는 돌아오지 않을 겁니다."
"태사자는 그럴 사람이 아닙니다. 나는 그가 배신하지 않을 줄 알고 있습니다."

다음 날 정오 무렵에 태사자는 유요의 군사 1천 명을 이끌고 손책의 진으로 돌아왔다. 손책의 군대는 처음 출발할 때 3천 명이었지만, 몇 번의 싸움을 거치면서 수만 명으로 늘어나 있었다. 손책은 강동 지역을 휩쓸고 다니면서 세력 확장에 힘썼다. 치열한 전투를 벌이면서도 군기를 엄하게 다스려서 백성들에게 전혀 피해를 주지 않았다. 항복한 군사들에게 자유를 주었으며, 고향으로 돌아가는 사람에게는 노잣돈까지 쥐어주었다. 손책의 명성은 더욱 드높아졌다. 이후 손책은 엄백호와 왕랑의 세력까지 멸망시키며 강동의 강력한 영웅으로 떠올랐다.

강동을 차지한 손책은 황실에 상소를 올려 자신을 대사마장군으로 봉해달라고 요청했다. 이때 조정의 권력은 조조가 장악하고 있었다. 조조는 손책의 상소를 보고는 픽 웃었다.

"아직 젊은데 뭐 이런 높은 벼슬까지 하려고……."

손책은 분개했다. 언젠가 조조를 공격하리라 마음먹었다. 적은 항상 내부에 있는 법이다. 손책의 관할 지역에 있던 허공이라는 사람이 조조에게 편지를 썼다.

"손책은 용맹하여 옛날 항우와 같은 장수입니다. 황실에서 높은 벼슬을 주어 수도로 불러들이십시오. 강동에 놔두면 후환이 될 것입니다."

그런데 이 편지를 지니고 가던 사람이 손책의 부하한테 잡혀서 편지는 손책의 손에 들어갔다. 손책은 심부름꾼의 목을 베어버리고, 허공한테는 의논할 일이 있으니 좀 보자고 했다. 허공은 아무것도 모르고 손책을 찾아갔다가 목매달려 죽었다. 이 일을 알게 된 허공의 가족은 뿔뿔이 흩어졌다.

이때 허공의 식객으로 있던 사람 세 명이 허공의 원수를 갚기 위해 벼르고 있었다. 손책이 사냥을 나왔을 때 세 사람은 손책에게 달려들었다. 뜻밖의 기습을 당한 손책은 온몸에 상처를 입었고, 얼굴에 독화살을 맞았다. 손책은 이 상처를 이겨내지 못했다. 얼마 후 손책은 죽음이 머지않았음을 직감했다. 모든 사람들을 불러모아서 유언을 남기고, 아우 손권에게 도장을 건네주었다.

"강동의 많은 인재들을 데리고 조조와 유비에게 맞서 싸우는 일은 네가 나보다 못할 것이다. 그러나 현명한 사람을 부려서 이 땅을 보전하는 일은 내가 너만 못하다. 너는 늘 아버지와 나의 어려웠던 일을 생각하면서, 대업을 도모하라."

천하를 제패할 능력을 가졌던 영웅 손책은 이렇게 역사 속으로 사라졌다.

안희정은 손책이다

안희정의 삶의 궤적은 손책과 닮아 있다. 자신감 있는 말투, 몸에서 우러나오는 힘찬 기운, 민주 진영의 맏아들이라는 강한 자부심은 젊은 시절의 손책을 떠올리게 한다. 진정한 민주 진영의 맏아들로 성장해주길 기대한다.

충청남도를 넘어 전국의 주인이 되려면

"에이구, 제 어미가 죽었어도 그리 슬플까. 물 한 모금 안 넘기고 자지도 먹지도 않고 …… 기진해 있어서 내가 뭐 약 좀 가져갔더니 어머니나 드시라고 거들떠도 안 봐. …… 그려 알어, 온 나라 사람이 다 슬퍼하니께. 아녀, 좋아서 신나는 인간도 있을껴. 내가 왜 이런다냐. …… 당최 나잇값도 못 하구 악담이나 하다니."

_2010년 5월 26일, 〈딴지일보〉

손책이 아버지 손견을 생각하며 눈물지었던 것처럼 안희정은 돌아가신 노무현 대통령을 보내지 못했다. 안희정의 정치 인생에서 노무현은 아버지 같은 존재였다. 1992년, 안희정의 나이 27세 때 14대 총선에서 낙선한 노무현을 도우면서 줄곧 그와 함께했다. 2002년에는 노무현 대선 후보 캠프에서 정무팀장을 맡으면서 노무현 대통령 당선에 크게 기여했다. 이듬해 12월, 불법 대선자금을 받은 혐의로 구속기소되어 징역 1년을 선고받았다. 형량을 모두 채우고 출소한 후, 그는 참여정부에 짐이 되기 싫다며 공직에 나서지 않았다. 대선자금 혐의가 그의 흠결이라 할 수 있겠다.

그러나 그에게는 아무나 가지기 어렵고, 지키기 어려운 '신의'가 있다. 국회의원이나 공직자가 자리를 잃으면 그들의 집 앞은 '문전성시門

前成市'에서 '문전작라門前雀羅'가 되어버리는 게 현실인데 안희정은 실패를 거듭하는 정치인 노무현의 곁을 떠나지 않았기 때문이다. 오랫동안 함께 있었으니 그에게는 강한 의지력이 있다. 노무현의 가능성을 알고 있었으니 그에게는 사람을 알아보는 눈도 있다고 하겠다. 안희정은 이런 강점을 지니고 있다. 분명 자신의 공부와 삶의 경험을 통해 얻고 터득한 것이겠지만, 이것이 제대로 발휘되도록 한 사람은 노무현이라고 해도 과언이 아닐 것이다. 이렇듯 안희정과 노무현은 서로 떼어놓을 수 없는 관계가 되었다. 그런 노무현이 세상을 떠났다. 며칠 동안 식음을 전폐하고 울면서 안희정은 과연 무슨 생각을 했을까. 그는 44세에 아버지 같은 노무현을 영원히 떠나보내야 했다.

2010년이 되었다. 안희정은 제36대 충청남도 도지사가 되었다. 그 전까지 대중에게 알려질 만큼 굵직한 자리에 앉아보지 못했고, 지역에서 강력한 지지 기반도 없었기 때문에 안희정의 당선 가능성은 높지 않았다. 그런 그를 독립시켜준 전국옥새는 무엇이었나. 표면적으로는 이명박의 세종시 수정안에 대한 충청남도 도민의 반발을 잘 이용한 안희정의 전략이겠다. 그러나 노무현 서거 1주기를 즈음해서 전국에 잠재되어 있던 추모 열기가 그를 독립시켜준 전국옥새였을 수도 있으리라. 실제로 2010년 지방선거의 키워드 중 하나가 '친노의 부활'이었다. 안희정은 2.4퍼센트라는 근소한 차이로 자유선진당 후보를 누르고 천신만고 끝에 우리나라의 '강동'이라 할 수 있는 충청남도를 차지했다.

그로부터 3년이 지난 지금, 안희정은 전국옥새 없이 충남 지역을 완전히 장악하려 하고 있다. 3년 동안 그는 어떻게 자신의 기반을 다졌는가. '행정도시 원안 추진', '4대강 사업 재검토 정부 건의', '충남교육발전협의회 운영', '항만물류 전담부서 설치' 등 자신이 공약한 사항을 완료하거나 계속 추진하고 있으며, 지역의 반응도 괜찮은 편이다. 지금의 추세라면 안희정의 상대로 누가 나서더라도 그를 쉽게 이기지 못할 것이다.

그렇다고 해서 안희정이 압도적으로 승리하기도 어려울 것으로 예상한다. 그는 아직 충남 지역을 완전히 장악하지 못했다. 충남은 원래 보수 세력이 강세를 보이는 지역이므로 새누리당에서 강력한 경쟁자를 내보낼 경우 힘겨운 승부가 될 것이다. 현재의 높은 지지율을 그가 믿지도 않겠지만, 여기에 안심하면 패배할 수도 있다.

안희정의 진정한 승부는 2014년 이후에 시작될 것이다. 이번 선거에서 승리하여 충남을 완전히 장악하게 되면, 충남이라는 지역의 특성으로 인해 그는 2017년 대선 국면에서 가장 강력한 야권 후보 중 한 사람으로 성장해 있을 것이다.

"정신적으로 김대중, 노무현 전 대통령의 뒤를 잇는 장자라는 자부심이 있다. …… 집안을 이어나가는 맏이가 되겠다는 포부가 있다.

…… 한국의 낡은 정치와 민주당의 어려움을 극복하고 싶다. ……
아직은 힘이 부족하지만 많이 단련하고 정책 비전을 내놓아 도민들
로부터 여야를 가리지 않고 훌륭한 정치인으로 꼽힐 수 있도록 노
력할 것이다."

_2013년 12월 17일, 송년 기자회견

현재까지 안희정의 삶의 궤적은 손책과 닮아 있다. 자신감 있는 말
투, 몸에서 우러나오는 힘찬 기운, 민주 진영의 맏아들이라는 강한
자부심은 젊은 시절의 손책을 떠올리게 한다. 충청남도를 넘어 야권
의 전국적인 지지를 받을 만한 자격이 있고, 가능성이 충분한 사람
이다.

그러나 잊어서는 안 될 점이 있다. 손책은 자신이 강동을 석권하자
황실에 높은 벼슬을 요구했다. 욕심이 생긴 것이다. 그러다가 상대도
아닌 자기 지역의 사람에게 불의의 일격을 받아 죽었다. 마찬가지다.
안희정 역시 충남을 차지해서 튼실한 기반을 가지게 되더라도 욕심을
부리면 도지사에서 정치 생명이 끝날 수 있다는 점을 잊지 말아야 할
것이다. 끊임없이 자신을 낮추면서 정국의 움직임을 예의주시하되, 지
역에서 지지 기반을 다지는 데 주력해야 한다. 충남을 가지는 순간부
터 보수 세력은 안희정을 집중 견제할 것이다. 여러 가지 방법으로 흔
들 것인데, 일일이 대응하지 말고 지역의 일에 집중하면서 상대하지

손책 : 안희정 _____ 191

않는 것이 상책이 아닌가 한다.

> 나에게도 분노가 있다. …… '미안해하지 마라. 누구도 원망하지 마라'라는 노무현 대통령의 마지막 메시지도 결국 '분노를 넘어서달라'라는 의미로 이해하고 있다. 분노와 미움이 더 이상 우리 안에 자리를 잡지 못하게 하는 것, 그것이 바로 더 좋은 민주주의다.
>
> _안희정, 『산다는 것은 끊임없는 시작입니다』, 위즈덤하우스, 2013

자, 이제 그렇다는 것을 실제로 보여주어야 한다. 안희정이 진정으로 노무현을 떠나보냈다면 보수와 진보 양 진영에서 노무현을 아프게 비판하고 공격하더라도 '분노'하지 말아야 한다. 스스로 '대권'을 입에 올린 적이 없으니 앞으로도 그 태도를 유지해야 한다.

기회는 일이 익을 만큼 익었을 때 찾아온다. 안희정이 손책을 넘어 손권이 되고, 더 나아가 천하를 제패하려면 외부로 눈을 돌리지 말고 몸을 낮춘 채 기다리는 것이 상책이라고 본다. 자연스레 대중들이 그를 원하는 날이 올 것이다. 지금까지 안희정은 모든 면에서 잘하고 있다.

아쉬운 점도 있다. 한미 FTA와 제주 해군기지 문제에 대해서는 현 정권과 유사한 시각을 보인다는 점, 신자유주의 정책이 여전히 필요하다고 생각하는 점은 진보 진영에서 결코 환영할 수 없는 일이다. 실제로 이런 측면 때문에 안희정을 비판하는 사람도 꽤 있다. 안희정 스스로 깊이 생각해볼 문제가 아닐까 한다. 다소 날카로워 보이는 인상이 마음에 걸리긴 하지만, 시간이 흐르면서 점차 부드러워질 것이라 믿는다.

안희정, 앞으로 넘어야 할 산이 많다. 잘 극복해서 천하를 제패할 수 있는 진정한 민주 진영의 맏아들로 성장해주길 기대한다.

|

손학규
재주는 뛰어나지만 한계도 명확하다

제갈량의 후계자

|

제갈량은 지금까지 많은 사람들의 사랑을 받고 있는 명문장 '출사표'를 쓰고 위나라 공격에 나섰다. 칠십이 넘은 노장 조자룡을 선봉으로 삼고, 30만 대군을 거느리고 위나라를 향해 진군했다. 서촉에서 위나라까지는 거리가 멀었으므로 보급선이 길다는 문제가 있었다. 제갈량은 이 점을 알고 속전속결로 승부를 내려 했다.

역시 조자룡이었다. 조자룡은 첫번째 출전에서 위나라 장수 다섯 명을 베어버렸고, 제갈량은 꾀를 써서 위나라의 부마를 사로잡았다. 기세를 탄 촉한의 군대는 파죽지세로 북상하여 위나라의 천수성 근처에 진을 쳤다. 제갈량은 천수태수에게 위나라 부마 이름으로 거짓 편지를 써서 위나라 군대를 성 밖으로 유인하려 했다. 모두 그 편지에 속아서 군대를 출동시키기로 결정했다.

"태수께서는 제갈량의 꾀에 속지 마십시오."

사람들이 일제히 고개를 돌려보니 중랑장 강유姜維였다.

"소문을 들으니 부마는 포위당했다고 합니다. 그런 상황에서 어떻게 사람을 보낼 수 있겠습니까. 게다가 그 심부름꾼은 공문 한 장도 가져오지 않았습니다. 지금 우리가 군대를 이끌고 나간다면 제갈량은 그 틈을 타서 이곳을 점령할 것입니다."

강유는 제갈량의 작전을 역으로 이용했다. 천수태수는 군대를 출동시켰다가 촉한의 군사가 성을 점령할 즈음에 다시 군대를 돌려서 성으로 돌아오게 하고, 강유는 3천 명을 거느리고 매복을 했다. 작전이 간파당한 것을 몰랐던 촉한의 군대는 위나라 군대가 성문을 열고 나오는 것을 보고 계획대로 천수성을 공격했다. 이때 멀리 가지 않았던 태수의 군대와 강유의 복병이 동시에 일어나서 촉한의 군대를 포위했다. 촉한군은 크게 졌다. 이 싸움의 선봉은 역시 조자룡이었다. 촉한군의 사기가 떨어졌음은 물론이고, 제갈량은 크게 당황했다. 도대체 어떤 사람이 내 작전을 역으로 이용했다는 말인가. 얼마 후 그 주인공이 강유인 줄 알게 되었다.

제갈량은 강유를 직접 눈으로 보고 싶었다. 스스로 대군을 이끌고 천수성으로 진격했다. 제갈량은 전력을 다해 성을 공격하라고 명령했지만, 위나라 군사의 저항이 생각보다 강해서 성을 쉽게 함락시키지 못했다.

날이 저물었다. 갑자기 사방에 횃불이 오르고 북과 꽹과리 소리가 들려오기 시작했다. 위나라의 역습이 시작된 것이다. 이 모든 게 강유의 작전이었다. 강유는 이미 성 밖에 나와서 매복을 하고 있다가 밤이 되기를 기다려, 성에 집중하고 있는 촉한군의 배후를 쳤다. 강유의 부대를 살펴본 제갈량은 탄식했다.

"숫자만 많다고 좋은 게 아니었구나. 어떤 사람이 지휘하느냐에 달린 것이지. 강유는 정말 대단한 사람이다."

제갈량은 급히 후퇴했다. 그러고는 한 가지 꾀를 냈다. 강유의 어머니가 있는 곳으로 군대를 보낸 다음, 강유를 그곳으로 유인해서 포위한다. 이후 천수성에는 강유가 촉한군에 항복했다는 소문을 퍼뜨리고, 야간에 가짜 강유를 내세워 천수성을 공격한다. 이렇게 되면 위나라 군대는 강유가 정말 항복했다고 믿을 것이다. 이후 강유가 있는 곳을 공격해서 강유를 천수성으로 후퇴하도록 한다. 이렇게 되면 천수성에서는 강유를 받아주지 않을 것이다.

이 작전은 그대로 들어맞았다. 강유는 대군의 공격을 받고 천수성으로 후퇴했다. 성문을 열어달라고 하자, 대답 대신 화살이 날아왔다. 제갈량이 소리쳤다.

"강유 장군! 항복하지 않으시겠소?"

오갈 데가 없어진 강유는 말에서 내려 제갈량에게 항복했다. 제갈량이 말했다.

"내가 세상으로 나온 이후로 내 병법을 전수할 사람을 찾고 있었는데, 그런 기량을 가진 사람이 없었습니다. 이제 강유 장군을 만나서 내 소원을 이루었습니다."

이렇게 강유는 제갈량의 후계자가 되었다. 강유는 무예가 뛰어났고, 강직한 성품을 지녔다. 촉한의 황제 앞에서 권력을 휘두르는 환관을 대놓고 꾸짖기도 했다. 이 일로 환관들은 강유에게 원한을 품었다. 강유는 제갈량이 죽은 후에 수차례 위나라를 공격했지만, 성공할 만하면 조정에서 환관들이 농간을 부려서 회군을 종용하는 바람에 끝내 뜻을 이루지 못했다. 게다가 촉한은 제갈량이 죽은 뒤 국력이 점점 약해졌다.

강유는 홀로 분투했지만 기울어진 대세를 뒤집지는 못했다. 촉한의 황제가 위나라에 항복하자 자신은 거짓으로 항복해서 뒷날을 도모하려 하다가 실패하고 스스로 목을 찔러 죽었다.

강유, 출중한 능력을 지니고도 주변에 사람이 없고, 기반이 약해서 뜻을 이루지 못한 비운의 영웅이었다.

손학규는 강유다

손학규라면 새누리당 후보와 한번 싸워볼 만하다고 생각한다. 손학규의 별명은 '손학새'다. 다소 억울할 수 있겠지만, 그만큼 명성이 높기 때문에 붙여진 별명이다. 다시 둥지를 옮기면 철새 이미지가 더욱 부각될 것이다. 강유처럼 스스로 목을 찌르지 않기를 바란다.

도지사는 가능, 대권 도전은 불가능

|

선거철이 되면 당적을 바꾸는 정치인이 제법 많이 나온다. 사람들은 이런 정치인을 '철새'라 부르면서 비웃는다. 철새의 대표는 단연 이인제라 할 수 있다. 그는 열세 번이나 당적을 바꿨다. 그에 비해 당적을 한 번 바꿨는데도 이인제만큼 주목받는 정치인이 있다. 바로 손학규다. 손학규는 현재 민주당 상임고문이다. 그러나 그의 원래 당적은 민주당이 아니었다. 그렇다고 보수 세력에 소속되어 있지도 않았다. 그는 원래 골수 운동권이었다.

손학규는 고등학교 3학년 때 박정희가 밀어붙인 '한일협정' 반대 투쟁에 나섰으며, 대학에 들어가서도 투쟁을 계속했다. 대학교 2학년 때에는 삼성의 계열사인 한국비료공업의 사카린 밀수사건을 규탄하는 시위에 참여했다가 무기정학을 받았다. 무기정학 기간에는 탄광에서 일을 했으며 정학이 풀리자 『전태일 평전』의 저자 조영래, 민주화운동의 대부 김근태와 함께 학생운동을 주도했다. 군에 다녀온 후에는 황석영과 함께 노동운동을 벌이다가 1년 징역살이를 했으며, 1979년에 그 유명한 부마항쟁에 가담했다가 검거되어 48시간 동안 얻어맞아 죽기 직전이었는데 박정희가 죽어서 풀려났다고 한다. 이런 사람이 왜 민주화운동을 탄압하던 수구 보수 세력에 가담했는가.

"민주자유당을 개혁 추진 세력으로 만들기 위해 미력이나마 최선을 다하겠습니다. 행여 우려되는 수구 세력의 반발을 극복하고 개혁정책이 결실을 맺을 수 있도록 노력할 생각입니다."

_이동형, 『와주테이의 박쥐들』, 왕의서재, 224쪽

1993년, 재야에 있던 손학규는 민자당에 입당하면서 이렇게 호언장담했다. 하지만 그는 자신의 말을 실행하지 못했다. 1996년에 5·18을 국가기념일로 지정하자는 이야기를 하기도 했지만, 자신의 역량을 대부분 민주 진영을 공격하는 데 쏟았다. 손학규는 노무현 대통령의 재임 시절 '경제를 포기한 대통령(경포대)', '산송장'이라고 말했고(이후 봉하마을 묘소에 가서 참회의 말을 하기는 했다), 2006년 11월 9일에는 '뉴라이트 창립 1주년 기념식'에 참석해서 축사를 하기도 했다.

"존경하는 뉴라이트 전국연합 회원 여러분! 여러분들은 지난 1년 동안 한나라당의 미래를 앞에서 인도해주셨습니다. 대단히 감사합니다. 무능한 좌파라고 주장할 수밖에 없는 이 정권은 이렇게 부지런하고, 이렇게 슬기롭고, 이렇게 열정에 차 있는 우리 대한민국 국민들을 좌절 속에 패배의식 속에 몰아넣었습니다."

_이동형, 『와주테이의 박쥐들』, 226쪽

강유가 천하의 제갈량을 궁지로 몰았던 것처럼 손학규는 진보 진영을 비난하고 보수 진영을 두둔했다. 손학규는 보수 진영을 개혁하려 했다가 도리어 거기에 물들어버렸다. 민주화운동을 했던 경력은 이같은 그의 언행과 함께 물거품이 되었다.

손학규는 1993년 김영삼, 김종필, 노태우가 더러운 밀실야합을 해서 만든 민자당에 입당하여, 그해 경기도 광명시 보궐선거에서 당선되면서 정치 인생을 시작했다. 이후 1996년 15대 총선에서 신한국당 후보로 출마하여 당선됐다. 1997년에는 보건복지부 장관을 지냈으며, 2000년 16대 총선에서 한나라당 소속으로 당선, 3선 의원이 되었다. 2002년에는 한나라당 소속으로 경기 도지사에 출마하여 58.4퍼센트라는 높은 득표율로 당선됐다. 보수 세력에서 3선 의원에 도지사까지 했고, 장관까지 지냈으니 경력으로만 보면 대권 후보로도 손색이 없는 사람이었다. 그는 보수 세력의 강력한 영웅이었다.

좋은 재주를 가지고도 위나라 진영에서 큰 두각을 나타내지 못했던 강유처럼 손학규는 한나라당에서 더 성장하지 못했다. 마침내 그는 한나라당을 버리고 2007년 대통합민주신당으로 당적을 바꿨다. 민주당의 처지에서는 손학규 같은 거물이 제 발로 걸어 들어오는 것을 막을 이유가 없었다. 손학규는 이듬해 대통합민주신당의 대표가 되었다.

"우리가 새로운 시대에 걸맞은 새로운 진보 세력, 새로운 정책 야당으로 거듭날 때, 국민을 위한 정치를 할 준비가 되어 있을 때, 비로소 국민들은 우리를 지지해주실 것이라고 믿기 때문입니다. 우리의 변화된 모습을 국민들께 보여드리면서 대안정당, 수권정당으로서 준비를 해놓고 다시 한 번 기회를 주십사 국민들께 청해야 할 것입니다. …… 자기희생을 각오하지 않는 쇄신은 공허한 말장난에 불과할 것입니다. 우리 대통합민주신당이 새로운 진보, 새로운 야당, 유능한 정책 야당이 될 때 비로소 쇄신은 이뤄지는 것입니다."

_2008년 1월 11일, 대통합민주신당 대표 취임사

손학규는 이렇듯 비장한 각오를 보이며 총선을 이끌었지만, 한나라당에게 크게 졌다. 2008년 7월 그는 당대표에서 물러났다. 2010년 민주당의 대표가 되었고, 2011년 4월 27일 분당(을) 지역 국회의원 보궐선거에 출마하여 당선되었다. 분당은 한나라당이 강세를 보이는 곳이기에 이곳을 차지했다는 점은 높이 평가할 만하다.

손학규는 2012년 민주당 대선 후보 경선에서 '저녁이 있는 삶'이라는 말을 유행시켰다. 그 자신 머리가 좋고, 일처리도 합리적이며, 주위에 괜찮은 사람들이 포진해 있는 듯하다. 그의 이력에도 불구하고 민주당의 처지에선 꽤 괜찮은 사람을 얻었다고 봐야 한다. 손학규 자신도 민주당 대선 후보 경선을 거치면서 철새 이미지에서 많이 벗어난 것으로 보인다. 그러나 결정적인 순간에 역시 이 이력 때문에 고생을 할 것이다.

아쉬운 점은 2013년 경기 화성시 국회의원 보궐선거에 출마하지 않은 것이다. 결과에 관계없이 보궐선거에 나섰더라면 좋지 않았나 싶다. 졌을 때 입을 타격과 자신의 명성을 계산했겠지만, 민주 진영을 위해 희생하는 모습을 보임으로써 오히려 이미지 제고에는 도움이 되지 않았을까?

안철수와 연합해서 신당을 창당하기로 했다지만 민주당이 지금과 같은 모습을 보인다면 2014년 6월 지방선거에서 크게 질 것으로 짐작한다. 그래도 손학규라면 새누리당 후보와 한번 싸워볼 만하다고 생각한다. 야권 단일 후보로 떠오른 김상곤과 비교하더라도 경력으로 봐선 결코 손색이 없는 사람이다. 손학규의 별명은 '손학새'다. 손학규 처지에서는 다소 억울할 수 있겠지만, 그만큼 명성이 높기 때문에 붙여진 별명이라 하겠다. 만의 하나 다시 보수 진영으로 돌아간다면 그동안 상쇄되었던 철새 이미지가 다시 부각될 것이고, 그 선택은 강유처럼 스스로 목을 찌른 것과 같은 결과를 불러올 것이다.

그는 어떤 선택을 할 것인가. 선택에 관계없이 손학규는 대권까지 노리기에는 부족한 사람이며, 도지사가 그가 올라갈 수 있는 최고의 자리일 것이다.

김문수
앞잡이의 대명사

악행을 저지르고도 벌 받지 않은 돌연변이

손권과 유비 연합군은 적벽에서 조조의 군대를 크게 이겼다. 그전에 만약 연합군이 승리하면 손권이 형주 땅을 가지기로 약속했다. 그런데 유비가 형주 땅을 차지해버렸다. 손권은 유비가 괘씸해서 공격하려 했지만, 조조가 그 틈을 타서 공격해올까 봐 이러지도 저러지도 못하고 있었다. 손권의 모사 고옹이 말했다.

"우리와 유비가 친하지 않은 것을 알면 조조가 유비와 손을 잡고 우리를 칠 것입니다. 유비도 조조 편에 붙기 십상이죠. 오히려 조조 쪽에 사신을 보내서 유비를 형주의 주인으로 추천해서 우리와 친하다는 걸 보여줘서 조조를 움직이지 못하게 하고, 유비도 일단 안심을 시켜놓은 다음 천천히 조조와 유비를 이간질해야 할 것입니다."

"그럼 누구를 보내면 좋겠소?"

"조조가 평소에 좋아하는 사람이 있습니다. 이 사람을 보내시지요."

화흠 華歆은 이렇게 사신이 되어 조조의 진영으로 가게 되었다. 역시 조조에게는 뛰어난 참모가 많았다. 손권의 작전을 훤히 꿰고 있었다. 조조는 화흠에게 큰 벼슬을 주어 조정에 머물게 하고, 손권의 부하 주유와 정보에게 형주 지역의 태수 벼슬을 내려주었다. 손권에게 인심을 얻은 다음, 손권과 유비를 싸우게 할 생각이었다(나중에 이 작전은 주효했다).

그런데 여기에서 가장 큰 이득을 본 사람은 화흠이었다. 화흠은 죽을 때까지 손권에게 돌아가지 않았다. 눌러앉아서 조조의 부하가 되어버렸다. 이것 하나만으로도 화흠의 인간성이 어떤지 알 수 있겠다.

조조의 위세는 황제를 능가했다. 스스로 위공 魏公의 자리에 올라 권세를 누렸다. 내친 김에 조조는 황제 자리까지 넘보게 되었다. 이 소문은 황제의 귀에 들어갔다. 황제는 눈물을 지으며 탄식했다. 옆에 있던 황후가 말했다.

"저의 아버지 복완은 조조를 죽여 나라에 충성하려는 마음을 지니고 있습니다. 제가 아버지한테 편지를 보내서 조조를 죽이라고 하겠습니다."

"예전에 전 황후는 이런 일을 꾸미다가 죽었어요. 이 일이 탄로 나면 우리 둘 다 죽을 겁니다. 조심하시오."

황후는 편지를 써서 복완에게 보냈다. 복완은 '유비와 손권을 시켜 조조를 공격하게 하고, 조조가 자리를 비운 틈을 타서 수도를 장악하겠다'는 내용의 답장을 보내왔다. 그런데 편지를 갖고 오던 환관이 조조에게 붙잡혔다.

편지를 읽은 조조는 분노했다. 3천 명의 군사를 보내서 복완의 집을 습격하여 집안사람들을 모두 감옥에 가둔 뒤에 집 안을 수색하도록 했다. 황후의 친필 편지가 나왔다. 조조는 황후를 죽이기로 결심했다.

"황후는 어디 있느냐!"

화흠은 궁녀에게 칼을 들이댔다. 그러나 황후가 이미 피신한 것을 알고 있는 궁녀들은 입을 다물었다. 화흠은 모르겠다고 대답하는 궁녀 몇 명의 목을 베고, 신발도 벗지 않은 채 이 방 저 방을 뒤지고 다녔다. 그러던 중 조그만 방이 눈에 들어왔다. 안에서 문이 잠겨 있었다.

"문을 부숴라!"

황후가 숨어 있었다. 화흠은 황후의 머리채를 잡아채고 질질 끌고 나왔다.

"제발 목숨만 살려주세요."
"가서 위공께 빌어! 나는 너를 살릴 권한이 없다!"

화흠은 황후한테 '너'라는 말도 거리낌 없이 내뱉었다. 황후가 잡혀 가는 걸 본 황제가 뛰어나와서 통곡했다. 둘은 껴안고 울면서 떨어질 줄 몰랐다. 화흠은 황제한테도 큰 소리를 쳤다.

"위공이 아시면 큰일 나오! 어서 떨어지시오!"

황후는 조조 앞으로 끌려갔다. 조조가 앙칼지게 소리쳤다.

"끌어내서 죽여버려라!"

조조도 그렇지만, 화흠 이 사람 참 못된 놈이다. 화흠은 원래 재주 있기로 소문난 선비였다. 관녕이라는 선비와 친했는데 사람들은 화흠 을 용의 머리라 했고, 관녕을 용의 꼬리라 하면서 칭찬했다.

하루는 관녕과 화흠이 채소밭을 갈고 있었다. 호미 끝에 금덩이가 걸렸는데 관녕은 무시하고 밭을 갈았고, 화흠은 한 번 집어본 뒤에 버렸다. 욕심을 완전히 끊지 못한 것이다. 이건 그나마 괜찮다. 하루는 둘이 글을 읽는데 집 밖으로 높은 벼슬아치의 행차가 지나갔다. 관녕은 동요 없이 책을 읽었지만, 화흠은 밖에 나가서 행차를 구경하고 돌아왔다. 관녕은 화흠의 이런 모습을 보고 다시는 만나지 않았다고 한다. 손권의 부하였다가 조조에게 넘어간 것으로도 모자라, 조조에게 잘 보이기 위해 개처럼 굴었던 것이 다 이유가 있었다.

화흠은 선비의 공부를 하고도 개처럼 살았던 간신배였다. 화흠은 죽기 전까지 나쁜 짓을 많이 했다. 한나라 황제를 협박해서 조조의 아들 조비에게 천하를 양보한다는 조서를 쓰게 했고, 조비의 황제 즉위식을 진두지휘했다. 이 사람의 말로는 어땠을까? 높은 벼슬을 하다가 병이 들어 곱게 죽었다. 못된 짓을 하고도 화흠처럼 가끔씩 벌을 받지 않는 경우도 있다. 아주 가끔인 것이 그나마 다행이다.

김문수는 화흘이다

자신의 신념을 손바닥 뒤집듯 하고 말을 함부로 내뱉는 사람을 국민들이 대선 후보로 선택해
줄 리 없다. 정치인으로서 자신의 삶을 돌아봐야 할 사람이다.

만족하고 그만두기를 바라노라

'그래, 혁명을 통해서만 만인이 평등하고 행복한 세상을 만들 수 있는 건 아니지. 정치를 통해 이 땅에서 소외된 사람들을 위해 일하면 되는 거야. …… 세상이 바뀌었잖아. 더 이상 독재정권이 아니야. 김영삼이나 김대중이나 우리가 가려고 했던 길과 다르지 않다고 생각해. 그리고 우리 정치도 이제 그들을 뛰어넘어 깨끗하고 선진화된 새로운 정치로 거듭나야 하지 않을까?'

_이동형, 『와주테이의 박쥐들』, 50쪽

이런 멋진 생각을 하면서 운동권의 전설로 불리던 김문수는 1994년 김영삼, 김종필, 노태우가 더러운 밀실야합을 통해 기형적으로 탄생시킨 민자당에 입당했다. 김문수의 운동 경력을 보면 그가 전설로 불렸던 이유를 알 수 있다. 그의 운동 경력을 나열해보겠다.

1971년, 서울대 재학 시절 부정부패척결 전국학생 시위로 제적
1974년, 180여 명이 불온세력의 조종을 받아 국가를 전복하고 공산정권을 세우려 했다는 이른바 '전국민주청년학생총연맹(민청학련) 사건'에 연루되어 다시 제적
1978년, 전국금속노동조합 한일도루코 노조위원장

1980년, 구로동맹파업에 참여했다가 체포되어 남영동 대공분실에서 모진 고문을 받음

1984년, 한국노동자복지협의회 부위원장

1985년, 전태일 기념사업회 사무국장

1986년, 인천시 5·3직선제 개헌 투쟁 주도 혐의로 구속되어 고문을 받고 2년 6개월을 선고받고 복역 중 특별사면으로 풀려남

1990년, 민중당 구로갑 지구당 위원장

자잘한 것을 빼고 굵직한 것만 나열해도 이만큼이다. 이 정도면 지금쯤 진보 진영의 상징이 되었어도 모자랄 판인데, 김문수는 현재 새누리당의 당적을 갖고 경기 도지사에 재직 중이다.

김문수는 진보 진영에서 이루지 못한 벼슬아치의 꿈을 전향을 통해 이루어냈다. 부천에서 국회의원 3선을 했고, 경기 도지사는 재선에 성공했다. 경력으로만 보면 대권을 노릴 수 있는 사람이다. 김문수는 진보, 보수 양 진영에서 모두 성공한 훌륭한 정치인이다. 역사에 길이 남을 인물이다.

『삼국지』의 화흠이 천고의 간신이라 욕을 먹는 것은 그가 손권을 배신하고 조조에게 갔기 때문만은 아니다. 조조 진영에서 악행을 저질렀고, 끝까지 뉘우칠 줄 몰랐기 때문이다. 김문수도 마찬가지다. 자신의 신념이 잘못되었음을 알고 보수 진영으로 넘어간 것은 어디까지나 그의 소신이라고 한 발짝 양보해줄 수도 있다. 사람에게는 최소한

지켜야 할 양심이라는 것이 있다. 김문수는 보수 진영으로 넘어간 후이 최소한의 양심마저 저버렸다.

김문수의 첫번째 '업적'은 자신이 몸담았던 노동계를 풍비박산 내는 '노동관계법 개정안' 날치기 통과에 가담한 것이다. 1996년 새벽 신한 국당 의원들은 국회 본회의장으로 이동해서 단 7분 만에 이 법을 통과시켰다. 이 법에는 변형근로제, 정리해고제, 파견근로제, 노조의 정치 활동 금지 등 각종 독소 조항이 포함되어 있었다.

한번 물꼬가 트이자 이후에는 거칠 것이 없었다. 김문수는 그전과는 아예 다른 사람이 되기 시작했다. 보수 진영에서조차 차마 부끄러워서 하지 못할 말들을 내뱉었다. 품격은 애당초 기대하기도 힘들다.

"(미군의 장갑차에 깔려 죽은 효순, 미선 양 사건에 대해) 도로가 좁아서 난 사건이다."

_2006년 5월

"군사시설은 군사 보호지역이 늘어나는 혐오 시설이기 때문에 주민들이 받기를 원치 않는다."

_2007년 1월

"미국산 수입 쇠고기보다 우리나라 개고기가 더 위험하다."

_2008년 5월

"만약 우리 대한민국이 일제 식민지가 되지 않았다면, 그리고 분단이 안 되고 통일이 됐었다면 그리고 전쟁이 일어나지 않았다면 과연 오늘의 대한민국이 있었을까? 저는 없었을 거라고 생각합니다."

_2009년 1월

"민주주의가 배고픈 사람에게 밥을 주지 않는다. 일자리가 이빨 까는 게 다가 아니다. 노래도 소녀시대다. 내가 봐도 잘생겼다. 쭉쭉빵빵이다."

_2010년 10월

"춘향전이 뭔가? 변사또가 춘향이 따먹으려고 하는 것 아니냐?"

_2011년 6월

"박정희 전 대통령도 결국 총 맞아 죽었고, 그 부인도 총 맞아 죽었고, 노 전 대통령도 스스로 바위에서 떨어져 죽었다. 언론 보도를 보면 이 대통령도 징조가 굉장히 좋지 않다."

_2011년 9월

"제주 도지사와의 대화 중 4대강에 반대하는 신부 두 명이 삭발했다. 신부가 삭발하면 절에 가야지. 신부님들이 세다."

_2011년 10월

앞뒤 말을 잘라서 악의적으로 편집했다고 말해도 좋다. 맥락을 떠나 공직자는 저런 말을 함부로 입 밖에 내면 안 된다. 김문수를 지지하는 사람들은 그래도 김문수가 일 잘하고 청렴하다고 말한다. 이런 말을 듣고도 그를 두둔한다면 과연 사람인지 아닌지부터 가려봐야 하겠다. 남한테 사기를 쳐서 그 사람이 목숨을 잃어도 나한테 돈이 들어오면 그만이고, 친구를 괴롭히고 다른 사람에게 버르장머리 없이 굴어도 내 아이 공부만 잘하면 된다는 사고방식을 지녔다면 당당하게 김문수를 두둔해도 좋다. 우리가 지금 이렇게 숨 쉬고 사는 것이 모두 일본이 우리를 지배했기 때문이며, 한국전쟁이 일어나서 사람이 죽어나갔기 때문이라고 생각한다면 김문수를 차기 대통령으로 추대해도 무방하다.

극과 극은 통한다는 말이 있다. 그럼에도 김문수는 그 정도가 정말 지나친 사람이다. 도대체 왜 이러는 것일까. 자신의 좌파 경력을 덮어야 하기 때문이다. 김문수는 현재 보수 진영의 사람이지만, 보수의 길을 꾸준히 걸어온 사람의 눈으로 보면 '굴러온 돌'일 뿐이다. 한번 배신을 해본 사람은 다시 배신할 가능성이 높다. 아무래도 보수를 지지하는 사람들에게 김문수의 운동권 이력은 감점 요인으로 작용할 수밖에 없다. 그렇기 때문에 김문수는 좀 무리해서라도 '나는 그렇지 않다'는 것을 보여주기 위해 필사적이다. 이 시도는 현재까지는 일단 성공한 것으로 보인다. 입만 열면 이승만과 박정희를 찬양하고, 노동계

를 짓밟는 말만 골라서 해왔기 때문에 그의 원죄는 거의 가려질 지경
에 이르렀다.

"오래전부터 단체장은 재선이 적합하다는 생각을 하고 있었다. ……
지난 대선 경선에서 박근혜 대통령과 한번 겨뤄봤는데 패배했다. 다
음이 있다면 최선을 다하겠다."

_2014년 1월 15일, 〈JTBC 뉴스 9〉

드디어 김문수는 올해 지방선거를 앞두고 불출마를 선언하고 다음
대선에 나서겠다고 밝혔다. 올해 나이 63세이니 한번 해봄직한 소리
다. 이번에 경기 도지사에 당선되고, 대선을 준비하면 나이가 일흔에
육박하게 되고, 도지사직과 후보 노릇을 동시에 해야 하니 여러모로
어려움이 많을 것이다. 특히 도지사직을 수행하게 되면 자신의 기반
을 다질 시간을 잃게 되므로, 새누리당 입장에서는 당장 경쟁력 있는
도지사 후보를 물색해야 하는 어려움이 있겠지만, 김문수에게는 크게
손해 볼 일이 없다.

그러나 아무리 보수 진영이 썩었다고 해도 자신의 신념을 손바닥 뒤
집듯 하고 말을 함부로 내뱉는 사람을 대선 후보로 선택해줄 리가 없
다. 앞으로 좀 더 지켜봐야 하겠지만, 김무성과 정몽준 등 탄탄한 기
반을 가진 사람들과 경쟁하는 것도 쉽지는 않을 것이고, 결정적인 순
간에 그의 운동권 이력이 발목을 잡을 것이다. 김문수는 도지사 3선

에 도전했어야 한다. 만약 이번에 새누리당 후보가 경기 도지사 선거에서 낙선하면 책임을 묻는 화살이 엉뚱하게 김문수를 향할 가능성이 있다.

경우는 다르지만, 민주당의 김두관이 도지사직을 버리고 대선 경선에 나섰다가 패배한 후 모든 욕을 혼자 얻어먹으며 재기불능이 되어 버린 일을 타산지석으로 삼을 필요가 있다. 화흠은 그나마 만족할 줄 알아서 천수를 다했다. 김문수는 그렇지 못하고 자신의 의지만 믿고 욕심을 내다가 그동안 앞잡이 간신 노릇을 저지른 대가를 톡톡히 치를 가능성이 크다. 악행을 저지르고 벌을 받지 않는 경우는 정말 드물다. 어떤 식으로든 민중을 배신하고 짓밟은 벌을 받을 것이다.

김문수의 발언은 『와주테이의 박쥐들』에서 인용했습니다. 저자 이동형 님께 감사의 마음을 전합니다.

【공손찬은 김두관이다】

김두관
우리들의 어리석은 영웅

골목대장 백마장군

원소와 공손찬公孫瓚이 기주 땅을 놓고 싸울 때였다. 원소 군대의 선봉장은 맹장 문추였다. 공손찬은 문추가 나오는 것을 보고 자신이 직접 상대했다. 역시 문추였다. 창을 몇 번 교환하지도 않았는데 공손찬이 밀리기 시작했다. 공손찬은 말을 돌려 도망가기 시작했다. 문추는 뒤를 쫓았고, 도망가던 공손찬은 말에서 떨어졌다.

"문추는 함부로 창을 쓰지 마라!"

소년 장수가 목숨이 경각에 달린 공손찬을 구해냈다.

"저는 조자룡이라 합니다. 원소의 지역에 있었지만 이 사람은 나라
에 충성하고, 백성을 구하려는 마음이 없으므로 장군께 왔습니다."

공손찬은 천하의 명장 조자룡을 부하로 두게 되었다. 다음 날 공손
찬은 보병과 기병을 두 개의 진으로 편성했다. 공손찬의 군대는 기병
이 강했는데, 이중 5천 필은 모두 백마였다. 공손찬은 예전에 국경 지
역에서 이민족들과 싸울 때 선봉에 항상 백마를 세웠다. 덕분에 공손
찬에게는 '백마장군'이라는 별칭이 생겼다.

공손찬은 조자룡의 무예를 눈으로 확인했고, 그 덕에 살아났으면서
도 조자룡을 완전히 믿지 않았다. 조자룡에게 부대를 편성해주고는
뒤를 받치게 했다. 그러고는 곧바로 원소 군대와 격돌했다. 원소 군대
는 강했다. 첫번째 싸움에서 공손찬의 선봉장이 죽었다. 적군은 기세
를 올리며 공격해왔다.
이때 뒤에 있던 조자룡이 나타나서 원소 진영을 휩쓸고 다녔다. 천
하의 조자룡이었지만, 원소의 대군을 혼자 막아낼 수는 없었다. 공손
찬의 목숨이 경각에 놓였을 때 유비 삼형제가 나타나서 구해주었다.

조정에서는 양 진영이 다툰다는 소식을 듣고 황제의 칙사를 보내 휴전하도록 명령했다. 조자룡은 유비를 따라가고 싶었다.

"저는 공손찬이 영웅인 줄 알고 왔는데, 이 사람이 하는 짓을 보니 원소와 다를 게 없습니다. 사람을 못 알아본 저를 탓할 뿐입니다."
"잠깐 굽혀 섬기도록 하십시오. 언젠가 만날 날이 있을 겁니다."

시간이 꽤 흘렀다. 유비는 자리를 잡지 못하고 떠돌다가 잠시 조조의 진영에 머물게 되었다. 어느 날 조조는 유비를 불러 술을 마시고 있었다. 원소의 동태를 살피러 갔던 만총이라는 모사가 돌아왔다.

"공손찬은 원소의 군사가 쳐들어가자 당해내지 못했습니다. 우리 쪽으로 구원병을 청하는 첩자를 보냈지만, 원소에게 잡혀버렸고, 장연에게 보낸 사람도 잡혔습니다. 원소는 자신의 군대를 장연의 군사로 변장시켜 공손찬의 성에 잠입시킨 후에 안팎에서 성을 공격했습니다. 공손찬은 달아날 길이 없자 처자식을 죽인 후에 집에 불을 지르고 목을 매 자살했습니다."

공손찬은 유비와 같은 스승 밑에서 배운 친구 사이였다. 유비는 눈물지었다. 조자룡은 어떻게 되었을까. 물론 살아서 유비와 만나 그의 장수가 되었다. 조자룡이 유비를 만났을 때 이렇게 말했다.

"그때 이별한 뒤에 공손찬을 따라갔습니다만, 공손찬은 제 말을 듣지 않았습니다. 그러다 결국 원소에게 패해서 자살하고 말았습니다."

공손찬은 중국 북부 지역의 영웅이었다. 그러나 원소의 상대는 되지 못했다. 이민족을 제압할 만큼의 무예와 두뇌를 지녔지만, 사람 보는 눈이 없었고, 남의 말을 잘 듣지 않았다. 조자룡 같은 명장을 보유하고도 제대로 활용하지 못한 것을 보면 천하를 제패할 그릇은 아니었던 것이다. 공손찬은 백마 탄 골목대장이었던 셈이다.

김두관은 공손찬이다

공손찬처럼 지방 한구석에서 행세하다가 비명에 죽는 영웅이 되지 않으려면 촌티 나는 지방색
을 하루빨리 벗어던져야 한다. 그리고 수습하기 어려운 실수를 저질렀던 점에 대해서, 당시 자
신의 소신이 어떠했든 간에 진심으로 고개 숙여 사죄해야 할 것이다.

수습하기 어려운 실수

|

"전국의 이장만 나를 도와줘도 몇 백만 표를 얻는다."

김두관은 우리나라 정치 지형에서 참 나오기 힘든 유형의 정치인이다. 김두관은 1988년 남해군 이어리 이장을 시작으로 정치 인생(?)을 시작했다. 1989년, 〈남해신문〉을 창간했고, 1995년 남해 군수에 당선되었다. 남해 군수는 재선에 성공했다. 2003년 참여정부의 행정자치부 장관을 지냈다. 2005년 대통령 정무특보를 지냈고, 2010년 경상남도 도지사 선거에 무소속으로 출마하여 당선되었다.

김두관의 이력을 보면 자신의 지역에서 오랫동안 꾸준히 정치를 해서 민심을 얻으며 성장했음을 알 수 있다. 한 지역을 차지할 능력이 있고, 자격도 있는 사람이다.

김두관은 경북 영주에 있는 경북전문대학을 나왔다. 학력 차별이 심한 나라에서 전문대 졸업장을 갖고 도지사까지 올랐다는 건 대단한 사건이 아닐 수 없다. 국회의원 선거에서 두 차례 떨어졌고, 도지사 선거에서도 한 번 낙선한 경험이 있는 것을 보면 정치 분야에 분명 남다른 내공을 가진 사람이다. 솔직하게 자신의 생각을 말하고, 소신을 굽히지 않는 성격을 지녔다고 해서 '리틀 노무현'으로도 불린다. 무척 괜찮은 사람이다. 그러나 여기까지다.

　김두관은 2012년 민주통합당 대선 후보 경선에 참여했다. 밑바닥에서 시작해서 장관을 지내고 도지사에까지 올랐으니 충분히 도전할 자격이 있었다. 그런데 여기에서 김두관은 결정적인 실수를 저질렀다. 경선에 출마하면서 도지사 자리에서 물러난 것이다. 자신의 지역 기반을 믿었는지, 경선에서 승리할 자신이 있었는지, 그것도 아니면 자신의 결기를 보여주기 위해서였는지, 당 내에 자신을 지지하는 의원들의 세력이 강하다고 생각해서였는지, 도대체 왜 그런 결정을 했는지 여전히 알 수가 없다.

　경남 지역은 보수 성향이 강한 곳이다. 경선이 시작될 때 이미 문재인은 저만치 앞서 있었다. 그 결기를 보며 대부분의 사람들은 비웃었다. 그를 지지하는 세력은 별 볼일 없다는 사실도 드러났다. 도지사 자리를 날렸고, 경선에서 참패했다. 이를 통해 김두관이 얻은 것은 하나도 없었다.

　상대는 원소의 정예병과 같은 문재인이었다. 이민족을 상대로 백마 타고 칼을 휘둘러 이겼던 경험만으로 맞설 상대는 분명 아니었다. 이렇게 보면 김두관은 상황을 보는 마음 자세가 다소 안일하고, 판단이 가볍다는 느낌이 든다. 경남 도지사를 버린 건 임진왜란 때 신립이 충주에서 배수진을 쳤다가 패한 일에 비견할 수 있는 최악의 실수였다.

배수진은 아무나 치는 게 아니다. 한 고조 유방의 대장 한신이 배수진을 쳐서 항우의 군대를 이긴 예를 들면서 걸핏하면 배수진을 운운하는데, 그건 참모가 한신 정도는 되었을 때 할 수 있는 이야기다. 김두관을 돕는 사람으로 민주당의 원혜영, 민병두, 최재천, 문병호, 김재윤 등이 있다고 하는데 이 다섯 명이 어떤 역할을 했는지 참 알 수가 없다.

게다가 김두관에게는 '보수 지역의 민주 진영 도지사'라는 명성이 있었다. 든든히 버티기만 해도 민주 진영에 보탬이 되고, 전국 유권자들의 사기를 높이는 데 도움이 되는 자리를 김두관은 너무나 가볍게 던져버렸다. 실제로 경선 기간에 많은 사람들이 도지사 사퇴를 반대했고, 기어이 사퇴를 하자 김두관에게 엄청난 비난이 날아들었다. 반드시 선거운동을 해야 표를 얻는 것이 아니다. 그리고 남의 표를 빼앗아 오는 것도 중요하지만, 표를 잃지 않는 일도 중요하다. 김두관의 도지사 사퇴는 그의 명성을 떨어뜨리는 계기가 되었고, 민주 진영의 표를 깎아먹는 이적 행위가 되어버렸다.

현재 경남 도지사는 새누리당의 홍준표다. 이 사실 하나만으로 모든 게 설명된다. 이렇듯 한 치 앞도 내다보지 못하니 조자룡 같은 인재가 그의 밑에 가지 않는 것이다.

민주당 대통령 후보 경선 기간에 김두관은 〈나는 꼼수다〉에 출연했다. 이 사람이 말하는 걸 유심히 들었다. 자신은 나름 재미있게 방송을 하려고 그랬던 것이겠지만, 말을 툭툭 던지는 모양새가 무척 가벼웠으며, 특히 목소리가 얇아서 사람들에게 믿음을 주기 어렵겠다는 느낌을 받았다. 배에 힘을 주고 목소리를 두껍게 내는 연습을 할 필요가 있다.

그를 도와줄 사람이 있는지 모르겠지만, 여전히 김두관은 민주당의 유력한 대선 후보 중 하나라는 사실에는 변함이 없다. 워낙 돌이킬 수 없는 실수를 저질렀기 때문에 쉽게 일어서기는 어려워 보인다. 도지사 자리를 버렸으니 지방선거에는 나서지 않을 가능성이 높다. 그렇다고 한 등급 낮춰서 시장에 출마하기도 어렵지 않을까 한다. 그렇다면 방법은 하나밖에 없다. 국회의원 선거를 염두에 두고 활동을 하는 것이다. 도지사직을 버린 그를 대하는 민심이 예전 같지는 않겠지만, 그래도 얼마간의 지지율은 나올 것으로 짐작한다. 그의 경력과 경험이 결코 녹록하지 않다는 전제에서 하는 말이다.

다시 정치를 하게 된다면 '이장', '군수'의 범위에서 벗어나도록 최선을 다해야 할 것이다. 많은 사람들은 아직까지 김두관을 말할 때 '이장 출신', '남해 군수'라고 한다. 서민적이라고 좋아할 일이 아니다. 이장들이 다 그를 지지해주지도 않을뿐더러 아주 많은 사람들은 이 때문에 비웃기도 한다는 사실을 알아야 한다. 공손찬처럼 백마 기병을 믿고 지방 한구석에서 행세하다가 비명에 죽는 영웅이 되지 않으려면 이처럼 촌티 나는 지방색을 하루빨리 벗어던져야 한다. 그전에 수습하기 어려운 실수를 저질렀던 점에 대해서, 당시 자신의 소신이 어떠했든 간에 진심으로 고개 숙여 사죄해야 할 것이다.

정동영
지금도 성장하고 있는 정치인

관을 짊어지고 적진으로

조인은 조조에게 급한 편지를 보냈다.

"관우가 양양성을 함락시키고, 제가 있는 번성을 포위했습니다. 구원병을 보내주십시오."

조조는 장수들을 불러모았다.

"우금, 네가 가겠느냐?"

"예, 제가 가겠습니다. 왕께서 선봉장을 지명해주십시오."

조조가 장수들을 둘러보았다.

"제가 가서 온 힘을 다해 관우를 산 채로 잡아 왕께 바치겠습니다!"

방덕龐德이었다. 조조는 방덕을 선봉장으로 임명하고, 우금에게는 일곱 개의 부대를 통솔할 권한을 주었다. 일곱 부대의 대장들이 대장군 우금에게 인사를 하러 왔다. 그들 중 동형이라는 사람이 말했다.

"방덕은 원래 마초의 부하였습니다. 어쩔 수 없이 우리에게 항복을 했지요. 마초는 지금 촉한에 있고, 그의 형도 그곳에서 벼슬을 하고 있습니다. 이런 사람을 선봉으로 삼으면 안 됩니다. 왕께 선봉을 바꿔달라고 말씀하시는 게 좋겠습니다."

우금은 조조에게 찾아가서 선봉장을 교체해달라고 말했다. 조조는 우금의 말을 받아들였다. 방덕을 불러서 선봉을 교체하겠다고 말하자 방덕이 소리쳤다.

"대왕께서는 저를 거두어주신 이래로 저에게 후한 은혜를 베풀어주셨습니다. 그 은혜를 갚으려면 간과 뇌를 꺼내 땅에 발라도 부족할 지경이라 여기고 있습니다. 그런데 어떻게 저를 의심하신단 말입니까. 마초와 저의 형님, 그리고 저는 제각기 딴 주인을 섬기고 있습니다. 저는 대왕께 충성하는 사람입니다! 어떻게 딴마음을 품겠습니까!"

말을 마친 방덕은 땅바닥에 머리를 찧었다. 피와 눈물이 범벅이 되어 흘렀다. 조조는 방덕을 일으켜 세웠다.

"나는 너의 마음을 잘 알고 있다. 그래서 일부러 공개적으로 이런 자리를 만들어 다른 사람들의 입을 막으려 한 것이다. 선봉으로 나가 열심히 싸워라. 네가 나를 버리지 않는다면 나도 너를 버리지 않겠다."

방덕은 집으로 돌아가서 목수를 불러 관을 짜게 했다. 그러고는 친구들을 집으로 초대했다. 친구들은 관을 보고 놀라서 말했다.

"아니 장군, 출전을 앞두고 이런 물건을 집 안에 놔두시면……."
"나는 왕의 은혜를 죽음으로 갚겠다고 맹세했습니다. 내가 관우를 죽이지 못하면 관우가 나를 죽일 겁니다. 관우를 죽이지도 못하고 내가 살 수도 있겠죠. 이것도 부끄러운 일입니다. 이렇게 되면 스스로 목숨을 끊을 것입니다. 관을 메고 나가 싸우려 합니다."

방덕은 아내와 아들을 불러 유언을 남긴 후 관을 가지고 집을 나섰다. 식구와 친구들이 통곡을 하며 방덕을 전송했다.

드디어 명장 관우와 방덕이 만났다. 방덕이 소리 질렀다.

"나는 위왕의 명을 받아 너의 머리를 베러 왔다. 이 관에 너를 담아 가겠다. 죽기 싫으면 말에서 내려 항복해라!"

"너 이놈! 네깟 놈이 어디 감히 나를 상대하려 하느냐. 내 청룡도가 아깝구나!"

방덕의 칼과 관우의 청룡도가 부딪혔다. 100여 차례가 되도록 승부가 나지 않았다. 양 진영의 군사들은 둘의 화려한 무예에 넋을 잃었다. 둘은 결국 승부를 내지 못하고 각자 진영으로 돌아갔다.

다음 날 두 사람은 다시 일대일로 싸우기 시작했다. 50여 차례 칼을 교환했는데 갑자기 방덕이 말 머리를 돌려 도망가기 시작했다. 관우는 급히 뒤를 쫓았다. 관우는 방덕이 몸을 돌리며 칼을 쓸 것으로 예상하고 방비 태세를 갖추었다. 아니었다. 방덕은 칼을 쓰는 척하다가 칼을 말안장에 꽂고는 활을 꺼냈다. 방덕의 뒤를 쫓던 관우는 방덕의 행동을 눈치 채지 못했다. 그때 관우의 아들 관평이 방덕이 활을 꺼내는 것을 보았다. 관평이 소리쳤다.

"방덕 너 이놈! 우리 아버지를 쏘지 마라!"

방덕의 화살은 관우의 왼팔에 꽂혔다. 상황이 역전됐다. 방덕이 관우의 뒤를 쫓았다. 이때 대장군 우금이 징을 쳐서 퇴각 신호를 보냈다. 방덕은 안타까워하면서 진영으로 돌아갔다.

"아니, 장군. 저를 그대로 놔뒀으면 관우를 죽일 수 있었는데 왜 퇴각 신호를 보내셨습니까."
"급하게 서두른다고 좋은 결과가 나오는 건 아닙니다. 대왕께서도 관우를 조심하라고 하지 않았습니까."

딱히 틀린 말은 아니었다. 방덕은 우금의 말이 옳다고 생각하며 아쉬움을 삼켰다. 그러나 우금은 다른 속내가 있었다. 명색이 자기가 대장인데 선봉인 방덕이 공을 세우는 게 싫어서 퇴각 신호를 보냈던 것이다. 대장이 이런 생각을 갖고 있으니 이길 도리가 없었다.

관우는 우금이 지대가 낮고 습한 곳에 진을 치고 있다는 것을 알고 나무로 둑을 만들어 계곡 물을 막아놨다가 한꺼번에 터뜨려서 우금의 진영으로 흘려보냈다. 우금의 군대는 대패했고, 우금과 방덕은 관우에게 사로잡혔다. 우금은 관우에게 목숨을 구걸해서 감옥에 갇혔고, 방덕은 항복하지 않고 버티다가 처형되었다. 관우와 대등하게 싸웠던 명장 방덕은 이렇게 최후를 맞이했다.

정동영은 방덕이다

방덕이 조조에게 머리를 찧으며 피눈물을 흘렸던 것처럼 정동영은 자신의 진심을 알리기 위해
최선을 다하고 있다. 정동영, 어떤 자리에 올라가느냐보다 얼마나 성장할지가 궁금해지는 정치
인이다.

지금도 성장하고 있는 정치인

|

"정권에 대한 영남의 지지율을 올리는 것이 지역주의 해소에 도움이 된다는 식의 접근은 영남 패권주의에 대한 굴복이며 대연정은 이 같은 시각과 인식의 산물이다. …… (노무현) 대통령의 시도는 실제로도 성공하지도 못했다. 지역 패권주의는 싸워야 할 대상이지 화해하거나 손잡을 대상이 아니기 때문이다. …… 열린우리당을 포함한 비한나라당 세력이 지금 통합신당을 만들려는 것은, 평화와 개혁을 지향하며 수구에 반대하는 제반 세력을 복원하려는 작업이다. 그것을 두고 지역 연합이라든가 지역주의 부활이라고 비판하는 것은 개혁 세력의 결집을 막는 일이다."

_2007년 5월 20일, 정동영의 홈페이지

정동영은 이렇게 노무현과 결별하고 대통합민주신당으로 이동했다. 그해에 같은 당의 이해찬과, 한나라당을 버리고 옮겨온 손학규를 따돌리고 민주신당의 대통령 후보가 되었다. 그러나 이때는 이명박의 대세론이 굳어져 있었고, 무소속으로 선거에 뛰어든 이회창의 저력도 만만치 않았다. 정동영은 26.1퍼센트 득표에 그쳐 참패했다. 이후 2008년 18대 총선에서는 통합민주당 소속으로 동작(을)에 출마했지만, 한나라당의 정몽준에게 패했다. 2009년 4·29 보궐선거에서 민주당이 그를 공천에서 배제하자, 탈당한 뒤 무소속으로 출마하여 당선되었다. 정동영은 이듬해에 민주당으로 돌아왔다.

정동영은 노무현 대통령의 정책에 반기를 들었다는 이유로 많은 비난을 받았다. 거기에 민주신당의 대통령 후보 경선 과정에서 자기 캠프의 사람이 열린우리당의 당적을 지닌 사람들의 명단을 선거인단에 포함시킨 일이 적발되어 비난을 받았다. 대통령 후보가 되어 야권 단일화를 이루어내지 못한 점도 비판의 대상이 되었다. 이렇게 정동영은 대중들에게 그저 그런 정치인으로 대접받는 신세가 되었다.

하지 말았어야 할 말을 한 것도 그의 인기를 떨어뜨리는 데 한몫했다. 2004년 정동영은 이런 말을 했다.

"미래는 20대, 30대들의 무대라구요. 그런 의미에서 한 걸음만 더 나아가서 생각해보면 60대 이상 70대는 투표 안 해도 괜찮아요. 꼭 그분들이 미래를 결정해놓을 필요는 없단 말이에요. 그분들은 어쩌면 이제 무대에서 퇴장하실 분들이니까 …… 그분들은 집에서 쉬셔도 되고……."

_2004년 3월 26일, 〈국민일보〉와의 인터뷰

유명한 '노인 폄하 발언'이다. 이 발언은 보수 세력에 의해 다소 악의적으로 과장된 측면이 있지만, 정치인으로서 해서는 안 될 말이었음에는 틀림없다. 결국 이 발언이 문제가 되어 정동영은 17대 총선 비례대표에서 사퇴했다. 2007년 11월 28일에는 대통령 후보 자격으로 유세를 하던 도중 이런 말도 했다.

"청년들이 원하는 일자리는 토목공사장이 아니다. 운하 파고 삽 메고 다니기를 원하는 사람이 있느냐. …… 여기 모인 분들도 자식들이 공사장에서 일하기를 바라느냐."

역시 정치인이, 그것도 대선 후보가 해서는 안 될 말이었다. 이런 실언으로 정동영은 노동계는 물론 대중들에게 '가벼운 사람'으로 인식되는 데 큰 기여를 했다.

"하나가 되겠습니다."

정동영은 노무현 대통령이 서거했을 때 조문을 갔으나 지지자들에게 방해를 받았다. 이듬해인 2010년, 정동영은 노무현 대통령의 묘소를 찾아 방명록에 저 말을 남겨놓았다. 우연의 일치인지 의도된 행동인지는 알 수 없으나, 이때부터 정동영은 이전과 다른 모습을 보여주기 시작했다.

"저 정동영은 제19대 총선에서 서울 강남(을)에 출마하겠습니다. …… 더 이상은 이명박 정부를 욕하지도 말아주십시오. 오늘의 이 답답한 현실들은 하나부터 열까지 모두 다 제 잘못입니다. 제가 좀 더 넓게 눈을 떴더라면, 이 나라 이 사회의 온기 닿지 않는 추운 그늘에서 시름하는 분들의 마음과 설움을 알았더라면, 이 나라를 진정으로 사랑하고 이 사회를 뜨겁게 고민하는 젊은이들의 열정과 좌절을 알았더라면, 그래서 진정과 진심으로 여러분 곁에 있었더라면 오늘날 이 같은 사회적 분열, 경제적 낭패, 그리고 동맹과 우방에게 마저 우습게 보이는 외교적 굴욕은 없었을 것입니다."

_2012년 2월 9일, 출마 선언문

민주당 소속으로 강남 지역에 출마한다는 건 선거에 지겠다는 것과 마찬가지다. 조조에게 충성 맹세를 하고 관을 메고 출정했던 방덕처럼 정동영은 자신의 지역인 전주를 버리고 보수 세력의 중심인 강남에서 출마했다. 상대는 새누리당의 김종훈이었다. 김종훈의 그릇은 관우에 한참 못 미치지만, 정동영에게 강남의 표심은 관우와 같았던 것이다. 예상대로 정동영은 패배했다.

그러나 자신의 안위를 위해 당선 가능한 지역을 선택하지 않고 '적진'에 뛰어드는 모습을 보여주었다는 사실만으로도 인정받을 자격이 있다. 이 패배가 오히려 정동영을 살렸다고 평가하고 싶다.

"(김진숙 지도위원이) 겨울에 (크레인에) 올라 봄, 여름, 가을을 지나 또다시 겨울을 맞이하고 있습니다. …… 김진숙 지도위원의 처절한 자기희생으로 세상에 알려진 한진중공업 문제는 단지 한진만의 문제가 아닌 전 사회적 의제로 확장되었습니다. …… 권고안이 채택된 지 24일이 지난 오늘까지 그들은 여전히 크레인 위에 있습니다. 해고자들은 복직되지 못했습니다. 이것이 진정 조남호 회장의 뜻입니까? …… 더 이상 한진중공업에서, 노동의 현장에서 사람이 죽어서는 안 됩니다. 조남호 회장의 결단이 하늘보다 귀한 생명을 구할 수 있습니다. 국회에서 국민 앞에서 한 약속을 지켜주십시오."

_2011년 11월 1일, 조남호 한진중공업 회장에게 보낸 공개 서한

비록 노동계와 함께 적극적인 투쟁을 벌이지는 않았지만, 정동영은 한진중공업 사태 해결을 위해 힘 닿는 데까지 노력하는 모습을 보였다. 다섯 차례 희망버스에 올랐고, 김진숙 민주노총 부산본부 위원장이 농성을 풀던 날 그 자리에 함께하기도 했다.

"정부가 해군기지를 밀어붙일 권리가 있다면 주민들은 막을 권리가 있다."
"의사 표현의 자유가 사라지고 통행권마저 자유롭지 못한 공권력의 태도에 유감을 표하며 분노를 감출 수 없다."
"제주 도지사와 여야 정치권이 한목소리로 구럼비 발파 중단을 요구했음에도 해군을 무엇을 믿고 밀어붙이는지 모르겠다."
"국방부 장관과 해군 참모총장은 구럼비 발파를 즉각 중단해야 한

다."

_2012년 3월 7일, 공동 기자회견

2012년 3월 7일, 정동영은 제주도 강정마을의 주민들과 함께 경찰의 강제 진압에 맞서 연좌농성을 벌였다. 앞선 2011년 광복절에는 '반값 등록금' 집회에 참석했다가 50대 여성에게 '빨갱이' 소리를 들으며 머리를 잡히는 봉변을 당하기도 했다. 2013년 12월 28일, 민주노총의 총파업 결의대회에 참석하는 등 사회 문제 전 분야에 걸쳐 활동 폭을 넓히고 있다.

이런 행보를 두고 재기를 위한 '정치적 쇼'라고 한다면 할 말이 없다. 그러나 이러한 '쇼'조차도 하는 사람이 드물고, 이 같은 행동이 그의 재기에 도움이 될지도 사실은 알 수 없는 일이다. 방덕이 조조 앞에서 머리를 찧으며 피눈물을 흘렸던 것처럼 정동영은 자신의 진심을 알리기 위해 최선을 다하고 있는 것으로 보인다. 제아무리 권모술수가 난무하는 정치판이라지만 이런 행동까지 색안경을 끼고 볼 필요는 없을 것이다.

정동영은 올해 61세다. 적지 않은 나이인데도 그는 여전히 정치적으로 성장하고 있다. 그는 앞으로 어떤 길을 어떻게 걸어갈 것인가. 그리고 그가 올라갈 수 있는 자리는 어디까지일까. 언론에서 부각시켜주지 않아도 진심은 전해지는 법이다. 그의 경험은 민주 진영에 적지 않

방덕 : 정동영 _____ 239

은 힘이 될 것으로 본다. 여전히 대통령 자리를 꿈꾸고 있을 것이므로 지방선거에는 나서지 않고 다음 총선에 출마해서 국회 입성을 노릴 것이다. 만약 당선된다면 민주 진영의 대통령 후보로 거론될 것이다. 그러나 그 이상 올라가기는 힘들지 않을까? 이미 한 번 낙선한 사람을 국민들이 다시 선택해주지는 않을 것이다. 원술 같은 김한길과 친하다는 것도 감점 요인이다. 지금처럼 자신이 할 수 있는 일을 하면서 정권 교체에 기여하는 것이 더 바람직하다고 본다.

정동영, 어떤 자리에 올라가느냐보다 얼마나 성장할지가 궁금해지는 정치인이다.

이해찬
자존심을 내려놓아야 이긴다

자기중심적인 장수

마초가 유비의 부하가 되었을 때 관우^{關羽}는 형주를 지키고 있었다. 관우는 마초의 명성을 잘 알고 있었다. 무예를 겨뤄서 자신이 최강임을 입증하고 싶었다. 아들 관평을 유비가 있는 서촉으로 보내서 자신의 생각을 전하라 했다. 유비는 난감했다. 제갈량을 불렀다.

"관우가 마초와 무예를 겨루게 되면 둘 중 하나는 다칠 텐데, 어쩌면 좋겠습니까."

"염려하지 마십시오. 제가 별 탈 없이 마무리하겠습니다."

제갈량은 관우에게 편지를 썼다.

"장군께서 마초와 무예를 겨루기 위해 이곳으로 오신다는 말을 들었습니다. 아이고, 이것 참, 장군께서 이런 말씀을 하시다니요. 마초의 무예가 보통 사람보다 나은 건 사실입니다만, 그래 봐야 장비가 한 수 접어주고 상대할 정도밖에 안 됩니다. 이런 사람이 장군의 초인적인 무예와 지략을 따라갈 수 있겠습니까? 게다가 지금 장군께서는 형주를 지키고 계신데 자리를 비운 사이 무슨 일이라도 벌어지면 어쩌려고 그러십니까. 살펴주십시오."

관우는 기분이 좋아져서 제갈량의 편지를 부하 장수들에게 돌려 보여주면서 은근히 자랑을 했다. 진솔한 모습이긴 하지만, 대인의 마음 씀씀이는 아니다.

유비는 한중을 차지한 뒤 스스로 한중왕의 자리에 올랐다. 부하들에게 논공행상을 하면서 특별히 뛰어난 장수 다섯 명을 '오호대장五虎大將'이라 불렀고, 관우를 그중 첫번째 자리에 봉했다. 유비는 비시라는 사람을 보내 이 소식을 전하게 했다.

"오호대장? 그 다섯 사람은 누굽니까?"

"장군을 포함하여 장비, 조자룡, 마초, 황충입니다."

이 말을 들은 관우는 벌컥 화를 냈다.

"장비는 내 아우고, 마초는 명문가의 자손이며, 조자룡은 우리 형님과 오랫동안 고락을 함께한 사람이니 그렇다고 칩니다만, 황충이요? 그 사람은 어떤 사람이라서 감히 나와 이름을 나란히 한단 말입니까? 대장부가 어떻게 늙은 졸개와 자리를 함께할 수 있겠소. 나는 오호대장의 직함을 받지 않겠소!"

비시는 생글생글 웃으면서 관우의 비위를 맞춰주었다.

"지금 한중왕께서 오호대장을 봉하셨지만, 장군과는 형제의 의리가 있지 않습니까. 한중왕이 장군이고, 장군이 한중왕입니다. 어떻게 다른 사람들과 같을 수 있겠습니까. 장군께서는 한중왕과 기쁜 일이나 슬픈 일을 함께하실 뿐, 벼슬의 높낮이를 따지지 않으셨으면 합니다."

관우의 저 말에는 적지 않은 문제가 있다. 유비의 일처리가 마음에 들지 않을 순 있겠지만, 어디까지나 이는 공적인 일이다. 이를 두고 지극히 개인적인 판단으로 화를 낸다는 것은 있을 수 없는 일이다. 그 판단의 근거도 공평하지 못하다. 장비와 조자룡은 유비와 친하므로 자격이 있고, 마초는 집안이 좋으니까 자격이 있는데 황충은 굴러온 돌인 데다 집안도 좋지 않으니 자격이 없다는 것이다. 오만불손한 생각이 아닐 수 없다.

조조는 손권에게 편지를 보내 동맹을 맺고 유비를 협공하자고 했다. 손권의 참모인 제갈근이 말했다. 제갈근은 제갈량의 친형이다.

"관우의 딸이 어려서 아직 결혼하지 않았다고 하니 제가 가서 주공(손권)의 아들과 혼인시킬 생각이 있는지 물어보겠습니다. 관우가 허락을 하면 함께 조조를 치고, 그렇지 않으면 조조와 함께 관우를 치는 게 어떻겠습니까."

제갈근은 관우를 만났다. 관우는 이야기를 듣더니 버럭 소리 질렀다.

"나의 호랑이 같은 딸을 개 같은 자식한테 시집보내라고? 당신이 제갈량의 형이 아니었으면 이 자리에서 목을 베어버렸을 겁니다. 다시는 그따위 소리 하지 마시오!"

관우의 성격을 그대로 보여주는 대목이라 하겠다. 손권은 이 말을 듣고 화가 나서 길길이 날뛰었다. 즉시 참모들을 불러모아 형주를 칠 계획을 세웠다. 원래 제갈량이 계획한 작전의 큰 줄기는 손권과 친하게 지내면서 힘을 합해 조조를 치는 것이었다. 관우 역시 이런 사정을 잘 알면서도 자기감정대로 일을 처리해버렸다.

이런 관우의 성격은 그의 죽음을 앞당기는 결과를 가져왔다. 손권은 관우의 자존심을 이용해서 작전을 짰다. 원래 관우를 직접 상대하던 장수는 여몽이었다. 관우는 여몽의 명성을 알고 있었기 때문에 경계를 게을리 하지 않았다. 손권 진영에서는 여몽의 자리에 육손이라는 어린 참모를 앉혀놓고, 여몽은 병들어서 누웠다는 소문을 냈다. 그러고는 육손의 이름으로 관우에게 편지를 보냈다. 편지를 가지고 간 사신이 말했다.

"육손 장군이 관우 장군님께 예물을 바치고 글월을 올립니다. 관우 장군께서는 조조의 대장 우금을 사로잡고, 방덕을 죽이셔서 위엄이 온 천하에 떨쳤습니다. 육손 장군은 관우 장군께 축하를 드리며, 양 진영이 서로 화목하게 잘 지내기를 소망하고 있습니다. 받아주시면 더없는 다행이겠습니다."

관우는 사신의 태도가 마음에 들었다. 육손의 편지를 보는데, 내용이 자기 비위에 딱 맞았다. 기분이 좋아서 사신을 잘 대접한 후 돌려보냈다. 그러고는 손권 진영에 대한 방비를 하지 않고, 형주의 병력을 빼내서 조조의 부하 조인이 있는 번성을 치러 나갔다. 손권의 대장 여몽은 군사를 거느리고 빈집이 된 형주를 점령해버렸다. 이후 오갈 데가 없어진 관우는 결국 여몽에게 사로잡혔다. 손권은 관우에게 항복을 권유했다. 관우는 정색을 하고 손권을 꾸짖었다.

"푸른 눈의 어린아이(손권)와 자줏빛 수염을 지닌 쥐새끼 무리들은 들어라. 나는 한중왕과 도원에서 결의하여 한나라 황실을 다시 일으키겠다고 맹세한 사람이다. 너 같은 역적과 함께 행동할 수 없다. 너의 간악한 흉계에 걸려들었으니 나에겐 죽음이 있을 뿐. 수다스럽게 말하지 마라!"

『삼국지』에서 관우는 '의리의 화신'으로 묘사된다. 평소에 역사서 『춘추』를 즐겨 읽었을 만큼 문사 기질도 가졌던 것으로 보인다. 동탁의 장수 화웅과 원소의 장소 안량과 문추를 쉽게 죽이는 등 뛰어난 무예를 자랑했고, 머리도 좋아서 많은 싸움에서 공을 세웠다. 관우가 지키던 형주는 손권과 조조 세력을 동시에 접하고 있는 요충지였다. 관우 정도의 장수가 아니라면 지키기 어려운 곳이었다. 관우는 손권의 전술에 말려들어 죽었지만, 훌륭한 장수였음에는 틀림이 없다.

그러나 그의 성격을 보여주는 일화를 보면 관우는 지나치게 자존심을 세우고, 감정에 따라 일을 처리하는 단점이 있었다는 점을 알 수 있다. 장수는 자기는 물론이고 수많은 부하들의 목숨을 책임져야 한다. 관우는 적의 작전에 걸려 패했지만, 그 불같은 성격이 패배를 불러들인 측면도 결코 적지 않다. 그의 고집 때문에 얼마나 많은 병사가 죽었던가.

이해찬은 관우다

관우는 결코 머리가 나쁘거나 무예가 약해서 죽은 것이 아니었다. 관우의 일화에서 취할 점을 찾아야 한다. 세상에 완벽한 사람은 없다. 적지 않은 단점에도 불구하고 이해찬은 민주 진영에 없어서는 안 될 사람이다.

모두를 아우르는 모습이 필요한 정치인

"4·19혁명이 난 뒤 자유당 내무부 장관 최인기 장관은 부정선거 혐의로 교수형을 당했다. …… 국정원과 경찰이 그에 못지않은 부정선거를 했는데도 박근혜 대통령은 아무런 말이 없다. …… 옛날 중앙정보부를 누가 만들었나. 박정희가 누구고 누구한테 죽었나. 박씨 집안은 안기부, 정보부와 그렇게 인연이 질긴가. 이제 끊어달라. …… 이제 국정원과 단절하고 공정한 나라를 만들어달라. 그래야 당신의 정통성이 유지된다. 자꾸 비호하고 거짓말하면 오히려 갈수록 당선 무효까지 주장할 수 있는 세력이 자꾸 늘어난다. 정통성을 유지하려면 그 악연을 끊어달라. 그리고 나라를 바로 세워달라."

이해찬은 2013년 7월 15일 세종시에서 열린 '정치공작 규탄 및 국정원 개혁 촉구 대전·세종·충북·충남도당 당원보고대회'에 참석해서 이와 같은 말을 했다.

이해찬은 세종특별자치시의 국회의원이다. 그는 '교수형', '부정선거', '당선 무효' 등 비교적 어감이 강한 단어를 쓰면서 현 정부에 직격탄을 날렸다. 이를 두고 새누리당에서는 이해찬의 '막말'이 또 시작됐다고 하면서 공격했다. 이해찬은 이런 성격을 지닌 사람이다. 자기 소신대로 하고 싶은 말을 거침없이 쏟아낸다.

이해찬은 보수 세력과 충돌할 일이 있을 때마다 공격의 선봉에 섰다. 2004년 참여정부의 총리로 있던 시절, 국회 대정부 질문에서 한나라당의 안택수를 상대로 한마디도 밀리지 않았던 일화는 유명하다.

"한나라당은 차떼기당입니다. 그런 정당을 어떻게 좋은 당이라고 합니까?"

이 말 한마디에 한나라당은 14일 동안 국회 대정부 질문에 나서지 않았다. 열린우리당이 사과를 해서 국회가 정상화되었지만, 격노한 이해찬을 달래느라 애를 먹었다고 한다. 이해찬과 안택수는 14일 후에 다시 만났다. 이번에도 이해찬은 한마디도 지지 않았다. 안택수가 말했다.

"노무현 정부의 정체성은 무엇입니까. 중도파 정권인지 친북좌파 세력인지 분명히 밝혀주십시오."
"지금 인도네시아 의원님들이 오셔서 방청을 하고 계신데 그런 사안에 답변 드린다는 것이 좀 창피스럽습니다."
"노무현 정부의 장막 뒤에 몸을 숨기고 있는 친북좌경 세력이 대한민국의 좌향좌를 선도하고 있다, 이런 주장에 대해서 총리는 어떻게 생각하십니까?"
"사람이 많이 사는 나라니까 여러 가지 주장이 있을 수 있습니다. 일

일이 답변할 가치는 없는 것 같습니다."

이해찬은 '창피스럽다', '답변할 가치는 없다'고 하면서 안택수에게
툭툭 말을 던졌다. 안택수는 담담하게 말을 했지만, 화가 났는지 실언
을 하고야 만다.

"이렇게 오만한 총리의 답변을 계속 듣는 국민은 얼마나 한심한지,
참. 노무현 정권은 이 나라를 진정 어디로 끌고 가고자 하는지, 총
리, 진지하게 답변하세요."
"이 문제에 대해서 진지하게 답변하면 바로 국민들을 자꾸 이간을
시키고 분열시키는 전술에 제가 말려들어가게 되는 겁니다. 그럴 정
도로 제가 경험이 없이 미숙한 총리는 아닙니다."
"아직도 한나라당은 나쁜 당이라고 생각하십니까?"
"그건 안 의원님이 알아서 판단하십시오."

이런 발언이야 공방을 주고받다 보면 충분히 나올 수 있다고 본다.
이해찬을 비판하는 사람들은 그가 국민의 정부에서 교육부 장관으로
있었던 때를 이야기하곤 한다. 알다시피 우리나라 사람들은 교육열
이 높기 때문에 이 문제에 대해 굉장히 민감하게 반응한다. 더구나 모
든 교육 과정이 입시에 맞춰져 있고, 일류 대학에 입학해야 일류 인생
을 살 수 있다는 생각이 사회 분위기를 형성하고 있다는 건 부정할 수

없는 사실이기에 학부모들과 학생들은 교육 제도 하나하나에 촉각을 곤두세운다.

이해찬은 1998년부터 1999년까지 단 1년 동안 교육부 장관으로 있었다. 이 짧은 시간 동안 그는 아주 많은 부분에서 교육정책을 개혁하고자 했다.

이해찬은 고등학교에서 시행되던 야간 자율학습과 월말고사, 학력고사, 모의고사를 폐지했다. 중학교에서 시행되던 연합고사, 학력고사, 모의고사도 폐지했다. 학교에 대한 감사를 실시해서 촌지를 받은 교사들을 해임 또는 파면했다. 교원의 정년을 만 65세에서 만 62세로 단축했다. 학교폭력을 최초로 단속했다. 교원 성과급 제도를 도입했다. 이 정책에는 입시 위주의 교육에 지쳐 있는 학생들을 공부의 압박에서 해방시켜보려는 의도가 들어 있었고, 보수적인 교육계의 풍토를 일신해보려는 의지가 담겨 있었다. 이 문제에 대해서는 현재까지 여러 가지 의견이 충돌하고 있다. 분명한 건 이해찬의 의도는 괜찮았다는 사실일 것이다.

"특기 하나만 있으면 대학에 갈 수 있는 제도를 만들겠다."

제도를 바꾸려면 그에 상응하는 토대가 마련되어 있어야 한다. 이해찬의 정책이 성공하려면 먼저 입시가 인생을 좌우한다는 사회 통념이 깨져야 하고, 그 바탕 위에서 입시 제도를 바꿔야 한다. 이외에도 여러

가지를 따져봐야 하겠지만, 이 문제가 가장 본질적이면서 어려운 문제라 할 수 있겠다. 굳어진 통념을 하루아침에 바꿀 수는 없는 일이다.

그런데 이해찬은 소신만 갖고 정책에 손댔다. 설상가상 수학능력시험의 난이도 조절에도 실패했다. 1999년에 고등학교 1학년이었던 학생들의 대입수학능력시험 점수가 폭락하는 결과가 나왔다. 대학 학번으로 따지면 '2002학번'이 되는 이들을 '이해찬 1세대'라고 부르기도 한다. 자율학습을 하지 않고, 모의고사도 보지 않으니 자연스레 학교 수업의 강도가 느슨해졌고, 이는 곧바로 학력 저하로 이어졌다.

이런 현상은 2003년과 2004년에도 지속되었고, 재학생이 재수생에게 크게 밀리는 결과를 불러왔다. 특기 하나만 있으면 대학에 갈 수 있는 제도는 끝내 만들어지지 못하고, 이 정책에 애꿎은 학생들이 큰 타격을 입었다. 분명히 의도는 좋았지만, 많은 부분을 고려하지 않고 밀어붙인 점은 지적받아 마땅하다. 관우의 자존심이 부하들의 죽음을 재촉한 것과 비슷하다고 하겠다.

주변의 상황에 쉽게 동요하는 성격도 단점으로 지적할 수 있겠다. 이해찬의 날카로운 성격은 상대에게 던지는 말에 그대로 드러난다. 상대와 싸울 때는 큰 무기가 되지만, 평상시에는 오히려 자신을 해치는 도구가 된다. 그는 1992년 4월 민주당 의원 시절, 항공사 직원이 예약 시간을 착각하자 항공권 발권창구 앞에서 '이XX들 가만두지 않겠다'고 폭언한 적이 있다. 교육부 장관으로 있을 때는 기자가 밤중에 찾아오자 '일국의 장관 집을 기자가 왜 찾아오느냐. 대한민국 장관이 그렇게 우습게 보이느냐'고 하기도 했다. 더구나 이런 말에는 민주 진영 사람들이 그토록 싫어하는 권위주의가 서려 있으므로 더욱 좋지 않다.

이해찬은 18대 총선에 불출마한 것을 제외하고, 13대부터 17대까지 내리 5선을 했다. 19대 총선에서는 세종시에 출마하여 당선되었다. 단 한 차례도 진 적이 없다. 2002년에는 새천년민주당 중앙선거대책위원회 기획본부장을 지냈을 만큼 전술에도 일가견이 있다. 그러나 이렇듯 화려한 경력과 경험을 지녔음에도 고집이 세고, 성격이 예민하니 남의 말을 듣지 않을 가능성이 높다. 자신보다 경험이 부족하거나 지식 수준이 낮은 사람이 실수를 하더라도 참고 기다리며, 그런 사람의 말이라고 무시하지 않고 들어줄 수 있는 자세를 지녀야 할 것이다.

관우는 결코 머리가 나쁘거나 무예가 약해서 죽은 것이 아니었다. 관우의 일화에서 취할 점을 찾아야 하겠다. 세상에 완벽한 사람은 없다. 적지 않은 단점에도 불구하고 이해찬은 민주 진영에 없어서는 안 될 사람이다.

정청래
내 몸은 내 것이 아니다

상처 한 군데마다 술 한 잔

손책이 강동 지역을 평정했을 때 그의 동생 손권은 부하 장수 주태 周泰와 선성을 지키고 있었다. 어느 날 모두 잠들어 있는 밤에 산적 떼 가 선성을 습격했다. 순식간에 많은 병사들이 목숨을 잃었다. 주태는 손권을 깨워서 말에 태운 후, 자신은 알몸으로 칼 한 자루만 들고 산 적의 포위망을 뚫기 시작했다. 주태의 칼에 산적 수십 명이 목숨을 잃 었다.

그러던 중 말을 타고 손권의 뒤를 쫓던 산적 한 명이 창으로 주태의 등을 깊숙이 찔렀다. 주태는 아픔을 참으며 등에 꽂힌 창을 뽑고, 가지고 있던 칼로 산적을 찔러 죽였다. 주태는 죽은 산적의 말을 타고 손권을 보호하며, 포위망을 뚫고 손책한테 돌아갔다. 이 과정에서 주태의 몸은 만신창이가 되었다. 열두 군데나 창에 찔렸다. 주태는 의식을 잃어버렸다. 이때 천하제일의 명의 화타가 나타나서 주태를 구해주었다. 이처럼 주태는 자신보다 주인을 먼저 생각하는 충직하고, 용맹스러운 장수였다.

손책이 죽고 손권이 강동의 주인이 되었다. 손권은 조조의 군대를 적벽에서 무찌른 뒤, 승전의 기세를 타고 조조의 명장 장요가 지키고 있는 합비를 공격하기로 했다. 양 진영은 일진일퇴를 거듭했지만, 손권의 군대가 밀리기 시작했다. 손권은 강변으로 후퇴하여 배를 타고 도망가려 했지만, 끝내 손권은 조조의 군사들에게 포위당했다. 이때 주태는 손권을 찾아 헤매고 있었다.

"주공은 어디 계신가!"

군사들이 다급한 목소리로 말했다.

"저쪽에 계십니다! 포위된 상황이라 매우 위급합니다!"

주태는 적진으로 뛰어 들어갔다. 눈에 불을 켜고 다니다가 손권을 발견했다.

"주공께서는 저만 따라 나오십시오!"

주태는 앞으로 나가며 포위를 뚫고, 손권은 뒤를 따르며 추격을 물리쳤다. 조조의 병사들은 손권을 발견하고 이들을 두 겹 세 겹으로 에워쌌다. 주태는 죽을힘을 다해 앞으로 나갔고, 마침내 포위망을 뚫었다. 아, 그런데 자신의 뒤에 있어야 할 손권이 없었다. 주태는 온 길을 되돌아가면서 포위망을 뚫기 시작했다. 얼마쯤 가니 손권이 보였다.

"빨리 나오시지 어쩌려고 이러고 계십니까!"
"화살이 날아드니 어쩔 수 없었네. 어떻게 하면 좋은가."
"그럼 이번엔 주공께서 앞에 서십시오. 제가 뒤를 따르겠습니다."

손권은 말을 타고 달려 나가고, 주태는 방패와 창을 들고 손권에게 날아드는 화살이며 창을 받아치며 뒤를 따랐다. 다행히 손권을 무사히 구해냈지만, 주태는 창에 두 군데를 찔렸다. 화살 10여 발이 주태의 갑옷을 뚫고, 그의 몸에 박혔다. 주태는 온몸에 힘이 빠졌다. 배를 탄 손권은 길게 한숨지었다.

"주태가 아니었으면 죽을 뻔했다. 그런데 아까 서성도 나와 같이 있었는데 어떻게 됐지? 서성도 어서 빠져나와야 할 텐데……."

"제가 가서 서성을 구해오겠습니다."

주태는 갑옷에 박힌 화살도 뽑지 않고, 상처 입은 몸으로 다시 적진으로 뛰어들었다. 손권 진영에서는 화살을 쏘아대며 주태를 엄호했다. 얼마 후 주태는 기어이 서성을 구했으나 포위를 뚫으면서 또 창에 찔렸다.

진영으로 돌아온 손권은 전사자를 장사지낸 후, 주태의 은혜를 생각해서 그를 위해 잔치를 베풀었다. 손권은 눈물을 줄줄 흘렸다.

"내 그대가 아니었으면 오늘 하늘을 바라볼 수 없었을 거야."

주태도 울면서 말했다.

"황공합니다."

손권은 주태의 옷을 끄르게 했다. 주태의 몸은 성한 곳이 한 군데도 없었다. 창에 찔리고 화살에 맞은 상처에서 나온 피가 온몸에 불긋불긋 굳어 있었다. 이를 본 손권은 다시 눈물을 흘리기 시작했다.

"여기는 창에 찔린 상처로구나. 또 여기는 화살을 맞았구나."

손권은 주태를 어루만지며 일일이 물어보았다. 주태는 감격했다.

"예, 그렇습니다. 여기는 처음에 나올 때 생긴 상처고, 또 여기는 다시 들어갔을 때 생긴 상처입니다."

손권은 주태에게 상처 한 군데마다 술 한 잔을 권했다. 이날 주태는 크게 취했다. 손권은 주태에게 푸른색 일산을 내려주어, 오갈 때마다 일산을 받고 다니게 했다. 이후 주태는 손권의 옆을 지키면서 수차례 공을 세웠고, 병들어 죽었다.

주태는 두 번이나 손권을 구해냈다. 그가 없었더라면 손권은 강동의 주인이 되지 못했을 것이다. 『삼국지』에는 갖가지 감동적인 이야기가 실려 있다. 그중 주태의 일화가 돋보이는 이유는 그가 위기 상황에서 자신을 돌보지 않았기 때문이리라.

정청래는 주태다

정치 현안에 대해 과감히 소신을 밝히고, 열심히 활동하는 모습을 보여주는 사람. 주태가 창에
찔리고 화살에 맞아가면서 손권을 지켜냈던 것처럼, 온몸으로 보수 세력의 공격과 민주당을 비
판하는 국민의 목소리를 받아내고 있다.

알콩달콩? 좌충우돌!

|

"박근혜 씨에게 묻습니다. 노무현 대통령을 노가리라 비하하며 온
갖 욕설을 퍼부었던 환생 경제 보며 엄청 웃으신 적 있죠. 노무현 대
통령을 노가리로 비하하고 육시랄 X 등 온갖 욕설을 퍼부었던 환생
경제 그렇게 재밌었어요?"

_2013년 11월 12일, 정청래의 트위터

민주당 지지율이 바닥을 치는데도 당 지도부는 개선책을 내놓지 못
하고, 저와 같이 근거를 가지고 할 수 있는 말을 하는데도 많은 의원
들은 오히려 주춤거리며 물러서서 한마디 말조차 하지 못했다. '국정
원 대선 개입 사건', 'NLL 공격', '채동욱 검찰총장 낙마' 등 굵직한 이
슈에 대해서 민주당 의원들은 아무런 역할을 하지 못했다. 그런 가운
데 정청래를 비롯한 몇 명의 의원들이 외롭게 싸우고 있다.

정청래는 과거 '전대협 반미구국결사대'에 가담했다가 집시법·국가
보안법 위반으로 징역 4년을, 방화·총포도검화약류 특별법 위반 등으
로 징역 2년을 선고받았던 경력이 있는 투사형 의원이다.

이 사람이 대중에게 널리 알려진 것은 정봉주가 감옥에 들어가면서
가끔씩 〈나는 꼼수다〉에 출연하면서부터다. 정봉주가 감옥에 갈 때,
여러 민주당 의원들은 입만 살아서 '안타깝다'는 소리만 내며 정봉주

주태 : 정청래 _____ 261

를 구하기 위해 적극적으로 움직이지 않았다. 그러나 정청래는 큰 목소리로 그의 무죄를 주장했고, 국회에서 정봉주의 특별사면을 요구하는 발언을 하기도 했다. 둘의 친분을 감안하더라도 정청래의 행동은 인정받을 만하다고 하겠다.

"〈조경태 의원에게-2〉 착각하지 마라. 당신은 모두가 Yes할 때 No라고 말하는 의로운 사람이 아니다. 내가 보기에 당신은 알량한 존재감 과시를 위해 음주운전에 역주행도 서슴지 않는 객기 부리는 취객일 뿐이다. 내게 할 말 있으면 술 깨고 와라!"

"〈조경태 의원에게-3〉 문재인 공격하듯 박근혜를 비판해본적 있는가? 민주당에 쓴소리 하듯 새누리당 정권의 불법대선 부정선거에 당차게 대항한 적이 있는가? 내가 보기엔 당신은 비겁하고 야비한 정신적 새누리당원이다. 당당하게 커밍아웃하고 가라!"

_2013년 12월 2일, 정청래의 트위터

조경태는 민주당 의원이면서 박근혜가 시정연설을 하러 회의장에 들어오자 민주당의 모든 의원들은 앉아서 맞이했는데 혼자 기립했던 사람이다. 조경태는 이를 두고 '최소한의 예의'라고 했지만, 이는 민주당 차원에서 '항의'의 의미를 담아 이루어진 상징적 행동이었다.

이런 행위를 보면서도 민주당 의원들은 누구 하나 나서서 조경태의 잘못을 지적하지 않았는데, 정청래는 준엄하게 조경태를 꾸짖었다. 민주당 의원들 모두 자신의 조직을 아끼겠지만, 표면적으로는 정청래에게 미치지 못하는 것으로 보인다. 정청래는 민주당의 의원이다.

민주당은 선거에서 철저히 중립을 지켜야 할 국가기관이 대통령 선거에 개입한 엄청난 사건이 벌어졌음에도 별다른 대응을 하지 못했다. 대응을 하지 못한 정도가 아니라 오히려 새누리당의 '선거 불복' 전략에 막혀 아무것도 하지 못했다. 127석을 지닌 제1야당이 무능한 모습을 보이자 끝내 국민들이 촛불을 들고 일어났다. 그런데도 민주당은 지지부진한 시간만 끌었다. 촛불집회에 참여한 민주당 의원은 손에 꼽을 정도였고, 국민들은 자연히 민주당에 대해 차곡차곡 분노를 쌓아갔다.

그 분노에 불을 지른 사람은 민주당의 당대표인 김한길이었다. 2013년 8월 27일, 국민들은 촛불을 들고 국정원의 해체를 외치는데 김한길은 시청 앞 서울광장에 천막을 치고, 그 안에 들어앉아서 한가롭게 독서를 했다.

이런 상황에서 정청래가 발언을 하기 위해 촛불집회 무대에 나섰다. 정청래가 모습을 나타내자 환호성을 지르는 사람들도 있었고, 반대로 야유를 보내는 사람들도 있었다. 환호성 안에는 그나마 민주당에는 정청래가 있어서 다행이라는 의미가 담겨 있었고, 야유 속에는 무능한 민주당에 대한 국민의 분노가 서려 있었다. 정청래는 그런 마음을 잘 알고 있었다. 정청래는 그들에게 정중히 인사한 뒤 첫마디를 뗐다.

"요즘 민주당 마음에 안 드시죠? 죄송합니다."

이 말 한마디에 거짓말처럼 야유 소리가 잦아들었다. 국민들은 이런 이야기를 듣고 싶었던 것이다. 정청래는 발언 내내 겸손한 태도를 유지하면서 민주당이 국정감사를 통해 밝혀낸 몇 가지 사실을 설명했다. 그러면서 국정감사 내용에 만족하지 않는 대다수 국민들에게 '성과가 전혀 없는 것은 아니었다'는 식으로 말하면서 고개를 숙였다. 앞으로 열심히 하겠다고 약속했다. 김한길이 해야 할 소리를 정청래가 한 셈이다. 우리 국민은 조조 군대가 아니고, 김한길은 손권도 아니었지만, 민주당으로 향하는 화살을 정청래가 대신 맞았던 것이다. 민주당의 지지율이 반 토막 난 가운데 그 나머지 절반의 지지율이라도 남아 있는 것은 정청래처럼 선봉에서 좌충우돌하는 의원이 있기 때문이라고 하겠다.

앞서 말했듯이 정청래가 대중에게 널리 알려지게 된 것은 〈나는 꼼수다〉에 출연하면서부터다(그전에는 유명하지 않았다는 말은 아니다). 정청래는 〈나는 꼼수다〉에 출연해서 재치 있으면서도 명쾌하게, 논리적으로 정치 현안에 대한 생각을 밝혔다. 대중들은 정청래에게 성원을 보내주었다. 그러나 하나를 얻으면 하나를 잃는 법이다. 모든 사람들이 다 정청래를 좋아할 수는 없다. 인기가 생기면 동시에 인기의 그늘도 생기게 마련이다.

정청래는 대중들에게 친근하게 다가서기 위해 조금은 가볍게 말을 했다. 자기 자랑을 했으며, 진행자들과 어울려서 웃고 떠들었다. 정치인이 반드시 무거워야 한다는 법은 없지만, 그렇다고 가벼운 모습을 함부로 보여줘서도 안 된다. 〈나는 꼼수다〉에 출연하여 인지도가 높아졌다고 할 수는 있겠지만, 그 반작용도 만만치 않다는 점을 알아야 하겠다.

정청래는 그동안 민감한 정치 현안에 대해 자신의 소신을 과감히 밝혔고, 열심히 활동하는 모습을 보여주었다. 주태가 창에 찔리고 화살에 맞으면서도 손권을 지켜냈던 것처럼, 정청래는 온몸으로 보수 세력의 공격과 민주당을 비판하는 국민의 목소리를 받아내고 있다. 정청래도 사람이라 많이 지쳐 있을 것으로 짐작한다. 그 자신은 그렇지 않다고 말하겠지만, 민주당 전체가 무능함의 극치를 보여주는 상황까지 만났으니 내외적으로 힘든 시기를 거치고 있을 것이다. 주태는 그나마 상처에 따른 보상을 받았다. 반면 정청래는 열심히 하고, 상처를 입었으면서도 술 한잔 얻어먹지 못하고 있다.

이유는 간단하다. 당대표가 손권이 아니라 '무덤 속의 마른 뼈다귀'로 불리는 원술과 같은 무능하면서 욕심만 많은 김한길이기 때문이다. 김한길과 그를 추종하는 세력이 민주당을 이끄는 한 정청래는 기량을 제대로 발휘하기 어려울 것이다. 이대로라면 다음 총선에서 낙선할 가능성도 염두에 두어야 할 것으로 본다.

최재천
공부하는 영혼 탈곡기

말 못 타고 칼 못 쓰는 대장군

조씨가 세운 위나라는 사마씨에게 넘어갔다. 사마씨는 나라 이름을 진晉으로 바꿨다. 진나라의 초대 황제는 사마염이다. 사마염은 촉한을 멸망시켰고, 오나라를 칠 준비를 하고 있었다. 사마염은 양호라는 장수를 신임했다. 양호는 오나라와 진나라의 접경 지대를 지키다가 병이 들어 사직했다. 사마염은 몸소 문병을 갔다. 양호는 죽음을 앞두고 있었다. 사마염이 울면서 말했다.

"이제 누가 경의 뜻을 이룰 수 있겠는가."

양호도 눈물을 흘렸다.

"신은 이제 죽습니다만, 어찌 제 정성을 다하지 않을 수 있겠습니까. 두예杜預가 큰일을 맡을 만합니다. 한번 써보십시오."
"그리하겠소."
"한 가지 더 말씀 올립니다. 신이 두예를 추천한 일은 비밀에 부쳐주십시오."
"훌륭한 사람을 추천하는 건 좋은 일인데 왜 비밀로 하라는 말인가?"
"벼슬은 나라에서 주는 것인데 사적으로 은혜를 바라는 사람들이 많기 때문입니다."

몇 마디 말만 보더라도 양호가 어떤 사람인지 짐작할 만하다. 사마염은 양호의 유언대로 두예를 형주도독으로 삼아서 군사를 훈련시켜 오나라 정벌 준비를 하도록 했다. 두예는 착실히 전쟁 준비를 해나갔다.
진나라 조정에서는 오나라 정벌 시기를 두고 갑론을박이 벌어졌다. 당장 공격하자는 주장과 1년 뒤에 공격하자는 주장이 팽팽히 맞섰는데, 사마염은 후자를 받아들여 군대를 움직이지 않았다. 이때 두예의 상소가 날아들었다.

"양호가 비밀리에 저를 추천했으나 조정에 알리지 않았기 때문에 현재 조정에서 의견 통일이 되지 않고 있습니다. 일을 할 때는 이해 득실을 먼저 따져보아야 합니다. 이번에 우리가 군대를 움직이면 열에 아홉이 이롭고, 해로운 일은 없을 것입니다. 오나라에서는 이미 우리의 의도를 알고 있습니다. 따라서 그들은 수도를 후방 지역인 무창으로 옮겨서 전쟁에 대비할 것입니다. 만약 그들의 성곽이 탄탄해지고, 백성들이 후방으로 이주한다면 아군이 약탈할 곡식도 없어집니다. 내년이 되어도 공격할 수 없을 것입니다."

사마염은 망설이지 않았다. 즉시 조서를 내렸다.

"진남장군 두예를 대도독에 임명한다. 군사 10만을 이끌고 강릉으로 출병하라."

두예는 속전속결 작전으로 오나라를 공격했다. 두예는 부하 장수 주지에게 800명의 소규모 부대를 주어 강을 건넌 후 야간에 기습을 해서 낙향이라는 마을을 점령하게 했다. 주지의 부대는 낙향을 점령한 뒤, 숲 속에 두예의 깃발을 꽂아놓고 성안에 잠복했다.

다음 날 두예는 수군과 육군을 동시에 출병시켰다. 오나라의 대장 손흠은 두예의 배가 다가오자 자신도 두예가 있는 쪽으로 배를 몰았다. 양 진영은 강 위에서 싸움을 시작했다. 잠시 후 두예는 일부러 지는 척하면서 후퇴했다. 배를 버리고 강변을 지나 숲 속으로 도망갔다. 손흠은 승세를 타고 두예를 뒤쫓았다. 20리 정도를 갔는데 사방에서 두예가 심어놓은 복병이 일어났다. 도망가던 두예의 부대까지 합세해서 손흠을 공격했다. 손흠의 군대는 크게 패해서 다시 강을 건너 낙향으로 도망갔다. 그런데 성에는 주지의 군대가 횃불을 흔들며 고함을 질러댔다. 손흠은 당황했다. 주지는 이 틈을 놓치지 않고 손흠의 목을 베어버렸다.

손흠을 이어 육경이라는 장수도 배를 타고 두예를 상대하러 오고 있었다. 육경이 바라보니 오나라 지역에 두예의 깃발이 나부끼고 있었다. 주지가 꽂아놓은 것이었다. 육경은 이미 모든 곳이 점령된 줄 알고 달아나다 죽었다. 오연이라는 장수는 오나라 군대가 패하는 것을 보고 겁을 먹고 도망가다가 복병한테 잡혀서 두예한테 끌려갔다. 두예는 망설임이 없었다.

"살려둬봐야 쓸 데가 없다. 목을 베어라!"

두예가 강릉 지역을 점령하자 주변의 오나라 태수들이 앞다투어 항복하기 시작했다. 전세는 급격히 두예 쪽으로 기울었다. 두예는 병사들을 엄하게 단속해서 털끝만큼도 백성들에게 피해를 주지 못하게 했다. 두예의 참모가 말했다.

"지금 강물이 불어서 대군을 오래 주둔시킬 수 없습니다. 일단 철수했다가 내년 봄에 다시 공격하는 게 좋겠습니다."

두예는 고개를 가로저었다.

"지금 우리 군은 대나무를 쪼갤 것 같은 기세로 전진하고 있다. 이대로 공격해야 한다."

'대나무를 쪼갤 것 같은 기세'라는 뜻의 고사성어 '파죽지세破竹之勢'가 여기에서 나왔다. 두예는 전군에 진격 명령을 내렸다. 결국 오나라는 진나라에 항복했다.

두예는 어떤 사람인가? 놀랍게도 그는 장수인데도 말도 못 타고 칼도 못 썼다. 오히려 공부하기를 좋아하는 사람이었다. 두예의 별명은 '좌전벽左傳癖'이다. 중국의 역사서인『춘추좌씨전』(줄여서 좌전)에 푹 빠진 사람이라는 뜻이다. 어디를 가더라도 말에『좌전』을 싣고 다녔을 정도로 이 책을 좋아했다. 결국 두예는『좌전』에 주석을 달았다. 현재 우리나라에서 한문을 공부하는 많은 사람들이 두예가 주석을 달아놓은『춘추좌씨경전집해』를 읽는다.

이처럼 문사 기질이 강한 사람이었지만, 전투를 벌일 때는 매우 냉정하고 치밀하게 작전을 수립해서 성공시킨 최고의 전술가였다.

최재천은 두예다

치밀하게 자료를 준비하고, 상대의 약점을 철저히 분석해서 싸움에 나서는 사람. 이 사람이 지닌 무기는 무엇인가? 법이다. 누구나 지켜야 하는 법을 가지고 상대와 싸운다. 철저히 준비하고 싸움에 임하기 때문에 '큰일을 맡을 만하며, 한번 써볼 수 있는' 사람이다.

공격 일변도의 전술

"후보자에게 신성을 요구하는 것이 아니다. 후보자에게 제기된 수많은 문제들, …… 공사조차 구분하지 못하는 문제, 해외출장 때마다 부인을 동반하고, 자녀 유학에 해외출장을 맞추고, (관용차로 딸 직장에 내려주고) 을지로에서 안국동으로 돌아오는 것이 뭐가 문제냐는 태도다! 후보자에 대해 어떻게 네이밍을 할까 고민했는데 '생계형 권력주의자'라는 말이 적절하다고 본다. 헌법재판소장이라는 최고의 권력을 개인의 향락과 가족을 위해 쓰나? 특정업무경비란 것은 감사원 직원이나 국세청 직원에게 비공식적 활동을 하라고 주는 돈이다."

_2013년 1월 21일, 이동흡 헌법재판소장 후보 청문회

'생계형 권력주의자'라. 대단한 창의력이다. 민주당의 최재천은 이동흡을 탈탈 털었다. 최재천의 연속되는 파상공격에 이동흡은 아무런 대응을 하지 못했다. 결국 이동흡은 헌법재판소장이 되지 못했다.

최재천의 별명은 '영혼 탈곡기'다. 그 누구도 최재천 앞에서 제대로 된 답변을 하지 못한다. 최재천은 인사청문회에 무려 스물세 차례나 참석해서 17대 국회에서 인사청문회 최다 참석 기록을 가지고 있다.

"총리! 그게 소신입니까? 탄핵감이지요! 근대국가 원리가 뭡니까? 대외를 향한 폭력은 군대에다 주고, 그래서 군대가 총부리를, 작전을 대민으로 돌리면 쿠데타가 되는 거예요! 대내적인 폭력은 검찰하고 경찰에 주는 겁니다! 폭력의 합법화, 폭력의 국가화가 근대 입헌주의 핵심 원리예요. …… 어떻게 국민을 상대로, 평시에 국민을 상대로 국가 폭력을 잠재하고 있는 기관인 국방부가 국민을 상대로 심리전이라는 작전을 합니까? 왜 그런 기본적인 개념조차도, 민주주의에 대한 기본 원칙조차도 잡혀 있지 않습니까? 그게 소신의 문제입니까? 헌법의 문제입니다, 이건! …… 전시에만, 계엄 시에만 그때는 심리전을 국민을 상대로 할 수도 있겠지만 나머지는 완전히 잘못된 겁니다. 이러니까 우리가 아직까지 민주주의에 대한 의심을 품고 때로는 회의하고 답답해하는 겁니다. 가장 기본적인 개념조차도 안 잡혀 있으니까. 근대 입헌주의 일반 원칙조차도 우리는 손쉽게 허물어버리잖아요. 옳다는 이유로, 정파적인 이유로, 어느 정부에 근무한다는 이유로……."

_2013년 11월 4일, 제320회 2차 예산결산특별위원회 회의록(국회 홈페이지)

대한민국 국민을 상대로 심리전을 펼치는 것이 정당하냐는 최재천의 질문에 정홍원 총리가 "국방부 장관이 소신을 밝힌 것으로 생각한다"고 답하자 최재천이 격앙된 어조로 말한 내용이다. 행간에서 그의 분노를 읽을 수 있다. 정홍원은 한마디도 답변하지 못하고 털렸다.

이번에는 다소 강한 상대에게 공격을 시도했다. 지방선거와 관련해 안철수가 민주당에 요구한 '양보' 발언에 대해 최재천은 TBS 라디오 〈퇴근길 이철희입니다〉에 출연해서 이런 말을 했다.

"안 의원이 강조하던 '새 정치'와 부합하지 않는다. …… (후보 단일화가) 시민들의 눈에 거래 관계로 보이거나 정치 공학적 주고받기 게임으로 보인다면 이것은 안철수 새 정치에도 하자가 될 것이고, 민주당으로서도 결코 남을 게 없는 정치 게임이 될 것이다. …… 양보는 서로 간의 연대가 전제될 때 합의가 되는 것 아니겠는가. 서로 연대하지 않을 거고 각자 길을 가는 거면 서로 경쟁하는 것이지 양보하라는 말을 해서도 안 되는 것이다."

_2014년 1월 20일

안철수가 신당을 만든다는 소식이 들리자마자 안철수 신당의 지지율은 새누리당 다음으로 높아졌고, 최재천의 민주당은 지지율이 폭락했다. 민주당이 급해질 수밖에 없다. 그 와중에 안철수의 '양보' 발언이 나온 것이다. 최재천의 저 말에 대해 안철수 세력은 공식적인 답을 내지 않았다. 누가 되든 최재천과 맞서 싸우기 어려울 것이다.

민주당이 야당의 역할을 전혀 하지 못하는 가운데 최재천을 비롯한 몇몇 의원이 외로운 싸움을 전개하고 있다. 최재천은 개인전에서는 발군의 기량을 보여주었다. 이제 최재천은 지방선거를 앞두고 민주당의 전략홍보부장이 되었다. 본격적으로 민주당의 참모 노릇을 시작하는 것이다.

"야권연대의 대상이었던 정당 하나가 '종북'의 덫에 빠져 허우적거리고 있고, 민주당보다 지지층이 두터운 제3정당은 창당 초읽기에 들어갔다. 박근혜 대통령의 지지율은 이명박 대통령의 그것과 사뭇 다르다. 민주당은 김한길 대표의 신년 기자회견 이후 또 다른 '우클릭' 논란에 빠져 있다."

_2014년 1월 22일, 세계일보 유태영 기자의 페이스북

최재천의 앞에 놓인 상황은 이처럼 결코 만만치 않다. 과연 지금까지 그랬던 것처럼 파죽지세로 상대를 몰아붙여 승리할 수 있을 것인가. 그는 치밀하게 자료를 준비하고, 상대의 약점을 철저히 분석해서 싸움에 나선다. 감정을 앞세워 상대를 공격하는 것처럼 보이지만, 그의 말을 자세히 들어보면 결코 그렇지 않다는 사실을 알게 된다.

그럼 이 사람이 가진 무기는 무엇인가? 법이다. 누구나 지켜야 하는 법을 가지고 상대와 싸운다. 이는 사법고시 출신으로 변호사를 지냈던 그의 이력과 무관하지 않다. 최재천은 무슨 일에든 철저히 준비하고 싸움에 임하기 때문에 '큰일을 맡을 만하며, 한번 써볼 수 있는' 사람이다. 조직과 맞서더라도 쉽게 무너지지 않을 것이다.

정작 심각한 문제는 현재 당대표가 원술 같은 김한길이라는 점이다. 원술이 꼭대기에 있으면, 민주당뿐 아니라 최재천 자신, 나아가 야당 지지자들에게 엄청난 피해가 올 것이다. 주태 같은 맹장 정청래와 두예 같은 참모 최재천이 건재한데도 이들을 효율적으로 쓸 수 있는 주인이 없다. 꽃피는 봄이 와도 봄 같지 않을 것이다.

김광진
오늘은 조연, 내일은 주연

죽은 아버지를 구하고, 산 주인을 구하다

203년 8월, 손권은 세력 확장에 박차를 가했다. 군대를 거느리고 조조의 부하 황조를 공격했다. 양 진영은 대강이라는 곳에서 충돌했는데 전세가 손권 쪽으로 기울고 있었다. 이때 손권의 선봉장은 능조라는 장수였는데, 작은 배를 타고 황조의 진영으로 돌격해 들어가다 상대의 장수 감녕이 쏜 화살에 맞아 죽었다. 선봉장을 잃은 손권의 군대는 크게 흔들렸다. 손권은 후퇴 명령을 내리려 했다.

"아버지의 시신이라도 모셔가야 하겠다!"

능조의 아들 능통凌統은 열다섯의 어린 나이에 이 싸움에 참전하고 있었다. 쏟아지는 화살을 무릅쓰고 적진으로 뛰어들었다. 소년 장수 능통은 기어이 아버지의 시신을 수습해왔다. 손권은 결국 황조를 이기지 못하고 돌아왔다. 능통은 언젠가 감녕을 꼭 죽이기로 다짐했다.

생각보다 빨리 기회가 찾아왔다. 감녕은 황조가 그릇이 작은 데다 자신을 홀대하자 그의 목을 베어버리고, 손권에게 항복했다. 황조는 손권의 아버지 손견을 죽인 사람이었다. 황조의 목을 제사상에 올려 손견의 제사를 지낸 후에 연회를 베풀었다. 한창 술을 마시는데 능통이 통곡을 하면서 칼을 빼들고 감녕에게 덤벼들었다. 감녕은 깜짝 놀라며 자신도 칼을 빼들었다. 손권이 급히 능통의 손을 잡으며 말렸다.

"저놈과는 한 하늘 아래서 살 수 없습니다! 어떻게 아버지의 원수를 갚지 않을 수 있겠습니까!"

손권은 그날로 감녕에게 5천 명의 군사와 전함 100척을 주어 하구라는 곳으로 가게 했다. 능통을 피하도록 한 것이다.

209년, 손권은 조조 수하의 명장 장요가 버티고 있는 합비를 공격했다. 감녕과 여몽을 선봉으로 삼아 합비성을 공격하게 하고, 자신은 능통과 함께 뒤를 따랐다. 그런데 선봉부대가 상대의 유인책에 속아 깊숙이 들어갔다. 손권은 선봉이 이긴 줄 알고 급히 뒤를 따랐다. 이 모든 것이 장요의 작전이었다. 장요의 부대는 길목에서 손권을 기다리고 있었다. 좌우에서 복병이 일어났다. 순식간에 손권의 부대가 무너지기 시작했다. 장요의 정예병이 손권을 향해 달려들었다. 능통의 부대도 기습을 당해 300명밖에 남지 않았다. 능통이 소리 질렀다.

"주공께서는 빨리 다리를 건너십시오!"

능통과 300명의 군사들은 다리로 향하는 길목을 막아서서 장요의 군대 2천 명과 맞섰다. 능통은 손권이 후퇴할 시간을 벌기 위해 죽을 힘을 다해 싸웠으나, 이길 수가 없었다. 능통의 부하 300명은 모두 전사했고, 능통 역시 온몸이 창에 찔렸다. 능통은 더 버틸 수가 없었다. 혼자서 다리 앞에 도착했으나 이미 다리가 끊어져 있었다. 강을 따라 말을 달리기 시작했다. 손권은 배를 타고 도망을 가다가 능통을 발견하고는 그를 구해주었다. 장요, 역시 조조가 자랑하는 일류 장수다웠다.

장요의 진영에 조조도 합세했다. 조조가 뒤를 받치고, 장요는 선봉이 되어 손권의 진영 앞에 와서 싸움을 걸었다. 능통이 손권에게 말했다.

"제가 나가서 장요와 싸워보겠습니다."

능통은 군사 5천 명을 거느리고 장요의 진으로 공격해 들어갔다. 손권은 감녕과 함께 능통의 뒤를 따랐다. 장요는 부하 장수 악진에게 능통을 상대하게 했다. 악진 역시 뛰어난 장수였다. 능통의 칼과 악진의 창이 서로를 노리며 부딪쳤다. 50여 차례 칼과 창을 교환했지만 승부가 나지 않았다. 조조는 멀리서 둘의 싸움을 지켜보다가 옆에 있던 조휴에게 말했다.

"능통에게 화살을 쏘아라."

조휴는 활을 들고 조용히 장요의 등 뒤로 가서 능통을 향해 화살을 쐈다. 화살은 능통이 타고 있던 말을 맞혔다. 능통은 말에서 떨어졌다. 악진의 창이 능통의 몸을 찌르려는 순간, 화살 한 발이 악진의 얼굴에 와서 맞았다.

"제가 가볍게 적을 상대해서 공을 세우지 못했습니다. 저의 죄가 큽니다."
"허허, 큰일 날 뻔했네. 자네의 목숨을 구해준 사람이 누군 줄 아는가?"
"아직 모릅니다."

"감녕이네. 감녕 장군이 자네 목숨을 구해준 거야."

이후로 둘은 다시 다투지 않았다.

능통은 성격이 과감하고, 부하를 자식처럼 대했다고 한다. 무장이지만 글 읽기를 좋아했고, 선비들과 가까이 지냈으며, 청렴한 성품을 지녀서 주변의 존경을 받았다. 주연의 역할에서는 약간 벗어나 있었지만, 없어서는 안 될 장수였고, 강한 집념과 기백은 『삼국지』의 어느 장수와 비교하더라도 결코 뒤지지 않았다. 물론 실력도 갖춘 장수였다. 길을 거슬러 적진에 뛰어들고, 경험 많은 백전노장과 대등하게 싸울 수 있는 젊은 장수는 그리 흔하지 않다. 능통은 주유가 자리를 비운 열흘 동안 대도독의 일을 맡기도 했다.

김광진은 능통이다

김광진은 현재까지 나무랄 데 없는 활약을 보여주고 있다. 언론 환경이 좋았다면 더 주목받았을 것이다. 김광진에게는 초선 의원에게서 드러나는 경솔함도 없다. 아직까지는 조연이지만 이대로 성장하면 주연이 되리라고 확신한다.

주연으로 성장하기를 바라며

"이분은 민족문제연구소에서 발간한 '친일인명사전'에 등재된 친일 인사이기도 하고, 2009년 대통령 직속 '친일반민족행위 진상규명위원회'가 발표한 명단에 들어가 있는 만주군관학교 출신의 간도특설대원입니다. 이번에 국방부가 6·25전쟁 당시에 참전용사를 전쟁 영웅으로 미화하는 뮤지컬 〈더 프로미스The promise〉를 국방부 예산을 올해 2억, 내년 4억을 들여서 이것을 진행한다고 공식 발표했습니다. 어떻게 생각하십니까?"

"백선엽 장군은 6·25 초전부터 종료 직전까지……."

"…… 이 잘못된 과를 가지고 있는 사람이, 이 민족 반역자가 초기 대한민국 국군의 지도자로 살 수 있다는 사실 자체도 부끄러운 일입니다만, 60년이 지난 지금까지도 그 잘못을 청산하지 못하고, 우리가 그 사람들을 칭송해야 된다는 사실이 참 부끄럽고요. 이분 외에도 우리가 기려야 할 영웅들이 많습니다."

_김광진, 『7분의 전투』, 지성기획인쇄, 150~151쪽

백선엽은 한국전쟁의 영웅으로 추앙받는 사람이다. 보수 세력에서는 당연히 이 사람을 찬양하며, 진보 진영에서는 이 사람을 쉽게 건드리지 않는다. 한국전쟁은 진영 논리로 이야기할 수 있는 성격을 넘어

서는 대상이기 때문이다. 조금이라도 북한에 대해 호의적인 말을 했다가는 곧바로 '종북'이라 공격받는 사회적 분위기에서, 전쟁 영웅을 '민족 반역자'라고 말하는 것은 결코 쉬운 일이 아니다.

사정이 이러함에도 2012년 10월 19일 국회 국방위원회 국정감사장에서 민주당의 김광진 의원은 노회한 국방부 장관 앞에서 거침없이 자신의 소신을 피력했다.

김광진은 1981년생이다. 민주당의 청년비례대표로서 최연소로 19대 국회의원이 되었다. 그의 저 일갈은 적진으로 뛰어들어가 아버지의 시신을 수습해온 소년 장수 능통의 기개와 닮았다.

예상대로 김광진은 보수 세력의 집중 공격을 받았다. 유명한 '어버이연합' 회원들은 김광진 규탄 집회를 열었고, 재향군인회에서도 김광진의 사과를 요구하는 성명을 냈다. 새누리당 의원 22명은 김광진을 국회 윤리위원회에 제소하기도 했다. 새누리당에서는 김광진이 국회의원이 되기 전에 했던 말까지 문제 삼아서 그를 공격했다. 김광진은 트위터에 이렇게 썼다.

"(어버이연합 회원에게) 당신 같은 어버이 둔 적 없다."
"(천안함·연평도 사건과 관련하여 남북 비밀 접촉이 있었다는 북한의 주장이 나오자) 언제부턴가 북한이 더 믿음이 간다."

사태가 악화되자 결국 김광진은 사과를 했다.

"아픔을 느낀 분들에게 사과를 드립니다. 다만 트위터라는 공간의
풍자와 해학성 그 자체에 대한 언론의 자유까지 모두 없어져야 한다
고는 생각하지 않습니다."

백선엽과 관련된 발언에 대해서는 끝내 사과하지 않았다. 자신의 고
집을 꺾지 않은 셈이다.

김광진은 민족문제연구소 전남동부지구 사무국장을 지냈다. 이러
한 이력에 맞게 그는 아직까지 버젓이 행세하고 있는 친일파를 청산
하는 데 많은 노력을 기울이고 있다. 그러나 능통이 그러했듯이 김광
진 역시 혼자서 큰일을 감당하기엔 한계가 있다. 그의 나이와 경력이
문제가 아니라, 우리 사회 곳곳에 일제의 잔재가 뿌리 깊게 박혀 있
고, 친일파의 후손들은 기득권 계층이기 때문이다. 능통을 구해준 감
녕의 화살이 필요하다. 김광진에게 감녕의 화살은 무엇인가.

"존경하는 민주당의 선배 의원님들! 김광진입니다. …… 친일 반민
족 행위자로 규정한 백선엽을 미화하는 뮤지컬을 만드는 것을 지적
했다가 새누리당으로부터 국회윤리위원회에 제소되기도 하였습니
다만, 저는 이 싸움을 멈출 수 없습니다. …… 지난달에는 문화재청

에서 백선엽 전 장군의 군복을 문화재로 등재하겠다고 고시하였습니다. …… 엄혹한 일제강점기 시기에 조국과 민족의 독립을 위해서 목숨을 바치신 애국지사와 자손들이 아직도 생존해 계십니다. …… 헌법기관으로서 문화재청의 '근대 의생활 유품 문화재 등재 예고' 중 다음의 항목에 대해서 반대 의견을 표명해주시면 감사하겠습니다."

_김광진, 『7분의 전투』, 167~169쪽

김광진을 포함한 민주당 의원 14명과 통합진보당의 김재연이 김광진을 위한 '감녕의 화살'이 되어주었다. 문화재청은 친일파 물품에 대한 문화재 등재를 보류하겠다고 밝혔다. 이는 사실상의 취소나 다름없다고 한다. 아주 큰 업적은 아닐 수도 있겠지만, 그렇다고 이를 평가절하하기도 어렵다.

"국방부가 주장하는 2급 군사기밀 내용을 보면 '상황 보고 들어갑니다. 당연히. 망으로 들어갑니다. 시스템에 의해서'라는 녹취 내용이 전부입니다. …… 정말 이런 내용이 2급 군사기밀에 해당합니까? …… 이 내용을 누설한 것이 국가 안보에 위해를 가하는 일인지 상식을 가진 국민 여러분께 묻습니다. …… 대선 부정선거에 대규모로 개입한 불법 행위를 드러내 국민에게 정확히 밝히고자 하는 것은 국회의원으로서 당연하고도 정당한 직무 수행입니다. …… 정말 민주주의 국가인 대한민국을 위태롭게 하는 것은 제가 아니라 부정선거를 자행한 국정원과 국군 사이버사령부입니다. …… 비겁하게 국방부 하급 직원 명의로 제 보좌관을 고발하지 마십시오. 당당하게 국방부 장관 명의로 차라리 저를 고발하십시오!"

국방부는 저 한 줄짜리 녹취록을 제보한 김광진의 보좌관을 고발하겠다고 밝혔다. 국방부는 일관적으로 대선에 개입하지 않았다고 주장해왔다. 그러나 김광진의 노력에 의해 국군 사이버사령부가 대선에 개입한 정황이 조금씩 윤곽을 드러내고 있다. 국정원을 비롯한 국가기관의 대선 개입 의혹에 대해 대다수의 민주당 의원이 침묵을 지키거나 소극적인 태도로 일관하는 와중에 초선에 비례대표라는 불리한 조건을 가진 김광진이 홀로 맞서 싸우고 있다. 김광진은 '상식을 가진 국민 여러분께 묻는다'고 했다. 이제 국민이 답해야 하지 않겠는가. 국민이 능통의 주군인 손권이 되어야 하지 않겠는가.

현재까지 김광진은 초선 의원다운 기개를 보여주고 있다. 국회 국방위원회 소속으로 직무를 성실히 수행한 덕분에 '국방부 장관은 김관진이 아닌 김광진'이라는 말까지 유행하고 있다. 국군 장병의 처우 개선을 위해 노력하고 있으며, '참전유공자 예우 및 단체 설립에 관한 법률' 개정안을 대표로 발의하기도 했다. 이 개정안이 통과되면 참전유공자의 명예수당이 국민기초생활 보장법에 따른 1인 가구 최저생계비 이상(약 60만 원)으로 인상된다. 현재는 65세 이상 참전유공자에게 월 15만 원을 지급하는 데 그치고 있다.

김광진은 이제 임기의 반을 지나고 있다. 지금까지는 나무랄 데 없는 활약을 보여주었다. 언론 환경이 좋았다면 더 주목받았을 것이다. 초선 의원의 경우 재선을 위해 조급하게 일을 추진하다가 경솔하다는 비난을 받기도 한다. 김광진에게는 다행히 그런 모습이 보이지 않는다. 처음 국회의원이 되었을 때를 기억하면서 그 마음을 임기 말까지 유지하는 것이 중요하겠다. 민주당의 처지에서도 경험이 쌓인 정치인을 홀대하진 못할 것이다. 열심히 하되 마음의 여유를 갖고 의정 활동에 임해주길 바란다.

김광진, 아직까지는 조연이지만 이대로 성장하면 주연이 되리라고 예상해본다. 능통을 뛰어넘는 장수가 되어주기를 기대한다.

【제갈각은 유시민이다】

유시민
지나친 총명함은 자신을 망친다.
그러나……

총명과 현명 사이

229년 손권이 황제 자리에 올랐다. 아들 손등을 황태자로 삼고, 제 갈근의 맏아들 제갈각諸葛恪에게 태자를 보필하게 했다. 제갈각은 총명하고 말을 잘하기로 유명했다. 제갈각이 여섯 살 때, 아버지를 따라 손권이 베푸는 연회에 참석했다. 제갈근의 얼굴은 나귀처럼 길었는데, 이를 본 손권은 장난기가 발동했다. 환관을 시켜 나귀 한 마리를 끌고 오라 했다.

"하하, 나귀 얼굴에 '제갈자유諸葛子瑜'라고 써라."

'자유'는 제갈근의 자字다. 다들 낄낄대며 웃기 시작했다. 가만히 앉아 있던 제갈각이 벌떡 일어나 붓을 잡고 '제갈자유' 뒤에 '의 나귀'라고 썼다. '제갈자유의 나귀'가 되었다. 손권은 제갈각의 재치를 크게 칭찬한 후에 나귀를 상으로 주었다.

어느 날 손권은 관료들을 불러모아 연회를 베풀었다. 손권은 제갈각을 시켜 사람들에게 술잔을 돌리게 했다. 제갈각은 술을 따라 나이 많은 문관 장소에게 잔을 주었다. 장소는 사양했다.

"이건 노인을 보살피는 예절이 아니라네."

손권이 살며시 웃으며 말했다.

"네가 장소한테 그 술을 억지로 마시게 할 수 있겠느냐?"

제갈각이 말했다.

"옛날 강태공은 연세가 구십이 넘었지만 벼슬을 하면서 늙었다는 말을 하지 않으셨습니다. 적과 싸울 때에는 선생을 대접하여 뒤에 계시도록 하고, 술을 마실 때는 선생을 대접하여 먼저 드립니다. 이

것이 노인을 보살피는 예절이 아닐는지요."

할 말을 잃은 장소는 말없이 술을 마셨다.

세월이 흘러 252년, 손권이 죽고 어린 손량이 황제가 되었다. 손권은
제갈각에게 뒷일을 부탁했다. 이때 위나라의 정권 실세였던 사마사는
이 기회를 틈타 오나라를 공격하기로 결정했다. 병력 10만 명을 거느
리고 국경 지대에 도착했다. 사마사는 먼저 호준이라는 장수에게 1만
군사를 주어 동흥성을 치게 했다. 이 싸움에서 호준은 크게 패하고
후퇴했다. 이 소식을 들은 사마사는 공격을 중단하고 회군했다.

제갈각은 이 승세를 타고 위나라를 공격했다. 촉나라에 사신을 보
내서 함께 위나라를 치자고 한 뒤에, 스스로 20만 대군을 거느리고 북
으로 진군했다. 행군을 하는데 갑자기 안개가 피어올라 앞뒤를 분간
할 수가 없었다. 장연이라는 사람이 말했다.

"이런 독기가 오르는 것을 보니 전쟁에 질 조짐입니다. 회군하시는
게 나을 듯합니다."

제갈각은 버럭 소리 질렀다.

"네가 감히 불리한 말을 해서 나의 군심을 어지럽히는구나. 여봐라.

저놈의 목을 베어라!"

제갈각은 주변의 만류로 장연을 죽이지는 않았지만, 그의 벼슬을 빼앗고 서민으로 강등시켜버렸다.

제갈각의 군대는 신성新城을 공격했다. 사마사는 신성에 사람을 보내 성을 굳게 지키라고 한 다음 세 명의 장수에게 명령을 내려 제갈각의 군대를 공격하게 했다. 제갈각은 석 달 동안 공격했지만, 신성을 함락시키지 못했다. 화가 난 제갈각은 전군에 열심히 싸우지 않는 자는 목을 베겠다고 명령을 내렸다. 거의 성이 함락될 무렵 위나라 진영에서 꾀를 냈다. 말 잘하는 사람 하나가 제갈각을 찾아왔다.

"위나라 법에 '성이 포위를 당했을 때 100일 안에 구원병이 오지 않았을 경우, 항복을 하더라도 가족을 연좌제에 묶지 않는다'고 되어 있습니다. 장군께서 신성을 포위하신 지 이미 90여 일이 되었으니 얼마간 공격하지 않고 참아주신다면 우리 성주가 항복을 한다고 합니다."

그러고는 위나라 법률 책을 내밀었다. 제갈각은 이 말에 속아 넘어갔다. 위나라 군대는 며칠 동안 쉬면서 성을 완전히 복구했다.

"하하, 우리 성안에는 아직 반년 동안 먹을 양식이 있다. 너희 오나라 개놈들한테 항복하지 않는다. 다시 싸우자."

제갈각은 화가 나서 다시 공격을 했다. 직접 나서서 싸움을 지휘하다가 이마에 화살을 맞았다. 설상가상 군대의 사기가 떨어졌고, 날씨가 더워서 병이 돌았다.

"병에 걸린 군사들이 많습니다. 어떻게 싸우려고 그러십니까."
"다시 그런 말을 하는 놈이 있으면 목을 베어버리겠다."

이 말을 들은 군사들은 더욱 풀이 죽었다. 도망치는 이들이 많았고, 장수 하나도 위나라로 투항해버렸다. 제갈각이 그제야 군사들을 살피니 다들 얼굴에 병색이 완연했다. 어쩔 수 없이 회군 명령을 내렸다. 위나라 군대는 후퇴하는 제갈각의 군대를 공격했다.

오나라에 돌아온 제갈각은 패배한 사실이 부끄러웠다. 병을 핑계로 조정에 나가지 않았다. 한편으로 사람들이 자신에게 책임을 물을까 봐 걱정했다. 장수들의 죄를 따져서 죄가 가벼운 사람은 변방으로 귀양 보내고, 무거운 사람은 목을 베어버렸다. 이처럼 제갈각의 위세는 하늘을 찔렀다.

자연스레 제갈각을 원망하는 사람이 생겼다. 종친 중에 손준이라는 사람이 있었는데, 제갈각에게 병권을 빼앗긴 뒤로 언젠가 제갈각을 죽이리라 벼르고 있었다. 이런 생각은 황제인 손량도 마찬가지였다. 황제는 잔치 자리에 제갈각을 유인했다. 이 자리에서 손준은 제갈각의 목을 베어버렸다. 그리고 군사를 보내 제갈각의 가족을 모두 죽여버렸다.

오나라 병권을 전담했던 것을 보면 제갈각의 기량이 녹록지 않았다는 것을 알 수 있다. 그러나 결정적인 순간에 판단 실수를 했는데, 이는 자신의 머리를 지나치게 믿었기 때문이다. 주위 사람들이 이 점을 우려해서 그에게 신중할 것을 충고했지만, 그때마다 콧방귀를 뀌고 자신의 능력을 믿었다. 오나라의 대장 육손은 그에게 이런 말을 했다고 한다.

"그대를 보니 기세는 윗사람을 능가하고, 아랫사람을 무시하는 성격을 가진 것 같습니다."

총명했으나 성질이 급하고, 사람을 덕으로 대하지 못했던 제갈각은 이렇게 죽었다. 그의 아버지 제갈근이 살아 있을 때, 아들의 총명이 너무 밖으로 드러나자 이런 말을 했다.

"이 아이가 집안을 망치고 말 것이다."

똑똑한 것이 능사는 아니다. 사람은 현명해야 한다. 주변의 말을 귀담아 들으며, 덕으로 사람을 대해야 한다. 이런 면에서 제갈각은 현명하지 못했다. 제갈각은 지나치게 총명해서 비참한 죽음을 맞았다. 남이 죽인 게 아니라 스스로 죽음을 택한 것과 마찬가지다.

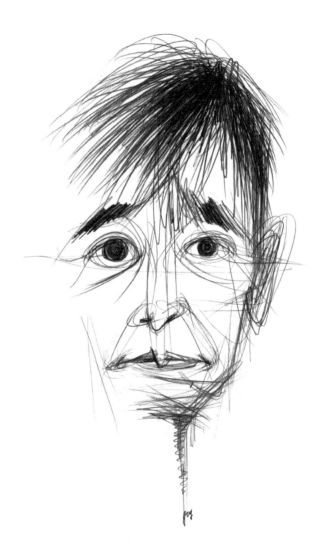

유시민은 제갈각이다

유시민은 '다음 생에서나 정치를 할 것'이라고 하면서 정계 은퇴를 선언했다. 그러나 세상일은 알 수가 없으므로 스스로를 가두지 말았으면 하는 바람이다. 현재 그는 작가다. 좋은 작가로, 평론가로 세상에 많은 기여를 해주리라 믿는다.

스스로를 가두지 말았으면

"법정이 신성한 것은 그것이 법정이기 때문이 결코 아니며, 그곳에서만은 허위의 아름다운 가면을 갈기갈기 찢어버리고 때로는 추악해 보일지라도 진실의 참모습을 만날 수 있기 때문입니다. …… 지금에 와서 긴급조치가 정의로운 법이었다고 주장하는 사람은 별로 없지만, 그리고 그때 투옥되신 분들이 '반사회적 불순분자' 또는 '이적행위자'였다고 말하는 이도 거의 없지만, 그분들을 '죄수'로 만든 법정은 지금도 여전히 '신성하다'고 하며 그분들을 기소하고 그분들에게 유죄를 선고한 검찰과 법관들 역시 '정의구현'을 위해 일하고 있다고 합니다. 누군가가 "지금까지 우리나라의 사법부가 정의를 외면해왔다"고 말한다면, 그것은 '법정이 민주주의의 처형장으로 사용되어왔다'는 뜻일 것입니다. 누군가가 "지금까지 우리나라의 사법부가 정의를 세워왔다"고 말한다면, 그리고 그가 진정 진지한 인간이라면, 그는 틀림없이 '정의란 독재자의 의지이다'고 굳게 믿는 인간일 것입니다."

_1985년 5월 27일, 유시민이 직접 작성한 항소이유서

1984년 서울대 총학생회 대의원회 의장 유시민을 비롯한 서울대 학생 몇 명이 은신처 주변을 지나가던 학생과 민간인 네 명을 프락치로 의심하여 체포하고 감금·폭행한 사건이 있었다. 이른바 '서울대 프락

치 사건'이다.

유시민은 이 사건에 연루되어 징역 1년을 선고받았다. 그는 이에 반발하여 자필로 장문의 '항소이유서'를 작성했다. 스물여덟 살 청년이 올라오는 감정을 억누르면서 '법과 정의'를 설득력 있게 써놓았다. 유시민의 항소이유서는 당시는 물론이고 현재까지 많은 사람들에게 깊은 감동을 준다. 글쓰기를 하는 사람들에게도 명문장으로 평가받는다. 유시민은 이른바 '운동권' 출신이지만, 글을 잘 쓰는 작가로서의 면모가 더 돋보이는 사람이다.

유시민이 대중적으로 폭넓은 사랑을 받게 된 계기는 『거꾸로 읽는 세계사』 때문이 아닌가 한다. 이외에도 많은 책을 썼지만, 작가 유시민의 이름은 이 책으로 인해 널리 알려졌다. 그럼 이런 책이 하루아침에 나왔는가? 그렇지 않다. 유시민은 MBC 월화 미니시리즈 8부작 〈그것은 우리도 모른다〉 대본, MBC 베스트셀러극장의 단막극 〈신용비어천가〉 대본을 썼으며, 신문에 칼럼을 기고하는 등 평소에 끊임없이 글쓰기를 했기 때문에 좋은 책을 내놓을 수 있었다.

유시민은 언변도 뛰어나다. 그의 재치 있으면서도 논리적인 말을 들어보자.

"(전여옥이 자신의 복장을 문제 삼자) 옷은 제가 가난해서 그런 것이지만, 전여옥 의원님은 부유하실 텐데 입을 가리는 옷은 없습니까?"

_2005년, MBC 〈100분 토론〉

"일베는 그냥 쓰레기 더미다. 일베는 약자를 헐뜯고 비방하고 비웃고 조롱하는 담론으로 꽉 차 있다. …… 모든 갈등구조에서 강한 자를 옹호하는 담론이 모여 있는 곳이 일베다. 문제는 글의 내용인데 그런 글을 쓰는 사람의 인격도 쓰레기라고 본다. …… 그런 쓰레기들의 표현의 자유를 확보해줘야 한다. 쓰레기에게도 권리가 보장되고 자유가 보장돼야 선량한 보통 시민들에게도 자유가 보장될 수 있다. …… 원래 표현의 자유라는 건 사회 구성원 대다수가 옳다고 생각하는 견해를 위해 존재하는 게 아니다. 터무니없다고 생각하는 견해까지도 자유롭게 표현할 수 있을 때 표현의 자유가 보장되는 것이다."

_2013년 5월 29일, 수원 북스리브로 강연회에서

"1인당 국민소득이 2만 4천 달러인 나라에서 평균 근속이 19년인 가장이 받은 연봉 6300만 원이 귀족이면 나머지 국민은 천민입니까?"

_2014년 1월 10일

작가이자 언론인이었던 유시민은 2003년 4월 개혁국민정당 소속으로 국회의원 보궐선거에 출마해 당선되면서 본격적인 정치 인생을 시작했다. 2003년 열린우리당 창당에 기여했고, 2006년에는 참여정부의 보건복지부 장관을 지냈다. 이후 대통합민주신당, 국민참여당, 통합진보당을 거쳐 2012년 진보정의당으로 자리를 옮겼고, 2013년 정계 은퇴를 선언했다. 유시민은 약 10년 동안 정치인으로서의 삶을 살았다.

대중들은 작가 유시민에 대해서는 대체로 호감을 표하는 편이지만, 정치인 유시민에 대해서는 호불호가 극명하게 갈린다. 겉으로 드러난 유시민의 행적을 보면 민주진보 진영 내에서 이동을 한 것이기는 하지만, 당적을 자주 바꿨음을 알 수 있다. 당적을 옮기는 것은 현재의 당이 자신에게 맞지 않기 때문이니 떠나면서 이전에 몸담았던 당을 비판할 수밖에 없다. 그의 처지에선 바른 소리를 한 것이겠지만, 이를 판단하는 것은 대중의 몫이다.

"지금 대통합민주신당에는 좋은 정당을 만들겠다는 꿈을 펼칠 공간도 남아 있지 않으며, 제가 꿈꾸었던 진보적 가치가 숨 쉴 공간이 너무나 좁아 보인다. …… 통합신당은 노선 경쟁을 할 수 있는 정상적 의사결정 구조가 존재하지 않는다. 전당대회 열어 노선경쟁 하려면 당이 파열될 수밖에 없는 상황이고, 아무리 노선 경쟁하고 싶어도 할 수 없는 환경이다. …… 이것이 교정될 수 있느냐? 시스템 새로 짤 수 있느냐? 물어보신다면 불가능하다고 본다."

_2008년 1월 16일, 대통합민주신당 탈당 기자회견

이렇게 외치고 나온 유시민은 대구에서 무소속으로 출마했다가 낙선했다. 이후 그는 국민참여당에 입당했다.

"이 정당엔 약간의 설렘이 있다. …… 정당에는 꿈이 있어야 한다. 하지만 민주당에서는 그런 꿈을 가진 조직 정당이 풍길 수밖에 없는 '이상의 향기'가 안 느껴진다. …… (민주노동당이나 진보신당에 대해서) 국민을 위한 정치보다는 자기 자신의 신념을 위한 정치를 한다는 느낌이 강하다. …… 이 정당을 하면 실패할 위험도 높지만, 새로운 시도엔 실패의 위험이 따르는 거니까 한번 해볼 만하다고 생각한다."

_2009년 11월 1일, MBC 〈일요인터뷰 인〉

유시민은 2010년 6월 2일, 지방선거에서 야권 단일화에 성공하고 경기 도지사에 출마했지만, 한나라당의 김문수에게 져서 낙선했다. 이후 유시민은 국민참여당 대표가 되었다. 2011년 4월 12일 김해(을) 지역 국회의원 보궐선거에 이봉수를 내세웠다. 유시민은 야권 단일화 과정에서 민주당에게 '100퍼센트 여론조사' 방식으로 최종 후보를 가리자고 제안했다. 민주당에서는 반발했지만, 곡절 끝에 민주당이 이를 받아들여서 결국 이봉수가 야권 단일 후보가 되었다.

이 과정에서 유시민의 고집이 비판을 받기도 했다. 이 지역은 노무현 전 대통령의 고향이었기에 전국의 이목이 집중되었다. 이 중요한 선거에서 이봉수는 패배했다. 이 패배는 유시민을 비롯한 국민참여당의 패배라고 할 만큼 충격이 컸다.

"이 당은 국민들에게 해로운 당이 됐다. 이 당에 계속 머물러 있는 것은 누구에게도 좋은 일이 아니라는 판단을 가지고 있다. …… 강기갑 대표의 혁신재창당에 대한 소위 구당권파라고 일컬어지는 분들의 지금까지의 반응을 보면 받아들일 생각이 전혀 없는 것 같다는 판단이 든다. …… 지금 민주노총의 지지 철회로 인해서 통합진보당이 노동 기반 위에 선 대중적 진보정당으로 가는 것이 불가능하다는 것이 판명됐다. …… 노동 기반 위에 선 대중적 진보정당을 만든다고 할 때, 중심 세력은 역사적, 사회적, 정치적인 면에서 이를 대변할 수 있는 분들이 나서야 한다. 저희가 힘을 보태는 입장에 서 있다."

_2012년 8월 16일, 국회에서 열린 혁신모임 2차 회의에서

유시민은 "노무현 대통령이 살아 계셨으면 통합진보당으로 오셨을 것"이라고 했다. 이런 당을 그는 다시 탈당했다. 정치인 유시민의 꿈은 '노동 기반 위에 선 대중적 진보정당'의 건설이다. 그의 꿈과, 꿈을 이루기 위해 좌충우돌한 그의 행적에 대해 시비를 가리거나 포폄하고 싶지는 않다.

다만 몇 가지 지적하고 싶다. 정치는 특정 정치인의 소신을 '실험'하는 것이 되어서는 안 된다. 불가피한 상황에서 실험을 하게 되더라도 신중한 자세를 지녀야 한다. 정치는 국민의 현실적인 삶과 직결되기 때문이다.

유시민이 당적을 옮기면서 하는 말을 살펴보면, 자신의 소신에 맞지

않는다고 해서 다소 빨리 판단하고 움직이고 있음을 알 수 있다. 여기에는 자신의 생각이 모두 옳다는 전제가 있다. 게다가 갈등 상황에 대처하는 방식이 지나치게 극단적이다. 처한 상황을 이해하지 못하는 건 아니지만, 갈등을 해결하지 못한다고 해서 조직을 뛰쳐나가는 모습을 보여서는 국민의 지지를 얻기 어렵다. 유시민이 적극적으로 추진했던 일이 실패한 이유가 아닐까 한다. 총명한 사람은 꾸준하기 어렵고, 자기 생각에 갇히는 경우가 많다. 제갈각이 실패한 모습과 흡사하다.

"직업 정치에서 패배를 인정하고 나온 거다. 그런 부분에 대한 비난은 기꺼이 감수하겠고 짊어져야 할 몫이다. 하지만 이제는 정치인 유시민이 아니라 지식소매상 유시민으로 봐주시면 좋겠다. 나는 그렇게 바뀔 준비가 되었다고 생각하는데 사람들은 아직 어색한가 보더라. 3년 뒤에 상황 바뀌면 다시 기어나올 거라는 등 온갖 이야기를 다 들었다. 이제껏 내게 관심 없었던 언론들까지 인터뷰 요청이 쇄도했지만 다 거절했다. 종편이든 공중파든 일반 언론사든 인터뷰를 할라 치면 안철수의 노원(병) 출마에 대해서 어떻게 생각하냐는 등 정치적인 질문이 먼저 나온다. 이젠 정치인이 아닌데 계속 그런 인터뷰를 할 수 없지 않나."

_2013년 4월 5일, 〈씨네21〉, Mix & talk

유시민은 '다음 생에서나 정치를 할 것'이라고 하면서 정계 은퇴를 선언했다. (진심으로 유시민을 좋아하는 사람으로서) 정말 잘한 결정이라고 생각한다. 그는 정치평론가나 작가에 어울리는 사람이지 정치를 할 사람은 아니라고 생각한다. 제갈각은 자기 그릇에 맞지 않는 감투를 썼다가 비명에 죽었다. 유시민은 다행히 목숨은 살아 있지만, 정치인으로서는 비명에 죽은 거나 마찬가지 신세가 됐다. 그의 총명함은 저술의 세계에서 빛을 발할 거라 믿는다.

혹시 이번 생에 다시 정치를 할 마음이 있다면 전면에 나서기보다는 참모 역할을 하는 것이 나아 보인다. 만약 복귀를 하면 말과 행동을 한 박자씩 느리게 해야 할 것이다. 10년이라는 시간이 짧다고 할 수는 없지만, 정계 은퇴 선언을 다소 급하게 하지 않았는가 하는 생각이 든다. 그의 움직임을 보고 판단해본 것이다. 10년의 값진 경험이 있기 때문에 정계에 복귀하게 되면 적지 않은 영향력을 행사할 사람이다. 정계 은퇴를 선언했지만, 세상일은 알 수가 없으므로 스스로를 가두지 말았으면 하는 바람이다.

유시민은 글을 잘 쓴다. 글을 쓰는 사람으로서 작가 유시민을 존경한다. 이 사람이 예전에 글쓰기 강의를 하는 영상을 몇 번 반복해보면서 그대로 따라하기도 했다. 좋은 작가로, 평론가로 세상에 많은 기여를 해주리라 믿는다.

|

서영석
포효 속에 깃든 논리

무식한 장비의 치밀한 작전

|

『삼국지』를 읽지 않은 사람이라도 이름은 알 정도로 유명한 장수가 바로 장비張飛다. 장비는 술 좋아하고, 성질 급하고, 무식한 사람으로 알려져 있다. 게다가 워낙 힘이 세고 무예가 뛰어나서 복잡한 작전을 좋아하지 않는다. 저돌적으로 밀어붙이며 힘으로 겨루는 걸 좋아하는 사람이다. 그러나 경험을 쌓으면서 장비는 유능한 참모와 비교하더라도 결코 손색이 없는 작전을 수립하기에 이른다.

장비는 서촉을 치러 가다가 상대의 노련한 장수 엄안과 상대하게 되었다. 엄안은 장비와 정면으로 상대하지 않고 싸움을 지구전으로 끌고 갔다. 장비는 멀리서 왔으니 시간을 끌다 보면 군량미가 떨어질 테고, 성질 급한 장비는 군사들을 못살게 해서 무리하게 공격을 하다가 제풀에 지칠 것이라 예상했기 때문이다. 엄안은 이 틈을 타서 장비를 공격해서 사로잡을 계획이었다.

엄안의 예상이 들어맞았다. 장비는 성 앞으로 가서 욕설을 퍼부으면서 싸움을 걸었다. 엄안은 끄떡도 하지 않았다. 아무리 싸움을 걸어도 엄안이 움직이지 않자 장비는 꾀를 내었다. 군사들에게 나무를 해 오라고 하면서 지구전을 준비하는 척했다. 그리고 한편으로 엄안이 지키고 있는 성으로 통하는 샛길을 탐색했다. 엄안은 장비의 군사가 나무를 하는 것을 보고 첩자를 장비의 군대에 잠입시켰다. 날이 저물자 나무를 하던 군사들이 귀환했다. 장비는 부하에게 물었다.

"엄안의 움직임은 어떠하더냐?"
"여전히 성문을 굳게 닫고 대응을 하지 않습니다."

장비는 천연덕스럽게 화를 내면서 어쩔 줄 모르는 척 연기를 했다.

"엄안, 이 늙은 자식이 나를 열 받게 해서 죽일 셈이구나."

"장군, 염려하지 마십시오. 오늘 성으로 들어가는 샛길을 발견했습니다."

장비는 엄안의 염탐꾼이 듣게 일부러 큰 소리로 말했다.

"오늘 밤에 저녁을 먹고 내일 새벽에 샛길을 따라 성으로 올라갈 것이다. 적에게 들키지 않도록 조용히 행군해야 한다. 말에 재갈을 물리고 방울도 떼라. 내가 선봉에 설 테니 너희들은 뒤를 따르도록 하라."

장비의 진영에 잠입해 있던 첩자는 이 사실을 엄안에게 알렸다. 엄안은 회심의 미소를 지었다.

'저놈이 앞서서 오면 군량미와 말먹이는 후미에 처져서 따라오겠지. 나는 후미를 쳐야겠다.'

엄안은 군사를 거느리고 샛길에 복병을 두고 장비를 기다렸다. 시간이 되자 장비가 나타났다. 엄안은 장비를 그대로 보내준 다음, 복병을 일으켜 장비 군대의 후미를 치고 군량미를 탈취했다. 승리를 확신하는 순간 뒤쪽에서 한 무리의 부대가 나타났다.

"엄안, 이 늙은이야. 내가 너를 기다린 지 오래다!"

장비였다. 엄안은 뜻밖의 일을 당하자 정신을 차릴 수가 없었다. 겨우 정신을 수습해서 장비와 싸웠다. 장비는 일부러 밀리는 척했다. 엄안은 기회를 놓치지 않고 칼을 휘둘렀다. 장비는 민첩하게 피하면서 엄안의 허리띠를 낚아채서 엄안을 낙마시켰다. 장비의 군사들이 우르르 몰려들어 엄안을 꽁꽁 묶었다.

장비는 공격 신호를 내렸다. 앞서 나갔던 가짜 장비의 부대까지 합세해서 엄안의 군대를 공격했다. 장비의 군대는 크게 이겼고, 성을 함락시켰다.

장비는 성에 들어가서 방을 붙이고 백성들을 안심시켰다. 그러고는 엄안을 데려오라 했다.

"엄안아, 어서 항복하지 못하겠느냐!"
"죽일 테면 죽여라! 절대 항복할 수 없다!"
"이놈! 대장이 왔는데 네놈이 감히 항복을 안 해?"
"너희들은 우리 땅을 침범한 도둑놈들이다. 서촉에는 머리 잘리는 장군은 있을지언정 항복하는 장수는 없다!"
"여봐라! 저놈의 목을 어서 베어라!"

엄안은 지지 않고 결연히 외쳤다.

"이놈아! 내 목을 찍을 테면 빨리 찍어라! 성질 내봐야 소용없다!"

장비는 엄안의 이런 태도를 보자 존경하는 마음이 일어났다. 화를 가라앉히고 몸소 엄안을 풀어준 뒤, 옷을 갈아입히고는 엄안에게 진심으로 사과했다.

"제 말이 지나쳤습니다. 꾸짖지 말아주십시오. 저는 장군이 호걸인 줄 짐작하고 있었습니다."

엄안은 장비의 태도에 감동해서 말없이 손을 잡는 것으로 항복 의사를 표했다.

"장군께 한 말씀 여쭙겠습니다. 서측 지역을 빨리 안정시켜야겠습니다. 어떻게 하면 되겠습니까."
"패배한 장수에게 은혜를 베풀어주셨으니 어찌 갚지 않겠습니까. 최선을 다하겠습니다. 무기를 쓰지 않고도 서측을 차지할 수 있습니다."
"무기를 쓰지 않고 이길 수 있다면 그보다 더 다행스러운 일은 없겠습니다."

엄안은 장비 군대의 선봉에 섰다. 엄안은 서촉의 장수를 만날 때마다 항복을 권유했다. 엄안은 명성이 높은 장수였다. 모두들 두말없이 항복했다.

이처럼 장비는 치밀한 작전을 수립할 줄 알았고, 감정을 앞세워 일을 처리하지 않는 장점을 가진 장수였다. 사람을 알아보는 눈도 있었다. 그러나 급한 성격은 끝내 고칠 수 없었던 모양이다. 관우가 오나라의 여몽에게 죽자, 복수심에 불탄 장비는 부하들을 독촉해서 전쟁 준비를 시켰다. 조금이라도 머뭇거리는 부하가 있으면 사정없이 때렸다. 자연히 부하들은 불만이 쌓였다. 결국 장비는 출정하기 전에 부하인 범강과 장달에게 죽임을 당하고 말았다.

서영석은 장비다

특유의 날카로운 화법 때문에 능력만큼 인정받지 못하고 있는 것으로 보인다. 그렇다고 해서 지금의 스타일을 버리거나 고쳐달라고 말하고 싶지는 않다. 희망을 버리지 않고 이기기 위해 그 나름대로 최선을 다하고 있기 때문이다.

난세에 반드시 필요한 평론가

현재 정치권에서 장비의 용맹과, 노년의 장비가 갖추었던 전술을 겸비한 사람을 찾기 어렵다. 저돌적으로 공격하면서도 그 안에 논리를 지닌 사람은 흔치 않다.

장비는 유비의 부하였다. 유비는 어떤 사람인가. 가난한 돗자리 장수였는데 마침내 촉한의 황제가 된 사람이다. 출신이 그 사람을 평가하는 중요한 척도가 되는 우리나라에서는 유비 같은 인물이 출세하기 어렵다. 장비 역시 마찬가지다. 돼지를 잡아서 팔던 정육점 주인이 아니던가. 그러나 분명 어디엔가 유비와 장비 같은 사람이 있을 것이다. 장비 같은 사람은 과연 누구일까? 국민TV〈서영석의 라디오 비평〉을 진행하는 서영석이 장비와 비슷한 유형의 인물이 아닌가 한다.

"장하나 의원의 박근혜 퇴진 요구에 새누리가 펄쩍 뛰는 게 아무래도 수상하다. 어딘가 허를 찔린 듯 과민 반응하는 게 뭔 죄를 지어도 보통 지은 게 아닌 모양. 그보다 더 웃기는 건 민주당. 붕신도 아니고, 부정선거니 물러나란 장 의원 발언이 개인 입장이라니, 그네 변명 배운 거니? 개인적 일탈?"

"떡찰 너희들, 발표하는 늬들도 좀 쪽팔리지? 이건 해도 해도 좀 너무 한다. 국정원에 보관된 일급 비밀을 토씨 하나 틀리지 않고 읽은 김무성이가 아무리 실세라 해도 그렇지, 그걸 찌라시에서 봤다는 변명을 받아들여 무혐의라고? 니들 정말 사법시험 패스한 검사 맞어?"

"김기춘 '내시대장' 사의설이 절대 아니라 해도 소문이 가라앉지 않으니 딱한 노릇이라고 조선일보 팔면봉이 한탄하는데, 이유가 뭐겠나? 자신을 당선시킨 공약을 밥 먹듯 뒤집는 인간들의 집합소가 청와대인데 뭐라 해명한들 그게 사실인 것으로 믿지 않으니 생기는 현상이지. 그나저나 조중동까지 들고일어나 현오석이 주둥아리를 재봉틀로 꿰매고 있으니 저 목숨 오래 가지는 않을 듯."

_서영석의 페이스북

그야말로 거침이 없다. 이 사람 이러다가 잡혀가는 게 아닌가 싶을 정도로 발언의 수위가 높다. 위에서 본 것처럼 가끔씩 욕도 한다. 사람들이 걱정하는 걸 아는지 모르는지 서영석은 시종일관 저 같은 자세를 유지한다. 앞뒤를 살피지 않으며 공격 일변도로 내지르는 기세가 장비와 흡사하다.

이래서 서영석에 대한 평가는 민주진보 진영 내에서도 호불호가 극명하게 갈린다. 속이 시원하다는 반응이 있는 반면 '무식해 보인다', '공부 좀 해라', '욕만 하는 것이 능사가 아니다'라는 부정적인 반응도 보인다. 이런 반응에 대해 서영석 자신은 어떻게 생각하는지 알 수 없다.

　그러나 서영석의 이력을 살펴보면 공격적인 말투만 갖고 부정적으로 평가할 수는 없다고 하겠다. 서영석은 1984년 경향신문에서 기자 생활을 시작했다. 이후 국민일보로 자리를 옮겨 정치부 기자로 명성을 얻었다. 2002년 국민일보 기자로 있을 때 쓴 글 「노변정담」은 대중들에게 많은 사랑을 받았다. 이 글의 성공에 힘입어 인터넷 정치 토론 사이트 '서프라이즈'를 개설하기도 했다. 서프라이즈 역시 많은 사람들의 사랑을 받았으나, 부인의 교수 임용 청탁 사건에 연루되어 공개 사과를 하고 대표직에서 물러났다. 2007년 인터넷 신문 〈데일리 서프라이즈〉를 창간했으며, 2012년에는 노무현재단의 뉴스브리핑 고정 칼럼니스트로 활동했다. 이처럼 서영석은 정치 분야에서 명성이 있는 기자이며, 평론가였다.

"국정원 대선 개입을 범죄냐 아니냐의 구도로 계속 가져가면 여당에 불리할 수밖에 없다. 반면 이것을 대선 결과에 대한 승복이냐 아니냐의 문제로 돌려버리면 국정원이 저지른 범죄의 책임 소재도 아주 애매해지고 지금 상황을 적과 우리 편이라고 하는 이분법적인 단순 구도로 만들 수 있게 된다. 새누리당과 청와대가 노리는 것이 바로 이것이다."

_2013년 7월 17일, 국민TV 〈서영석의 라디오 비평〉

"올해부터 2018년까지 적용되는 주한미군 방위비 분담금 협상이 타결됐다고 한다. 올해 정부의 방위비 분담금은 지난해보다도 500억 원 이상 늘어난 퍼센티지로는 5.8퍼센트 증가한 9200억 원으로 책정됐다고 한다. …… 왜 이런 불리한 협상 결과가 나왔을까. 전시작전통제권, 전작권 환수와 관련해서 미국은 주겠다는데도 불구하고 한국은 '못 받겠습니다. 연기해주십시오' 이런 식으로 읍소했다. 그러니 미국과 한국과의 방위비 분담금 협상에서 우리가 제대로 된 이야기를 할 수 있었겠나. 철저하게 외세에 굴종적인 정권이 어떻게 국민들에게 피해를 끼치는지 이번 한미 간의 방위비 분담금 협정에서도 드러난다고 하겠다."

_2014년 1월 13일, 〈국민TV뉴스〉

"기초선거 정당공천제가 유지되면 새누리당 후보는 공천받은 자로 자동 단일화가 되고, 반면 야당은 안철수 신당과 민주당 두 명(게다가 정의당과 진보당까지 합치면 네 명)이란 1여 다야의 구도가 된다. 새누리당의 싹쓸이가 될 거다. 이런 상황에서 안철수 신당의 완주론은 야권이 전멸하든 말든 민주당을 초토화시켜 정치적 입지를 다지자는 이기적 전략이란 평가를 받을 수밖에 없다. 심사숙고하기를 권한다."

_서영석의 페이스북

이 말의 옳고 그름 또는 예상의 적중 여부를 떠나 서영석의 말에는 근거가 있고, 논리가 있다. 그런데 서영석을 비판하는 사람들은 대부분 저돌적으로 내지르는 그의 태도를 지적하는 경우가 많다. 일리는 있다. 보수 세력에서도 목소리가 큰 사람들이 있고, 그들 역시 그 안에서 비판받는 것을 보면 진영을 떠나 이런 식의 전달 방식은 바람직하지 않다고 볼 수 있겠다.

평론의 내용에 관한 지적도 나오지만, 이는 서영석만의 문제는 아니다. 오히려 양비론을 내세우거나 어설픈 타협을 주장하는 평론가보다는 서영석이 나을 수도 있다. 이런 점에서 서영석은 노년의 장비처럼 용맹성과 전술을 겸비한 사람이라고 본다. 어쩌면 엄안을 속인 장비처럼 일부러 내지르는 것일 수도 있으리라. 점잔빼는 사람들이 많은 가운데 이 사람까지 굳이 그러지 않아도 될 듯하다.

"그 언제였던가. 부산 영도 조선소를 희망버스로 찾아 경찰들의 저지를 뚫고 어떤 아파트의 앞으로 가서 크레인에 홀로 있던 김진숙 지도위원의 모습을 멍하니 바라봤던 기억이 갑작스레 떠올랐다. 그렇다. 우린 가끔 이기기도 하지만 늘 져왔다. 하지만 희망을 버리지 않는다."

_서영석의 페이스북

장비는 부하의 손에 죽었다. 이와 마찬가지로 서영석은 특유의 강한 모습으로 인해 같은 진영의 사람에게 능력만큼 인정을 받지 못하고 있는 것으로 보인다. 그렇다고 해서 지금의 스타일을 버리거나 고쳐달라고 말하고 싶지는 않다. 희망을 버리지 않고 이기기 위해 그 나름대로 최선을 다하고 있기 때문이다.

서영석은 현재 국민TV 이사로 있으면서 〈서영석의 라디오 비평〉과 〈서영석·김용민의 정치 토크〉를 진행하고 있다. 그의 활약을 기대한다.

이광재
태백산 같은 성품을 지닌 사람

귀신에게 죽은 유망한 참모

괄목상대刮目相對라는 고사성어가 있다. '눈을 비비고 상대를 본다'는 뜻으로, 학식이나 재주가 크게 향상되었을 때 쓰는 표현이다. 손권의 유능한 참모 여몽呂蒙에 얽힌 이야기에서 유래했다. 원래 여몽은 무예가 뛰어난 장수였고, 참모는 아니었다. 그런데 손권의 권유로 열심히 공부해서 박식해졌다. 어느 날 여몽은 역시 손권의 참모였던 노숙을 만났는데, 노숙은 대화를 하면서 여몽의 박식함에 탄복했다.

"자네 언제 그렇게 공부했나? 내가 아는 그 여몽이 맞나?"

"하하, 선비는 3일만 헤어졌다가 만나도 눈을 비비고 다시 볼 만큼 달라져 있어야 합니다."

유명한 고사성어지만 『삼국지』에는 소개되어 있지 않다. 진수가 쓴 정사 『삼국지』의 「오지吳志」에 나오는 이야기다.

여몽은 손권이 강동을 차지하고 세력을 넓힐 즈음에 그의 부하가 되었다. 처음에는 주유가 참모 역할을 하고 있어서 크게 두각을 나타내지 못했다. 여몽은 적벽대전 때 첫 출전을 했다. 선봉은 아니었고, 주유의 명을 받아 육지에 있는 조조 진영에 화공을 하는 임무를 맡아 성공적으로 수행했다. 이후 주유가 조조의 부하 장수 조인과 싸울 때는 주유에게 작전을 건의했다.

"조조의 군사가 패하게 되면 반드시 이 길로 달아날 것입니다. 군사를 보내 나무를 잘라서 그 길을 막아버리십시오. 조조의 군사들은 나무 때문에 말을 버리고 달아날 것입니다. 이렇게 되면 우리는 수백 필의 말을 얻을 수 있습니다."

이 싸움에서 주유는 끝내 패했지만, 여몽의 작전은 그대로 들어맞았다. 주유가 죽은 후에 노숙이 손권의 참모가 되었고, 노숙이 죽은 뒤에는 여몽이 그 자리에 앉았다.

여몽은 용의주도하고 침착한 성격을 지니고 있었다. 조조의 군대가 공격해온다는 소식이 들리자 여몽은 유수구라는 곳에 둑을 쌓자고 했다. 여러 장수들은 반대했다.

"강가에서 상륙하는 적을 무찌른 뒤에 적의 배로 뛰어들면 되는데 굳이 둑을 쌓을 필요가 있겠습니까?"

그러자 여몽이 말했다.

"싸움은 반드시 이길 수만 있는 것이 아니라 질 수도 있습니다. 병기는 날카로울 때가 있고 둔탁할 때도 있습니다. 갑자기 적을 만나서 보병과 기병으로 싸울 수도 있습니다. 꼭 강가와 배에서만 싸운다는 보장은 없지 않겠습니까?"

손권은 여몽의 손을 들어주었다.

여몽의 지략이 빛을 발한 전투는 그의 마지막 싸움이 된 형주 전투였다. 상대는 유비의 오호대장 중 으뜸 장수인 관우였다. 여몽은 노숙을 대신해서 형주 접경 지역인 육구를 지키고 있었다. 관우는 여몽의 명성을 알았기 때문에 방비를 게을리 하지 않았다. 여몽은 관우의 경계심을 늦추기 위해 자기 자리에 육손을 대신 앉혔다. 그러고는 병이 들었다고 하면서 일선에서 물러났다. 일부러 육손의 이름으로 관우에게 예물을 바치게 하면서 참모가 교체되었음을 알렸다. 육손은 유능한 참모였지만, 젊은 데다 이때까지만 해도 명성이 높지 않았다. 관우는 안심을 하고 형주를 비워둔 채 조조의 군대를 치러 나갔다.

여몽은 총대장이 되어 형주를 치러 나갔다. 그는 먼저 육구와 형주 사이에 있는 봉수대를 장악했다. 군사들을 장사꾼으로 변장시킨 다음 선창에 배치하고, 무장 병사들을 선실에 매복시켰다. 봉수대의 병사들은 배가 오는 것을 보고 배를 멈추게 했다. 변장한 장사꾼들은 봉수대의 병사들에게 재물을 안겨주었다. 병사들은 더 이상 의심하지 않았다.

날이 저물자 배 안에 있던 무장 병사들이 봉수대를 기습해서 일시에 점령해버렸다. 여몽은 공격 신호를 내렸다. 80여 척의 전함이 형주를 향해 진격했다. 여몽은 형주로 가면서 포로로 잡은 관우의 병사를 구슬렸다. 상금을 잔뜩 안긴 다음, 형주를 점령하면 벼슬을 주겠다고 약속했다. 여몽의 군대는 관우의 병사를 앞세워 형주로 진군했다. 형주성을 지키던 보초는 자기편이 오는 것을 보고는 조금도 의심하지 않고 성문을 열어주었다.

여몽의 진가는 형주성을 점령한 후에 더욱 드러났다.

"한 명이라도 백성의 재물을 약탈하는 놈이 있다면 군법으로 다스리겠다."

"형주성의 벼슬아치들은 동요하지 말고, 그대로 자신의 일을 하라."

"관우의 가족들에게 별도로 집을 주고, 식량을 넉넉하게 지급하라. 쓸데없는 사람이 출입하지 않도록 철저히 지켜라."

"관우의 식구들은 물론, 관우를 따라 출전한 병사들의 식구들도 해 치지 마라. 그들에게 쌀과 월급을 지급해주고, 병이 든 사람이 있으 면 의원을 보내 치료해주도록 하라."

이 모든 것이 형주 백성들의 민심을 얻기 위한 조치였다. 하루는 여 몽의 동향 출신 병사가 백성의 삿갓 하나를 빼앗아 쓴 일이 생겼다. 여 몽은 사정을 봐주지 않고, 그 병사의 목을 베었다. 이후 그를 위해 통 곡하고 장사를 후하게 치러주었다. 여몽의 군대는 더더욱 조심하게 되 었고, 형주의 백성들은 안심하고 평소처럼 생업에 종사했다.

이때 관우는 조조의 장수 서황과 싸우고 있었는데 안타깝게도 패 했다. 주변의 아군에게 구원병을 청했지만, 그들은 이미 손권에게 항 복한 뒤였다. 설상가상 여몽이 형주성의 백성들을 해치지 않는다는 소문이 나자 탈영하는 병사들이 늘어났다. 관우는 어쩔 수 없이 혼자 손권의 군대와 싸우다가 사로잡히고 말았다. 관우는 손권에게 항복하 지 않고 처형당했다.

손권은 관우를 처형한 뒤에 장수들을 모아놓고 잔치를 베풀었다. 손권은 형주 점령의 일등공신인 여몽을 윗자리에 앉혀놓고 술을 따라 주면서 공을 치하했다. 여몽은 술잔을 들었다. 그런데 여몽이 갑자기 손권의 멱살을 잡고 소리를 질러댔다.

"너 이놈! 너의 흉계에 걸려 내 오늘 죽고 말았구나. 살아서 너의 고기를 씹지 못한 게 천추의 한이다! 내 죽어서라도 너와 여몽을 죽일 것이다! 나는 관우다!"

여몽은 입에 거품을 물고 쓰러지더니 일곱 구멍으로 피를 쏟아내며 죽었다. 그의 나이 마흔두 살이었다. 유능한 참모는 이토록 허무하게 죽었다. 정사에는 여몽이 병으로 죽었다고 기록되어 있다. 관우는 죽은 후 중국인에게 신으로 추앙받았다. 그러므로 소설에서 그의 죽음을 이렇게 그려놓은 것으로 보인다. 여몽, 참으로 아까운 사람이었다.

이광재는 여몽이다

정치 경험이 풍부하고, 훌륭한 성품을 지닌 사람. 삼성과 관련한 흠결도 있지만, 장점이 더 많다. 의연함을 잃지 않고 푸름을 간직한 태백산의 주목처럼 살아가다 보면 재기의 기회가 찾아올 것이다.

태백산 주목처럼 살아가리라

|

"나는 비교적 정치를 담백하게 생각한다. 남들은 나를 전략가로도
말하는데 저는 굉장히 단순하고 포지티브하다. 의정 활동 전체를
보더라도 누구를 심하게 공박하거나 비난한 적 없을 것이다. '이렇게
해보자' 하고 항상 대안을 내놓는 쪽이고, 상의를 할 때도 항상 협
상한다. 저는 포지티브하고, 진실되게 말하고 열성을 갖고 하는 것
을 왕도라고 생각하지, 정치에서 잔꾀를 부리고 남을 헐뜯는 것은
정말 좋아하지 않는다."

_2010년 5월 17일, 〈폴리뉴스〉, '6·2 도전자 인터뷰'

이광재는 여몽처럼 침착하고, 상대를 헤아릴 줄 아는 사람이다. 상
대와 맞설 때 항상 '대안'을 내놓고 '협상'을 하는 정치인은 그리 흔하
지 않다. 스스로 전략가라고 하지 않았지만, 이는 분명 전략가의 모습
이다. 대안을 마련하고 협상을 하기 위해서는 많은 준비가 필요한 법
이다.

저 말만 봐서는 이광재는 둥글둥글 온순할 것만 같다. 그렇지 않다.

"암울한 시절 학생운동을 하면서 스스로의 배신에 대한 두려움 때
문에 손가락을 잘라 '절대 변절하지 않는다'는 혈서를 썼다. …… 앞

뒤의 문맥, 그리고 시대 상황을 다 버리고 군 기피를 위한 단지斷指라고 비난한다면 그 비난은 달게 받겠다. 그러나 그런 시간들이 있었기에 힘든 시기를 이기고 제 자신을 채찍질하는 데 도움이 된 것도 사실이다. …… 주위에서 손가락 수술을 권유받았지만 그때의 상처와 다짐을 간직하고 살기 위해 그 조언을 받아들이지 않았으며 지금도 그 시절 저의 행동을 결코 후회하지는 않는다."

_2005년 5월 19일, 이광재의 홈페이지, '제 삶의 상처에 대해 밝힙니다'

이광재는 1988년 노무현이 13대 국회의원에 당선되었을 때 보좌진으로 합류해서 이듬해 보좌관이 되었다. 항간에 '좌희정 우광재'라는 말이 돌 정도로 이광재는 노무현에게 없어서는 안 될 측근이었다. 이후 대통령 당선자 기획팀장, 대통령 비서실 국정상황실 팀장, 청와대 국정상황실장을 역임했다. 그 밖에도 화려한 경력이 있으나 생략한다.

참모보다는 무장에 가까웠던 여몽이 오랜 공부를 통해 문무를 겸비한 참모가 된 것처럼 이광재는 정치의 가장 밑바닥에서 차근차근 배우면서 강단과 온유함을 겸비한 정치인으로 성장했다. 이러한 경험을 바탕으로 전통적으로 보수의 색채가 강한 강원도에서 17대, 18대 국회의원을 지냈다. 득표율도 각각 46.7퍼센트, 53.6퍼센트로 상당히 높았다. 이런 정도의 지지율이면 3선에 도전해볼 만도 했다. 그렇지만 그는 편한 길을 버리고 어려운 길을 택했다.

2010년, 이광재는 강원도 도지사 선거에 출마했다. 상대는 한나라당의 이계진이었다. 이계진이 누구인가. KBS 아나운서로 많은 이들에게 사랑을 받았고, 흠결도 없는 사람이었다. 역시나 선거를 앞둔 상황에서 진행된 여론조사에서 이광재는 이계진의 적수가 되지 못했다. 이계진이 15퍼센트 이상 앞섰고, 많은 사람들이 이계진의 승리를 예상했다. 그런데 이광재는 어떤 작전으로 강적을 이길 수 있었을까?

"이계진 선배님은 좋으신 분이다. 42년생인 우리 아버님과 네 살 차이이기 때문에 선배님을 평가하는 것이 적합하지 않은 것 같다."

_2010년 5월 17일, 〈폴리뉴스〉, '6·2 도전자 인터뷰'

여몽이 관우를 상대했을 때와 흡사하다. 상대를 존중하면서 자신을 낮추고 있다(진심이 담긴 말을 '작전'으로 표현한 점 너그럽게 살펴주시길 부탁드린다). 반드시 이 작전이 먹혀들어서 그런 것은 아니겠지만, 이계진은 승리를 자신했다. 관우가 형주를 비우고 나가버린 것처럼 그는 '공약公約은 공약空約이 될 수 있다'고 하면서 특별한 공약을 내세우지 않았다.

"공약은 중요하다. 공약은 헛공약이 아니라 그 부분은 공부를 하는 것이다. 유권자는 (지도자를) 얼굴만 보고 뽑는 것이 아니다. 미스코리아 선발대회 하는 것도 아니고 지도자를 뽑는 것이다. 그렇다면 우리의 삶을 어떻게 변화시킬지, 나폴레옹은 '정치가는 희망을 파는 상인'이라고 했는데, 희망이라는 상품은 얼굴이 아니라 결국 비전이다. 그 비전의 핵심은 공약일 수밖에 없다. 저도 공약은 많지 않다. 짧은 공약이지만 그것을 결국 지키려고 집중적으로 노력할 것이다. 지난번 강원도 전체 국회의원 중 공약 이행률 1위를 차지했다. 그 수조 원의 사업을 이행했음에도 불구하고 제가 1위를 했다. 공약 이행률 1위를 계속 믿어주시면 잘하지 않을까."

_2010년 5월 17일, 〈폴리뉴스〉, '6·2 도전자 인터뷰'

이광재는 낮은 자세를 유지하며 민심을 얻으려 노력했고, 자신의 공약을 알리는 데 주력했다. 결국 강적 이계진을 이기고 강원도 도지사에 당선되었다. 이제 이광재는 대권을 노려볼 만한 사람으로 우뚝 솟았다.

그러다가 불의의 한 방을 맞았다. 이른바 '박연차 게이트' 사건이다. 전 태광실업 회장인 박연차가 이광재에게 10억 원의 뇌물을 주었다고 밝혔다. 이광재는 박연차가 돈을 준다고 했을 때도 거절했으며, 받은 적이 없다고 말했다. 결국 이 사건으로 이광재는 법정에 서게 되었다. 이광재는 피고인이 아닌 증인으로 나와서 박연차에게 직접 질문을 던졌다. 박연차는 이광재가 보는 앞에서 '돈을 주지 않았으며, 깨끗한 정치인에게 그런 말을 해서 죄송하다'고 말했다. 대법원에서는 2010년 6월 11일, 아래와 같이 판결했다.

돈을 준 사람들의 진술이 구체적이고 일관돼 유죄 증거가 충분하다. …… 직위가 높을수록 처신을 조심해야 하는데도 불구하고 불법 정치자금을 받아 비난의 여지가 있다.

결국 유망한 정치인 이광재는 도지사직을 잃었다. 거기에 10년간 피선거권 박탈. 이광재를 아끼는 사람들은 최소한 그가 사면이라도 받기를 바랐지만, 끝내 그런 일은 일어나지 않았다. 지금까지도 이광재의 판결에 대한 공정성 시비는 계속되고 있다. 그러나 유죄로 판결이 났으니 결과를 인정해야겠다. 다만 이런 질문은 가능하겠다.

'여몽은 정말 관우의 귀신에게 죽었을까?'

이광재를 이야기하면서 삼성을 빼놓을 수 없다. 2002년 초였다. 참여연대는 '소액주주 운동'의 일환으로 삼성주총에 참여해 일전을 벌였다. 주총 사회자가 이학수 부회장이었고, 그의 이사 선임 문제가 쟁점이었다. 장하성 교수를 비롯한 참여연대 대표단은 이학수 부회장의 이사 선임을 반대했다.

이 일에 대한 이광재의 반응은 이랬다. "장하성 교수 빨갱이 아니냐, 삼성을 세계적인 기업으로 키운 이학수 부회장의 이사 선임을 왜 반대하는 것인가?" 대단히 편파적이고 과격한 발언이었다. 갑론을박이 예상되지만, 이렇게 해석해볼 수 있겠다. '삼성을 반대하면 빨갱이다.'

노무현 전 대통령의 정치적 한계로 꼽히는 것 중 하나가 바로 삼성의 영향에서 자유롭지 못했다는 것이다. 우선 노무현 대통령 자신이 문제겠지만, 그의 참모를 지냈고, 당선 뒤에 청와대에서 적지 않은 영향력을 가졌던 이광재의 생각도 참여정부가 한계에 갇히는 데 일조했을 것이다. 삼성은 '3대 세습, 돈, 권력'으로 지탄을 받는 기업인데, 이광재는 이런 삼성을 옹호했다는 비판을 받고 있다. 청와대 재직 시절 삼성의 파이프라인 역할을 했다는 건 공공연한 사실이다. 이광재 자신의 생각이 어떠하든 간에 이 부분은 그의 큰 흠결임을 인정하지 않을 수 없다.

"중국에 한 달에 두 번가량 다녀오는 일정을 소화하고 있다. 틈틈이 중앙일보에 '원로에게 듣다'를 연재하고 있다. …… 오는 8월께 그분들의 이야기를 묶은 책 '원로에게 묻다'를 펴낼 예정이다. …… 성균관대에서 정식 강의가 시작된다. '세계 운명 흥망사'를 주제로 강의할 예정이다. …… 오래전부터 정치인도 만나지 않고 정치에는 관심도 없다. 정치와 담을 쌓고 사니 마음이 홀가분하다. …… 태백산 주목나무는 태백산의 가치를 더욱 돋보이게 한다. 혹한의 추위와 매서운 바람에도 의연함을 잃지 않고 항상 푸름을 간직하고 있기 때문이다. 주목나무가 많은 것을 생각하게 해준다."

_2014년 1월 5일, 〈뉴시스〉와의 인터뷰

그럼에도 불구하고 이광재는 정치 경험이 풍부하고, 진영을 아우를 수 있는 성품을 지닌 사람이다. 흠결도 있지만, 장점이 더 많다. 그가 정계에 복귀하려면 최소한 박근혜 정권에서 사면이 이루어져야 한다. 뛰어난 인물이기 때문에 이 정권이 사면을 해줄 가능성은 희박하다. 그러나 의연함을 잃지 않고 푸름을 간직한 태백산의 주목처럼 살아가 다 보면 재기의 기회가 찾아올 것이다.

여몽은 죽었지만, 여몽 같은 이광재는 건재하다. 괄목상대한 모습으 로 우리들 앞에 다시 돌아오기를 기대한다.

강기갑
경륜을 펼쳐보기도 전에 낙마하다

경솔함이 불러온 참혹한 결과

225년, 제갈량은 위나라를 공격하기 전에 남쪽에 있는 맹획의 세력을 치려 했다. 맹획을 제압하지 않으면 아무래도 후방이 불안하기 때문이었다. 제갈량은 조자룡과 위연을 포함한 맹장들을 거느리고 남쪽으로 행군해갔다. 첫번째 싸움에서 이겼을 무렵, 황제의 사신이 도착했다.

"폐하의 칙명을 받들고 왔습니다. 폐하께서 특별히 병사들에게 술과 비단을 내리셨습니다."

마속馬謖이었다. 마속은 백미白眉라는 별명을 가진 마량의 동생이다. 유비가 형주에서 세력을 넓힐 때 형과 함께 유비의 막하에 들었다. 제갈량이 말했다.

"내 예전에 그대가 남쪽의 풍속을 잘 안다는 소문을 들은 적이 있소. 좋은 의견이 있으면 말씀해주시오."
"남쪽 지역은 중원과 거리가 멀고, 지세가 험합니다. 그래서 그 지역 사람들은 중국에 복종하지 않습니다. 승상님의 대군이 공격하면 이길 수는 있겠지만, 회군을 하면 다시 배반할 것입니다. 군대를 움직일 때는 마음을 공격하는 것이 상책이며, 성을 공격하는 것은 하책이라고 들었습니다. 마음으로 싸우는 것이 상책이며, 병기로 싸우는 것은 하책입니다. 승상께서 저들의 마음을 복종시키셨으면 합니다."

제갈량은 마속의 말에 깊이 감탄하면서 그를 종군하게 했다. 제갈량은 마속의 말대로 맹획을 제압하고도 죽이지 않고 그의 마음을 복종시키기 위해 일곱 번 잡았다가 일곱 번 놓아주었다. 칠종칠금七縱七擒의 고사성어가 여기에서 나왔다. 제갈량은 이때부터 마속을 믿고 기용하기 시작했다.

227년 제갈량은 드디어 30만 대군을 일으켜 위나라를 치러 나갔다. 마속도 이 싸움에 참가했다. 제갈량은 기산이라는 곳으로 나가서 위나라 군대를 크게 이겼다. 그러나 적진 깊숙이 들어오다 보니 후방이 느슨해졌다. 특히 촉나라 군대의 물자 보급 거점인 가정을 잃으면 전쟁에서 이길 수가 없었다. 밥을 먹지 않고 어떻게 싸우겠나. 가정으로 장수를 보내야겠는데 마땅한 사람이 없었다. 마속이 나섰다.

"제가 가정으로 가서 적을 무찌르겠습니다."

"가정은 작은 땅이지만, 매우 중요한 곳이다. 이곳을 잃으면 우리 군대는 모두 끝장날 것이다. 이곳에는 성도 없고, 험한 곳도 없기 때문에 지키기 어려울 것이다."

"저는 어려서부터 병서를 읽었습니다. 가정 땅 하나 지키지 못하겠습니까?"

"사마의는 호락호락한 사람이 아니다. 게다가 선봉은 장합이다. 네가 대적하기에는 벅찰 것이다."

"만약 가정을 지키지 못한다면 군령에 따라 목을 바치겠습니다!"

"좋다. 그렇다면 군령장을 두고 가거라."

마속은 군령장을 써서 바쳤다. 제갈량은 마속에게 2만 5천 명의 정예병을 주고, 왕평이라는 장수에게 마속을 도우라 했다. 제갈량이 왕평에게 말했다.

"네가 항상 조심하고 침착한 줄 알기 때문에 너한테 이 일을 맡기면서 정중하게 부탁한다. 적당한 길목에 진영을 세우고, 적이 나오지 못하게 하라. 진영을 세운 뒤에는 지도를 그려서 나한테 보내도록 하라. 경솔하게 처리하지 말거라."

제갈량은 왕평에게 신신당부했다. 그만큼 가정은 중요한 곳이었다. 제갈량은 마속을 보냈지만, 마음이 놓이지 않았다. 그래서 명장 위연에게 군사를 주어 가정의 뒤편에 주둔하도록 했다.

마속과 왕평은 가정에 도착하여 지형을 살펴보았다. 마속이 웃으며 말했다.

"승상은 참으로 소심하신 분이네. 이런 산골로 적이 어떻게 온단 말인가?"

"저들이 오지 못한다고 해도 길 입구를 막아놓고 이곳에 오래 있을 계획을 세워야 합니다."

"길가에 어떻게 진영을 설치한단 말입니까. 앞에 보이는 산은 사방이 끊어져 있고, 숲이 무성하니 이런 곳이야말로 최적의 요새라고 하겠소. 저곳에 주둔하려고 합니다."

"안 됩니다. 산 위에 주둔한다면 적이 포위할 텐데 무슨 수로 막으려

하십니까?"

"하하, 참 여자 같은 소견이군요. 병법에서는 '높은 곳에서 아래를 보며 공격한다면 대나무를 쪼개는 것처럼 쉽게 이긴다'고 했습니다. 적이 오기만 하면 그대로 돌려보내지 않겠소."

"이 산의 형세를 보니 여기는 끊어진 땅입니다. 적이 우리가 물 길어 먹는 길을 끊는다면 우리 군은 싸우기도 전에 어지러워질 것입니다."

"쓸데없는 말 작작하세요. 『손자병법』에 '사지死地에 놓인 이후에 산다'고 했습니다. 저들이 우리가 급수하는 길을 끊는다면 우리는 목숨을 걸고 싸울 겁니다. 나는 병법 책을 읽었고, 승상께서도 나를 믿고 일을 맡기셨는데 왜 내 말을 듣지 않으십니까?"

끝내 마속은 산 위에 진을 쳤다. 왕평은 마속의 말을 듣지 않고 군사 5천 명을 거느리고 산 주변에 주둔했다. 사마의의 군대는 산을 포위한 후에 촉한 군대가 급수하는 길을 끊고, 장합을 보내 왕평을 막게 했다. 이렇게 되자 왕평의 예상대로 마속의 군대는 싸우기도 전에 어지러워졌다. 공격 명령을 내렸으나 포위망을 뚫지 못했다. 악전고투를 하면서도 물 한 모금 먹지 못했다. 결국 마속의 군대는 크게 패하고 가정은 사마의의 수중에 들어갔다.

제갈량은 이 소식을 듣고 한숨을 내쉬며 가정으로 군대를 보내서 사마의를 쫓아내고 후퇴했다. 가정을 잃으면서 제갈량의 위나라 1차

정벌은 실패하고 말았다.

"승상께서는 저를 자식처럼 대해주셨고, 저는 승상을 아버지처럼 따랐습니다. 저는 변명할 수 없는 죄를 저질렀습니다. 승상께서는 순임금이 그의 아들을 죽이고, 현명한 우임금을 등용했던 의리로 저를 대해주신다면, 저는 비록 죽더라도 여한이 없겠습니다."

제갈량은 마속을 신임했고, 친분도 두터웠다. 그러나 군령을 어길 수는 없는 일, 제갈량은 눈물을 머금고 마속을 처형하라고 명령했다. '울면서 마속을 베다'는 뜻의 읍참마속泣斬馬謖의 고사가 이렇게 생겨났다.

싸움이란 병법서대로만 이루어지지 않는 법이다. 그러나 마속은 지나치게 병법서에 의존했고, 자신의 생각을 믿은 나머지 경솔하게 움직였다. 상대를 가볍게 봤고, 공명심을 앞세웠다. 결국 중요한 싸움에서 졌고 목숨까지 잃었다. 이야기 전개로 봐서는 분명 그렇다.

그럼에도 무언가 아쉬움이 남는다. 제갈량은 경위야 어쨌든 간에 위나라 최고의 참모 사마의를 상대로 마속을 내세웠다. 못미더워서 위연까지 보냈다지만, 총대장은 그래도 마속이었다. 제갈량이 그만큼 마속의 기량을 믿었다는 증거가 아니겠는가. 마속은 알려진 것보다 기량이 뛰어난 인물이 아니었을까?

강기갑은 마속이다

강기갑의 기량은 한 지역에 머물 정도로 작지 않다. 현재 진보 진영에 강기갑만 한 인물은 많지 않다. 가슴에 품은 경륜을 펼칠 때를 만나지 못해 정치 인생을 마감해버린 그를 슬퍼한다.

아쉬움 속에 그를 떠나보내며

"나는 농부다. 국회의원이 되더라도 농사를 병행하겠다."

강기갑은 여느 국회의원과 다르게 농업에 종사하는 사람이었고, 사회 활동도 농업과 관련된 일을 주로 했다. 자신이 사는 지역에서의 활동을 중심으로 그의 경력을 정리해보자.

1987~1991년, 한국 가톨릭농민회 경상남도 연합회장
1988년, 가톨릭농민회 경남 사천군 협의회장
1990년, 사천군 농민회 결성에 참여
1996년, 사천시 농민회장
1998~1999년, 전국농민회총연맹 경상남도연맹 부의장
2000년, 전국농민회총연맹 경상남도연맹 의장
2001년, 사천농협 이사, 사천농협 감사

이 경력을 바탕으로 강기갑은 17대 국회의원 총선에서 민주노동당 소속 농민 비례대표 국회의원으로 정치 인생을 시작했다. 진보 정당 소속 의원답게 한미 FTA를 반대하는 데 앞장섰으며, 국군의 이라크 파병에도 반대했다. FTA를 반대하면서 28일간 단식투쟁을 벌인 일이

세간의 눈길을 끌기도 했다. 흰색 두루마기에 수염을 기른 외모도 그의 유명세에 일조했다.

2008년은 그의 정치 인생에서 최고의 해였다. 강기갑은 18대 총선에서 민주노동당 소속으로 경남 사천 지역구에 출마했다. 상대는 한나라당의 사무총장이자 대통령의 측근인 이방호였다. 이방호는 사천에서 3선에 도전하는 강적이었다. 여론조사는 물론 출구조사에서도 강기갑이 크게 지는 결과가 나왔다. 그러나 개표 결과 강기갑이 178표 차이로 승리했다. 생각지도 못한 패배에 당황한 나머지 굳은 표정으로 인터뷰에 응하지 않고 황급히 자리를 뜨던 이방호의 모습이 지금도 생생하다.

강기갑이 승리한 이유에 대해 이런저런 분석이 나왔다. 일일이 소개하진 않겠지만, 그가 오랜 기간 지역에서 꾸준히 '농업' 관련 활동을 했으며, 이 같은 성실성을 사천의 유권자들이 인정해주었다고 보아야 할 것이다. 비례대표로서가 아니라 당당히 경선에서 이겨 국회에 입성한 그의 명성은 더욱 높아졌다.

강기갑은 국회의원이 된 후 미국산 쇠고기 수입 반대 집회에 참여했고, 한미 FTA 반대 투쟁에 앞장섰으며, 통합진보당 원내대표를 거친 후에 임시 당대표를 지내기도 했다. 특히 한미 FTA 비준안이 한나라당에 의해 날치기 통과될 기미가 보이자 국회부의장실에 들어가 입구에서 단상까지 뛰어올라갔는데, 이때 찍힌 사진이 '강달프 공중부양'이라는 이름으로 화제가 되기도 했다. 보수 진영에서는 강기갑을 공격했고, 진보 진영에서는 옹호했다. 통쾌하게 생각하는 사람들도 많았다.

유권자들, 특히 보수 성향이 강한 지역의 유권자들은 진보 진영의 정치인들에게 엄격한 도덕적 잣대를 들이댄다(이는 진보 성향의 유권자도 마찬가지다). 보수 진영의 정치인이 잘못을 하면 '큰일 하다 보면 그럴 수도 있다'고 하고, 진보 진영 정치인이 실수를 하면 '저놈도 똑같다'고 실망하는 식이다. 그러니까 같은 국회의원이라도 진보 진영의 정치인은 애초부터 운신의 폭이 좁고, 언론 환경 역시 절대적으로 불리한 것이 현실이다.

강기갑은 항상 '성곽도 없고, 험한 곳도 없는' 가정 땅과 비슷한 지형에서 강적과 상대해야 했다. 게다가 사천을 비롯한 경남 지역은 전통적으로 보수가 강세를 보이는 곳이다. 이런 곳을 지역구로 두고 있는 처지에서 강기갑은 더 조심해야 했고, 활동 폭을 줄일 필요가 있었다고 본다.

이런 면에서 '공중부양 사건'은 강기갑의 과격한 모습을 전국에 드러낸 것이기도 하지만, 그보다는 사천 지역 유권자들이 그에게 바라는 것 이상을 보여주고 말았다는 점에 주목해야 한다. 그들은 '농부' 강기갑 의원을 바랐지, '강달프' 강기갑을 원하지는 않았을 것이다. 보수 성향이 강한 유권자들이 강기갑의 촛불집회 참여나 한미 FTA 반대 투쟁, 하나회 신군부 출신 인사의 국회의장 추대를 반대하여 무산시킨 일들을 좋게 보았을 리 만무하다.

결국 강기갑은 19대 총선에서 통합진보당 소속으로 사천·남해·하동 지역구에 출마하여 재선에 도전했지만 실패했다. 새누리당 여상규가 42.1퍼센트의 득표율로 당선됐다. 강기갑의 득표율은 29.7퍼센트였다. 무소속 이방호는 21.3퍼센트를 득표하며 3위를 기록했다. 강기갑은 지지율이 거의 반 토막 나면서 패배했다. 그는 누구보다 열심히 의정 활동을 했지만, 지역의 유권자들은 그를 선택하지 않았다. 2008년, 2009년, 2010년 3년 연속으로 '경실련 국정감사 우수의원'에 선정되었지만, 이런 사실이 그의 낙선을 막아주진 못했다.

지역 유권자들은 혹시 강기갑이 나라의 큰일에 나서기보다 지역을 지켜주길 바랐던 것은 아닐까? 제갈량이 마속에게 요충지인 가정을 지키기만 하라고 당부했던 것처럼 그 지역 유권자들도 그렇게 생각하지 않았을지 생각해볼 일이다. 결과적으로 강기갑은 마속이 되어버렸고, 제갈량이 되어버린 유권자들은 마속을 베어버렸다.

"진보정치 역사에 씻을 수 없는 상처를 남긴 5·12중앙위원회 폭력 사태의 당사자들은 지금이라도 당원과 국민께 사죄하고, 당직과 공직에서 모두 물러서주시길 바랍니다. 폭력 사태로 인해 당이 더 이상 떨어질 수 없는 곳까지 추락했는데도, 지금까지 그 어떤 사과 한마디 없다는 것은 상식의 범위를 넘어서는 것입니다. 도덕이 무너진 자리에 진보의 가치가 꽃피지 않습니다."

_2012년 8월 20일, 강기갑의 페이스북

강기갑은 2012년 7월 통합진보당의 당대표가 되어 당의 내분 사태를 수습하려 애썼다. 국회의원 선거에서 떨어진 사람이 이미 사분오열이 되어버린 당을 하나로 만들기는 어려운 일이었다.

"당을 수습하지도 못하고 분당을 막아내지도 못한 결과를 안고 오늘 이 자리에 섰습니다. …… 저의 건강을 제물로 삼아 분당을 막기 위한 마지막 기적을 희망하였습니다. 혼신의 힘을 다하였지만 그 모든 것이 허사가 되고 말았습니다. …… 모두가 제 탓입니다. 모든 것이 지나간 지금 그동안 당원 동지들과 함께했던 행복한 지난날을 기억하며 이제 민주노동당에 이어져온 통합진보당의 당적을 내려놓겠습니다. …… 그러기에 저는 정치 일선에서 물러나야 하고 동지들이 가는 길에 함께하지 못함을 통감합니다. 참으로 면목 없습니다. …… 이제 나가는 쪽도 남아 있는 쪽도 모두가 서민과 약자의 한숨과 눈물을 나의 것으로 끌어안고 상생의 세상을 만들어가는 진보 정당입니다. …… 국민 대중의 기본적 상식의 범주 안에서 선의의 경쟁을 통하여 검증받고 성장하여, 언젠가는 진보의 역사 속에 다시 만날 것을 기약합시다. …… 진보 정당 역사에 죄인이 된 저는 속죄와 보속의 길을 가고자 합니다. 저는 이제 흙과 가족이 간절히 기다리고 있는 고향의 품으로 돌아갑니다."

_2012년 9월 10일, 통합진보당 당대표 사퇴 및 당적 포기 선언

가정을 지키지 못했지만, 제갈량의 신임을 받았던 마속처럼 강기갑의 기량은 한 지역에 머물 정도는 아니었음을 짐작하게 해주는 말이다. 현재 진보 진영에 강기갑만 한 인물은 많지 않다. 그가 가슴에 품은 경륜을 펼칠 때를 만나지 못해 정치 인생을 마감해버린 것을 슬퍼한다. 아쉬움 속에 그를 떠나보낸다.

【유비는 홍세화다】

홍세화
사람을 사랑할 줄 아는 사람

인자함 속에 강직함을 지닌 영웅

유비는 황건적의 난이 일어나자 관우, 장비와 함께 의병을 모집하여 싸움터에 뛰어들어 공을 세웠다. 그러나 워낙 가진 게 없어서 조정에 뇌물을 쓰지 못했다. 조정을 장악하고 있던 환관들은 유비에게 작은 고을의 사또 벼슬을 내려주었다. 유비는 작은 벼슬에 감사하며 성실하게 직무를 수행해서 백성들에게 신망을 얻었다.

그러나 지역의 벼슬아치를 감찰하는 벼슬아치인 독우는 유비를 탐

관오리라 몰아붙이며 유비에게 은근히 뇌물을 요구했다. 유비는 백성들에게 해를 줄 수 없다고 생각해서 뇌물을 바치지 않았다. 독우는 화를 내며 유비의 벼슬을 떼겠다고 엄포를 놓았다.

이 꼴을 본 장비는 술을 마시고 독우를 찾아가서 그의 머리채를 잡고 말뚝에 묶어놓고 흠씬 두들겨 팼다. 조정의 벼슬아치를 이렇게 만들어놨으니 더 이상 이 고을에서 벼슬을 할 수 없었다. 장비는 독우를 죽이려 했지만, 유비는 인자한 사람이라 그를 죽이지 않았다. 유비는 독우를 준엄하게 꾸짖었다.

"이놈, 독우야. 너는 지위를 팔아 백성의 피를 빨아먹는 쥐새끼 같은 도둑놈이다. 지금 당장 너를 죽여서 후세를 경계해야 마땅하다만, 네 인생이 불쌍해서 목숨은 살려둔다. 앞으로 버릇을 고치도록 해라."

서주태수 도겸의 관할 지역에서 조조의 아버지가 살해당하는 사건이 일어났다. 조조는 서주로 공격해 들어가면서 죄 없는 양민까지 학살했다. 다급해진 도겸은 북해태수 공융에게 구원병을 요청했다. 이때 유비는 공융과 함께 있었다. 공융은 유비에게 힘을 합쳐 도겸을 구하자고 했다. 유비에게는 군사가 없었다. 그래서 친구인 공손찬에게 군사를 빌려오겠다고 약속했다. 공융은 유비가 약속을 어길까 봐 다짐을 받아내려 했다. 유비가 강한 어조로 말했다.

"태수께서는 저를 어떤 사람으로 아십니까. '사람은 한 번은 죽는 법이고, 신용이 없으면 행세를 못한다'고 했습니다. 저는 죽는다고 해도 한 번 낸 말은 실행하는 사람입니다. 군사를 빌리든 못 빌리든 꼭 가겠습니다."

도겸은 서주성으로 온 유비에게 서주를 맡아서 다스려달라고 했다. 유비는 정중히 거절했다.

"저는 쌓은 공이 적고, 덕도 부족합니다. 지금 평원 고을을 다스리고 있는 것도 제게는 과분합니다. 제가 태수님을 도우러 온 것은 대의를 위해서일 뿐입니다. 태수께서는 제가 서주를 차지하러 온 줄 알고 이런 말씀을 하시는 것 같습니다. 제가 만약 그런 마음을 먹는다면 하늘이 저를 돕지 않을 것입니다."

이후 유비는 적이었던 조조 진영에 머물다가 빠져나와서 조조의 부하가 차지하고 있던 서주를 빼앗았다. 그러나 얼마 못 가서 조조에게 패해서 혼자 원소 진영에 투신했다. 유비는 애초부터 가진 게 없었으므로 쉽게 기반을 잡지 못했다. 원소를 떠나 여남 땅의 유벽과 공도에게 의탁했다.

조조는 원소와 싸워 크게 이겼다. 승세를 타고 끝장을 보려는데, 유비가 여남의 군대를 이끌고 조조의 근거지를 치러 온다는 소식을 듣고, 유비를 치러 나갔다.

"너 이놈, 유비야. 나는 너를 후하게 대접했는데 너는 어째서 배은망덕한 짓을 하느냐!"
"너는 한나라의 승상이라고 하면서 실제로는 역적질을 하고 있으니 괘씸하기 짝이 없는 놈이다. 나는 한나라 황실의 종친으로서 황제의 조칙을 받들어 역적인 너를 치는 것이다!"

그러나 이때 유비에게는 유능한 참모가 없었다. 강적 조조를 이길 수 없었다. 결국 크게 지고 여남 땅마저 잃어버렸다. 오갈 데가 없어진 유비는 부하들에게 이렇게 말했다.

"여러분들은 모두 뛰어난 재주를 가진 분들인데 불행하게도 저 같은 사람을 따르게 되었습니다. 제 잘못으로 여러분께 누를 끼쳤습니다. 이제 저한테는 송곳 하나 꽂을 땅도 없게 되었습니다. 면목이 없습니다. 여러분들은 이제 저를 버리고 좋은 주인을 찾아가서 뜻을 펼치시기 바랍니다."

물론 부하들은 유비를 떠나지 않았다. 유비는 같은 종친인 유표 진영에 의탁했다. 여기에서 유비는 비로소 기반을 다지게 된다. 제갈량을 만난 뒤에, 손권과 힘을 합해 적벽에서 조조의 군대를 이기고, 유표의 관할이었던 형주를 차지한 뒤, 서측 지역까지 진출했다. 이후 조조의 아들 조비가 한나라 황제를 폐위시키자 자신도 황제의 자리에 올랐다. 한나라를 계승한다는 의미로 나라 이름을 촉한蜀漢이라 했다.

유비는 관우가 오나라 손권의 부하 여몽에게 죽임을 당하자 복수하기 위해 군대를 일으켰다. 제갈량은 극구 반대했지만, 유비는 스스로 대장이 되어 출전을 강행했다. 그리하여 유명한 이릉전투가 벌어졌다. 유비는 70만 대군을 이끌고 장강을 따라 오나라로 진격했다.

오나라의 대장은 육손으로, 젊지만 매우 사려 깊은 참모였다. 먼저 소규모의 병력을 보내 싸움을 걸어 상대의 허실을 탐지하고 진형을 익힌 다음 수군과 육군을 동시에 움직여 유비의 군대를 공격했다. 화공으로 상대를 흩어지게 해놓고 각개 격파를 하는 방식으로 유비의 70만 대군을 전멸시키다시피 했다.

유비는 패잔병을 이끌고 백제성으로 피신했다. 유비는 전투에 패해 기력이 떨어진 데다가 병에 걸려 이곳에서 세상을 떠났다. 유비는 아들 유선에게 유서를 남겼다. 유비는 패해서 죽으면서도 기품을 잃지 않았다.

"힘쓰고 힘쓰라. 선한 일이 적다고 해서 하지 않으려 말고, 악한 일이 적다고 해서 하려 하지 마라. 인자하게 사람을 대하고 덕을 베풀어라. 그래야만 사람을 복종시킬 수 있다. 나는 덕이 없어서 본받을 사람이 못 된다. 너희들은 승상을 이 아비처럼 섬기며 게으르지 마라. 간절히 부탁하노라."

유비劉備는 한나라 황실의 종친이었지만, 변변한 벼슬 한자리도 차지하지 못했다. 집안이 가난해서 홀어머니를 모시고 짚신을 삼고, 돗자리를 짜서 팔아 생계를 꾸렸다. 성품은 인자했고, 마음이 약해서 눈물도 많았다. 순리대로 일을 처리하려 했고, 대의명분을 중시했으며, 다른 영웅들처럼 권력을 탐내지 않았고, 백성을 위해 살고자 했다. 이것이 소설에 등장하는 유비의 모습이다.

요즘엔 『삼국지』를 주제로 한 책들이 많이 나와서 유비에 대한 평가가 예전처럼 호평 일색은 아니지만, 여전히 유비는 많은 사람들에게 사랑받는 영웅임에 틀림없다. 인자한 성품을 지녔으면서도 불의 앞에서 당당했고, 신의가 있는 사람이었다. 『삼국지』에 등장하는 여러 영웅들 가운데 백성을 가장 아끼는 사람이기도 했다.

홍세화는 유비다

살아온 과정, 기반이 없음에도 불구하고 자신이 믿는 가치를 실현하기 위해 좌충우돌하는 모습, 민중을 사랑하는 마음, 넉넉한 인품, 『삼국지』의 주인공 유비와 비슷한 사람이다. 우리나라가 밝은 미래를 맞이하려면 홍세화와 같은 생각을 지닌 사람이 많아져야 하고, 그런 사람이 정치를 해야 한다.

냉철함 속에 사랑을 담고 있는 사람

|

우리나라에도 유비 같은 인물이 있다. 1979년 11월, 유신 시절의 최대 공안 사건으로 알려진 '남조선민족해방전선준비위원회(남민전)' 사건에 연루되어 프랑스로 망명했던 홍세화가 바로 그런 사람이다. 이사건으로 이재문은 감옥에서 죽었고, 신향식은 사형당했다. 유명한 민중시인 김남주는 15년형을 선고받았다. 남민전 사건이 일어났을 때그는 프랑스에 있었는데 귀국하지 못하고 프랑스에 망명을 신청했다. 홍세화는 짚신 삼고, 돗자리를 짜서 팔던 유비처럼 그렇게 프랑스에서 생활했다. 관광가이드, 택시 운전 등으로 생계를 꾸렸다고 한다.

홍세화는 2002년에 귀국했다. 이후 〈아웃사이더〉 편집위원, 한겨레신문사 기획위원을 지냈고, 민주노총과 한신대학교에서 기획한 노동자 대학에서 강의를 했다. 〈르몽드 디플로마티크〉 한국판 편집인을 지내기도 했다. 홍세화는 남민전의 활동가였지만, 주요 경력만 보면 거의 언론계에서 활동했음을 알 수 있다. 홍세화가 대중에게 널리 알려지게 된 계기 역시 프랑스 망명 기간에 택시 운전을 하면서 겪은 일과 소회를 수필 형식으로 써내려간『나는 빠리의 택시 운전사』라는 책이 출판되면서부터다. 이 책은 1995년에 초판이, 2006년에 개정판이 나왔다. 이 책을 통해 '관용'이라는 뜻을 지닌 프랑스어 톨레랑스 tolérance

라는 말이 대중의 뇌리에 깊이 각인되었다.

> 흔히 말하듯 한국 사회가 정情이 흐르는 사회라면 프랑스 사회는 톨
> 레랑스가 흐르는 사회라고 말할 수 있다. …… 당신의 정치·종교적
> 신념과 행동이 존중받기를 원한다면 우선 다른 사람의 정치·종교
> 적 신념과 행동을 존중하라. …… 다름을 다름 그대로 받아들이고
> 차별, 억압, 배제의 근거로 하지 말라.

북한과 남한, 보수와 진보, 기독교와 불교, 경상도와 전라도, 명문대
와 지방대가 대립하는 우리나라에서, 홍세화의 외침은 분명 옳았지
만, 톨레랑스를 우리나라 사람들의 삶에 적용하기는 쉽지 않았다. 우
리는 현실 상황을 '감정(정)'으로 판단하고, 이에 따라 행동하는 경향
이 강하기 때문이다. 반면 톨레랑스는 '이성'에 기반을 둔 것이라 하
겠다.

이와 같은 감정적 대립은 현재에도 우리가 풀어야 할 숙제로 남아
있다. 수백 년 넘게 습관이 되어버린 것을 하루아침에 바꿀 수는 없는
일이다. 홍세화는 이처럼 어려운 일을 하겠다고 나선 것이다. 그는 꾸
준히 글을 썼고, 그의 뜻에 동조하는 대중이 점차 늘어나기 시작했다.
요즘 '다름을 인정하자'는 말이 대중의 공감을 얻어 크게 유행하게 된
데는 그의 공이 적지 않다.

"비정규직 없는 평등국가, 핵과 자연 수탈이 없는 생태국가, 전쟁 없는 평화국가, 모든 사회적 약자와 소수자들이 존중받는 연대국가를 만들기 위해 우리에게 더 필요한 것은 말보다 실천입니다. …… 서울대는 없애고, 대학은 평준화하며, 각종 국가고시는 지역별로 할당하라고 요구함으로써 학벌사회를 전복시켜야 합니다. 지배 담론에 길들여져 허락된 것만 말하는 진보 정당은 존재 이유가 없습니다. 금지된 것을 욕망하고 불가능한 것을 상상하는 불온함 속에 세상을 바꾸는 우리의 힘이 있습니다. 그러나 세상을 바꾸기 위해서는 우리들 자신도 바뀌어야 합니다. 진보적 가치는 우리 당 속에서 가장 먼저 실현되고 증명되어야 합니다. 우리 당의 문화가 평등하고 민주적이며 호혜적이지 않다면, 보수 정당과 다를 것이 무엇이겠습니까? 또한 우리가 열린 마음으로 새로운 것들을 배우려 하지 않는다면, 우리가 비난하는 극우 사익추구 집단과 다를 것이 무엇이겠습니까? 그리고 우리가 작은 차이로 끝없이 반목을 거듭한다면, 누구에게 참된 만남과 고양高揚을 말할 수 있겠습니까?"

_진보신당 당대표 출마의 변

기호 16번, '진보신당', 홍세화는 이젠 역사 속으로 사라진 이 정당의 대표로서 처음이자 마지막이 될지도 모르는 현실 정치에 참여했다. 택시 운전을 하던 가난한 작가가 천하를 구해보겠다고 나선 것이다. 그러나 현실 정치의 벽은 생각보다 높았다. 그와 뜻을 함께했던 심상정과 노회찬이 그 곁을 떠나버렸다. 이들은 유시민의 국민참여당, 강기갑·이정희의 민주노동당 세력과 연합하여 '통합진보당'을 창당했다. 거대 정당이 표를 독식하는 구조에서, 같은 진보 세력 안에서도 외톨이가 되어버린 처지에서 기호 16번이 국회에 들어갈 자리는 없었다.

2012년 19대 총선에서 진보신당은 1.1퍼센트의 득표율을 기록했다. 정당을 유지할 수 있는 최소 득표율 2퍼센트를 넘기지 못해 진보신당은 해산의 길을 걸었다. 총선 결과가 발표되던 날, 흐느끼는 여성 당원의 어깨를 말없이 두드려주던 그의 모습이 떠오른다.

지난 (2007년) 4월 1일 한미 자유무역협정(FTA) 막바지 협상이 벌어지던 때 택시 운전기사 허세욱 씨가 분신했다. 우리 사회의 반응은 대체로 냉소적인 듯하다. 영리하고 영악한 경제동물의 사회답다고 말하려니 동시대인의 한 사람으로 참담하다. …… 나는 택시 운전사의 일상이 어떤지 알고 있다. 서울의 택시 노동조건이 파리보다 훨씬 나쁘다는 점도 알고 있다. 허세욱 씨는 그런 일상 속에서 신문과 책에 줄쳐가며 읽으며 세상을 공부했다. 대학가에서 사회과학 서점이 사라져가는 현실에 안타까워하며 '그날이 오면' 서점에서 20만 원어치 상품권을 구입하기도 한 사람. 그는 시대의 배반을 알아냈다. 그를 무시하려는 것은 시대의 배반에 눈감으려는 것이며, 그를 애써 외면하려는 것은 그가 '숱한 나'들을 부끄럽게 만들기 때문이다.

_2007년 4월 10일, 〈한겨레〉, '홍세화 칼럼'

홍세화의 모습은 현실 정치에서 성공하지 못한 것을 제외하고는 여러모로 유비와 비슷하다. 살아온 과정, 기반이 없음에도 자신이 믿는 가치를 실현하기 위해 좌충우돌하는 모습, 민중을 사랑하는 마음, 넉넉한 인품, 『삼국지』의 주인공 유비와 비슷하다. 우리나라가 밝은 미래를 맞이하려면 그와 같은 생각을 지닌 사람이 많아져야 하고, 그런 사람이 정치를 해야 한다. 그러나 아쉽게도 현재 우리나라의 정치 상황에서는 유비 같은 사람이 나타나더라도 성장하기 어렵다. 앞으로 얼마나 더 많은 유비가 나고 죽어야 할 것인가.

진보가 하루아침에 이뤄지지 않듯이 인간성의 훼손도 하루아침에 일어나지 않는다. 조금씩 추락할 때 분노할 줄 몰라 익숙해지면 다시 또 추락하고 또 익숙해지면서 기어이 파국에 이르는 것이다. 프리모 레비에게 "이게 인간인가"라고 묻게 한 나치즘도 그런 경로를 밟았다. 특목고 우대와 자사고 확대, 고교선택제, 수능성적 공개, 학교 줄 세우기와 국민 세금 차등 사용 등 경쟁 만능주의 교육정책들이 하나하나 수용되고 익숙해지면서 마침내 학생들을 '알짜, 예비, 잉여'로 나누는 괴물학교를 만들기에 이른 것이다. 스테판 에셀은 『분노하라!』를 "창조하는 것, 그것은 곧 저항이며, 저항하는 것, 그

것이 곧 창조다"라는 말로 끝맺는다.

_2011년 5월 8일, 〈한겨레〉, '홍세화 칼럼'

점잖은 유비가 '분노하라'고 말하다니. 역시 우리나라 진보 인사들의 언설은 여전히 선동적인가? 과격한가? 그렇지 않다. 홍세화의 외침 속에는 사람을 향한 진심 어린 애정이 들어 있다.

곽노현
그래도 지구는 돈다

명장, 불귀의 객이 되다

등애鄧艾를 발탁한 사람은 위나라 최고의 군사 사마의였다. 등애는 말을 할 때 '애, 애' 하는 버릇이 있었다. 말더듬이였다. 그러나 사마의는 등애의 비범함을 알아보고 발탁해서 키웠다. 사마의가 죽은 뒤 그의 둘째 아들 사마소가 위나라의 병권을 장악했다. 사마소는 등애와 종회에게 군사를 주어 촉한을 공격하게 했다. 등애와 종회의 군대는 검각이라는 요새를 앞두고 있었다. 검각에는 촉한의 명장 강유가 버티고 있었다. 종회는 한중 지역을 점령한 채 머물렀고, 등애는 촉한의 수도 성도를 치러 나갔다.

당나라 시인 이백의 「촉도난蜀道難」이라는 작품이 있다. 풀이하면 '촉 나라 가는 길의 어려움'이다. 지세가 오죽 험했으면 이런 작품까지 나 왔을까. 산은 높고 험했으며, 성도로 가려면 요새를 뚫어야 했다. 등애 는 정면 돌파로는 지구전이 될 가능성이 높다고 판단해 요새를 피해 절벽 길을 따라 행군했다. 지름길로 가서 성도를 기습할 계획이었다.

등애는 아들 등충에게 군사 5천 명을 주어 산길을 뚫게 했다. 그런 다음 후속 부대 1만 명에게는 양식과 밧줄을 가지고 뒤를 따르게 했 다. 등애는 스스로 군사 3만 명을 거느리고 그들의 뒤를 따랐다. 등애 는 100리쯤 가다가 3천 명을 징발해 그곳에 진지를 구축했다. 이런 방 식으로 700리 길을 행군하니 등애한테는 군사가 2천 명밖에 남지 않 게 되었다. 게다가 이들 앞에는 천길 낭떠러지가 있었다. 다들 어쩔 줄 몰라 했다.

"우리는 이미 700리를 왔다. 회군할 수 없다. 호랑이 굴에 들어가야 호랑이 새끼를 얻는 법이다. 나는 너희들과 함께 여기까지 왔으니 성공한다면 너희들과 함께 부귀를 누릴 것이다."

등애는 무기를 몸에 지닌 채 두꺼운 담요로 온몸을 둘둘 싸맸다. 데 굴데굴 굴러서 절벽 밑으로 내려갔다. 촉한의 장수 마막은 이런 지세만 믿고 방비를 하지 않고 있다가 기습을 당했다. 제대로 싸우지도 못하고 항복했다. 등애는 여세를 몰아 다음 목표 지점을 공격하려 했다. 부하 전속이 말했다.

"우리 군사들이 너무 험한 곳을 넘어와서 매우 피곤합니다. 며칠 쉬었다가 행군하는 것이 좋겠습니다."
"용병을 할 때는 신속해야 한다! 네놈이 군심을 어지럽히는구나. 전속의 목을 베어라!"

여러 장수들이 애걸해서 전속은 목숨을 부지했다. 등애의 군대는 부성이라는 곳을 공격했다. 부성의 장수들은 역시 뜻밖의 기습에 대처하지 못하고 그대로 항복했다.

촉한의 황제 유선은 등애의 군대가 성도 근처까지 왔다는 소식을 접하고 부랴부랴 대책을 논의했다. 유선은 제갈량의 아들 제갈첨과 손자 제갈상에게 군사를 주어 등애를 막도록 했다. 등애는 뛰어난 참모였다. 제갈첨 부자는 등애에게 패해 전사했다. 이렇게 되자 유선은 더 버티지 못하고 등애에게 항복했다. 유비가 세운 촉한은 이렇게 등애의 손에 멸망했다.

한편 황제의 항복 소식을 접한 강유는 난감했다. 자신에게 군대가 있었지만 수도가 함락된 이상 어떻게 해볼 도리가 없었다. 대치하던 종회에게 항복을 했다. 종회는 평소 강유의 명성을 알고 있었으므로 강유를 극진히 대접했다. 둘은 의형제를 맺기에 이르렀다.

그러나 강유의 항복은 진심이 아니었다. 등애와 종회를 이간질했다. 등애를 모함하는 한편, 종회에게 독립을 하라고 은근히 부추겼다. 종회는 강유의 말에 넘어가 호시탐탐 위나라에 반기를 들 기회를 노렸다.

등애는 촉한을 멸망시킨 뒤에 사마소에게 편지를 보냈다.

"촉한을 무너뜨린 기세로 오나라를 친다면 이길 수 있습니다. 그러나 지금 큰 싸움을 한 뒤라 군사들이 피곤해서 움직이기 어렵습니다. 우선 소금을 굽고, 무기를 만들며, 배를 건조한 이후에 오나라에 사신을 보내서 설득한다면 굳이 무력을 쓰지 않아도 이길 것입니다. 항복한 유선을 우대해서 오나라 황제가 마음을 움직이도록 해야 하겠습니다. 유선을 수도로 불러들이면 오나라 황제는 의심을 할 것입니다. 내년 겨울 즈음에 불러들이는 것이 좋겠습니다."

사마소는 등애가 너무 제멋대로라고 생각했다. 그래서 위관이라는 사람을 시켜 짧게 답장을 보냈다.

"장군이 건의한 말은 황제께 아뢴 뒤에 회신할 것이니 움직이지 말고 대기하시오."

등애는 기분이 상했다. 다시 사마소에게 자기 맘대로 하겠다는 내용의 회신을 보내버렸다. 사마소는 위관을 보내서 등애를 제거하라는 명령을 내렸다. 종회는 이 기회를 놓치지 않고, 먼저 사마소에게 등애를 모함하는 편지를 보냈다. 그리고 등애의 연락병을 붙잡아서 등애의 편지 내용을 일부러 불손한 어투로 고쳐서 사마소에게 보냈다. 편지를 읽은 사마소는 화가 나서 직접 대군을 일으켜 등애를 잡으러 갔다. 그러나 실상은 종회를 잡아들이려는 속셈이었다. 사마소는 종회 역시 의심하고 있었기 때문이다.

종회는 먼저 위관을 성도로 보내서 등애 부자를 체포해서 함거에 실어버렸다. 그러고는 강유와 함께 반란을 일으킬 계획을 세웠다. 종회는 장수들을 불러놓고 사마소를 치겠다고 선언했다. 모두들 그의 앞에서는 내색하지 못했지만, 속으로는 복종하지 않았다. 강유는 이런 낌새를 알아채고, 따르지 않는 장수들을 생매장해버리자고 건의했다. 이 소식은 위나라 장수들에게 전해졌다. 장수들은 군대를 일으켜 종회와 강유를 기습해서 죽여버렸다.

등애의 부하 장수들은 종회가 죽자 등애 부자를 풀어주었다. 이 소식을 들은 위관은 깜짝 놀랐다.

"내가 등애를 함거에 실었다. 저 사람을 놓아주면 내가 죽을 텐데 이를 어쩌면 좋단 말이냐."

"저번에 등애가 저를 죽이려 했습니다. 저한테 복수할 기회를 주십시오."

전속이었다. 전속은 군사 500명을 거느리고 등애의 진영으로 들이닥쳤다. 등애는 본부의 병사가 오는 줄 알고 아무런 방비를 하지 않고 있다가 전속의 칼에 죽었다. 아들 등충 역시 싸우다가 죽었다.

등애는 짧은 시간에 병력의 손실을 최소화하며 촉한을 멸망시킨 훌륭한 참모였다. 그러나 그 과정에서 같은 편인 종회를 적으로 만들었고, 이긴 후에는 상관인 사마소에게 의심받을 만한 행동을 했기 때문에 끝이 좋지 못했다. 물론 등애의 의도는 좋았고, 죽을 만큼 큰 잘못을 저지르지도 않았다. 아까운 사람이 억울하게, 그리고 허무하게 죽었다고 할 수 있겠다.

곽노현은 등애다

"반부패를 위해선 윗물이 맑아야 하는데, 그 점에서 나는 누구보다 자유롭다." 곽노현은 누구보다 진실하고, 명석하며, 실천이 빠른 교육자다. 곽노현이 주장한 말은 모두 우리나라 교육의 문제점을 정확히 꿰뚫고 있었다. 소신을 실행할 능력도 가진 사람이었다.

그래도 지구는 돈다

"지금 명문대학이 얼마나 무참하게, 이른바 우수학생 싹쓸이, 학교의 학생 선발권을 사실상 무책임하게 악용하고 있는 측면이 없지 않은데, 이런 부분들부터 바로잡으라고 교육감들이 한목소리를 내기 시작할 것이다. …… 이른바 차별과 특권의 교육, 부자 대물림 교육이라고 쉽게 이야기하겠다. 부자 대물림 교육이 전교조 탓인가? 나는 전교조냐 반전교조냐는 정치적 술수에 지나지 않고, 이것은 가짜 프레임이라고 생각한다. 진짜 프레임은 진짜 교육이냐 가짜 교육이냐는 것이다."

_2010년 5월 22일, 〈폴리뉴스〉, '교육감 후보 인터뷰'

곽노현은 한국방송통신대학교 법학과에서 학생들을 가르치던 교수였다. 강단에 있으면서도 사회의 부조리를 좌시하지 않았던 훌륭한 교육자였다. 1997년에는 5·18특별법 제정을 위한 범국민대책위원회 대변인으로 활동한 공로를 인정받아 '5·18시민상'을 받았고, 2000년 6월에는 삼성 에버랜드 전환사채 저가 발행 사건과 관련하여 법학 교수 43명과 함께 이건희 회장 등 33명을 특정경제가중처벌법의 '업무상 배임죄'로 고발했다. 곽노현은 진보 진영의 촉망받는 교육자였다.

곽노현은 박명기와 단일화에 성공하여 진보 진영을 대표하는 서울

특별시 교육감 후보로 선거에 나섰다. 곽노현은 34퍼센트의 득표율을 기록하며 33퍼센트를 기록한 이원희를 겨우 1퍼센트 차이로 이기고 당선되었다. 이때 보수 진영은 단일화에 실패했는데, 만약 단일화가 되었더라면 곽노현은 승리하지 못했을 것이다. 우리나라 교육계는 보수 세력이 장악하고 있다. 촉한의 진영이 위나라 군대에 합심하여 대응하지 못한 것처럼 보수 진영은 곽노현에게 패한 것이다. 곽노현은 교육감에 당선되자마자 속전속결로 강도 높은 교육개혁을 예고했다.

"다양하게 과목을 선택하고 그들 과목의 점수를 묶어 대학 전공별로 다양한 전형을 통해 입시를 치러야 한다. 획일화하면 사교육을 양산한다. 사교육은 경쟁이 강할수록, 공교육이 획일적일수록 기승을 부린다. 그것들을 줄여야 한다. …… 어린 나이에 동급생의 90퍼센트 이상을 나보다 못한 사람으로 여기는 엘리트주의의 기승은 민주주의의 축소를 부를 수 있다. 서울시교육청은 특목고와 자사고를 확대하지 않을 것이다. …… 체벌 금지 때문에 학교 규율이 없어진 게 아니라 인성교육을 하지 않아 그렇게 됐다. 학생들이 국제비교평가에서 인성 부문 꼴찌를 기록했다. 통솔과 지도가 그만큼 어렵다. 타인에 대한 배려나 질서의식이 떨어진다. 그렇다고 체벌을 할 수는 없다. …… 절대적인 평등이 요구되는 영역이 있다면 아이, 교육, 밥일 것이다. 이 셋이 기막히게 결합한 것이 학교 무상급식이다. 이것이 포퓰리즘이라면 망국이 아니라 흥국興國적 포퓰리즘이다."

곽노현은 학생의 두발과 복장의 자유, 집회의 자유를 보장하고, 교사의 체벌이나 소지품 검사를 금지하는 내용을 담은 '학생인권조례'를 만들었고, 교과 학습 위주의 교육에서 벗어나 문화·예술·체육 활동을 통해 창의성을 기르고 인성을 함양하는 데 주안점을 둔 '혁신학교'를 설립했다. 물론 보수 진영에서는 극력 반대했다.

엉뚱한 데서 사건이 터졌다. 검찰은 곽노현이 교육감 선거에서 박명기 서울교대 교수에게 후보 단일화를 조건으로 2억 원의 금품을 주었다는 의혹을 제기했다. 의혹이 불거지자 곽노현은 박명기 교수의 어려운 사정을 보다 못해 선의로 돈을 주었다고 밝혔다. 그런데 정작 문제는 이 돈이 지급된 시기가 선거 기간인 2010년이 아닌 2011년 2월에서 4월 사이라는 점이었다.

이 사건이 터지자 보수 진영에서는 마치 기다렸다는 듯 곽노현을 집중 공격했다. 한나라당과 한국교총에서는 곽노현의 즉각 사퇴를 요구했다. 보수 진영은 그렇다고 친다. 진보 진영에서도 그냥 있지 않았다.

"재판 결과와 상관없이 그의 도덕성에 커다란 흠집이 가는 것은 불가피하다. …… 혼자서 교육감이 된 것이 아니라 진보·개혁 진영에서 함께 세운 '공인'이기에 법적 책임에 앞서 일단 도덕적 책임을 져야 한다. 도덕성, 개혁성이 유일한 무기인 진보 진영이 이를 내다버리고 싸울 수 없다."

_2011년 9월 1일, 〈경향신문〉에 실린 진중권의 발언

"곽 교육감은 국민이 납득할 수 있을 것인지 성찰하고 책임 있게 처신해주길 바란다."

_민주당 손학규

"곽 교육감은 모든 진실을 밝히고 대가성이 사실이라면 책임지고 사퇴해야 한다."

_민주노동당 우위영

"곽노현 교육감은 즉각 사퇴하고, 자연인의 신분에서 법적 판단의 과정을 거치는 것이 옳다. 대부분 시민들의 눈높이에서 볼 때 곽 교육감이 건넨 2억 원은 대가 없이 도와주기에는 너무 많은 액수다."

_좋은교사운동, 경제정의실천시민연합, 사교육걱정없는세상, 인간교육실현학부모연대의 공동 성명

"사법적 판단은 나중에 이뤄진다 하더라도, 금품 제공 자체로 충분히 부적절하다."

_참여연대 이태호

재판은 법원에서 이루어지지만, 분위기까지 이래놨으니 재판에서

이길 리가 없었다. 곽노현은 대법원에서 후보 단일화 대가 혐의로 징역 1년형을 선고받고 교육감 자리를 잃었다. 죄목은 '사후매수죄'였다. 곽노현은 이 판결에 불복하고, 헌법재판소에 소원을 냈다. 헌법재판소에서는 '사후매수죄'를 합헌으로 판결함으로써 곽노현은 결정타를 맞았다. 그의 빈자리는 현재 보수 진영의 문용린이 채우고 있다.

이 판결에 대해서는 여전히 갑론을박이 많다. 판결은 판결이므로 승복해야 하겠다. 그러나 이 의혹이 제기되었을 때 민주진보 진영이 보인 태도를 지적하지 않을 수 없다. 수사가 진행 중임에도 곽노현을 궁지로 몰아세웠다. '무죄추정의 원칙'은 어디로 치워버리고 의혹이 있다는 사실, 돈을 주었다는 사실만으로 교육감 자리에서 물러나야 한다고 목소리를 높였다. 사태의 흐름을 예의주시하면서 성급한 발언을 자제하는 것이 더 바람직했다. 법원의 판결이 나오기 전에 곽노현은 이미 자리를 잃은 것과 다름없는 신세였다.

"반부패를 위해선 윗물이 맑아야 하는데, 그 점에서 나는 누구보다 자유롭다."

곽노현은 등애처럼 말을 더듬지는 않지만, 말투가 어눌하다. 그러나 누구보다 진실하고, 명석하며, 실천이 빠른 교육자다. 곽노현이 주장한 말은 모두 우리나라 교육의 문제점을 정확히 꿰뚫고 있었다. 소신을 실행할 능력도 있었다. 그런 사람인데 죄라고 하기에는 다소 모호

한 '사후매수죄'를 범해 허무하게 자리를 잃었다. 그러므로 이 죄목을 갖고 곽노현의 삶 전체를 재단해서는 안 된다고 본다.

다시 강조하지만 최고의 가치를 지닌 헌법을 존중한다. 하지만 곽노현은 헌법재판소의 판결을 접하면서 '그래도 지구는 돈다'고 중얼거렸을 것이다.

서화숙
꺾을 수 없는 기백, 반박할 수 없는 논리

담력과 식견을 겸비한 인물

유비는 오나라를 치러 갔다가 크게 패하고 죽었다. 위나라의 조비는 이 기회를 틈타 오나라에 사신을 보내 양국이 연합하여 촉한을 치자고 제의했다. 오나라 손권은 곧바로 승낙하지 않고 먼저 위나라와 촉한의 동태를 살핀 후에 결정하기로 마음먹었다. 조비의 사신한테는 군수물자를 준비하지 못했다는 핑계를 대고 그를 돌려보냈다. 촉한은 지세가 험하고 방비도 굳건해, 위나라 군대가 쉽게 공격하지 못하고 있었다. 손권이 저울질을 하고 있는데 촉한에서도 사신이 왔다. 손권의 모사 장소가 말했다.

"제갈량이 우리와 화친을 할 목적으로 사신을 보낸 겁니다."

"뭐라고 할까요?"

"먼저 전각 앞에 큰 가마솥을 걸고 기름을 부어 펄펄 끓인 뒤에, 덩치 좋고 험상궂게 생긴 무사 천 명을 뽑아서 입구부터 전각까지 세워놓으십시오. 사신이 뭐라고 말하기 전에 삶아 죽이겠다고 위협한 뒤에 어떤 대답이 나오는가를 봐서 처리하십시오."

촉한의 사신은 등지鄧芝라는 사람이었다. 등지는 위나라를 치려면 오나라가 유비를 죽인 일은 과감히 잊어버리고, 오나라와 연합해야 한다고 생각했다. 제갈량도 이런 생각을 하고 있었는데, 자신과 뜻이 맞는 등지를 오나라에 사신으로 보낸 것이었다.

등지는 대궐 앞에 도착해 주변을 살펴보았다. 멀리 큰 가마솥이 걸려 있고, 좌우에는 칼, 도끼, 창을 든 무사들이 눈알을 부라리며 서 있었다. 등지는 곧바로 분위기를 파악했다. 하지만 주눅 들지 않고 입가에 웃음을 머금은 채 손권 앞으로 걸어갔다. 등지는 손권을 보고도 절을 하지 않고 읍을 했다. 손권이 버럭 소리 질렀다.

"왜 절을 하지 않느냐!"

등지가 맞받아서 소리 질렀다.

"황제의 사신은 작은 나라 임금에게 절하지 않는 법입니다!"

겁만 주려고 했는데 이렇게 나오니 손권은 정말로 화가 났다.

"너 이놈! 네놈이 세 치 혓바닥을 놀려서 나를 설득하러 왔구나. 여봐라! 저놈을 당장 기름 가마솥에 넣어 삶아 죽여라!"

등지는 오히려 껄껄 웃었다.

"오나라에 인재가 많다고 들었는데, 나 같은 선비를 두려워해서 이런 못난 짓을 할 줄 몰랐소. 하하하."
"내가 왜 너 따위를 두려워하겠느냐!"
"나를 두려워하지 않는다면, 내가 당신을 설득하러 온들 신경 쓸 일이 뭐가 있겠소?"
"너는 제갈량의 사주를 받아 우리와 화친하자는 말을 하러 온 것이 아니냐?"
"나는 촉한의 선비일 뿐입니다. 내 특별히 오나라를 위해서 이해득실을 말하러 온 것인데 무장군인을 배치하고, 기름 솥을 걸어놓고 나를 만나는구려. 어찌 이리 사람의 그릇이 작단 말입니까?"

손권은 등지의 당당한 모습을 보자 조금 부끄러워졌다.

"우리와 위나라의 이해관계가 어떻습니까? 선생이 가르쳐주시오."
"대왕께서는 우리 촉한과 화친하고 싶으십니까, 위나라와 화친하고
싶으십니까?"
"촉한과 화친하고 싶기는 한데 촉한의 주인은 나이가 어리고 생각
이 얕아 유종의 미를 거두지 못할 것 같소만?"
"대왕은 세상에서 알아주는 영웅이고, 제갈량 역시 그런 사람입니
다. 촉한은 산천이 험하고, 오나라는 강을 끼고 있는 요충지가 있습
니다. 촉한과 오나라가 화합해서 입술과 이의 관계를 맺는다면 천하
를 삼킬 수 있고, 그렇지 못하더라도 세 나라가 균형을 유지할 수 있
습니다. 촉한과 화친하지 않는다면 위나라에서는 오나라한테 신하
노릇을 하라고 할 텐데, 그걸 받아들이지 않으면 위나라에게 공격
을 받겠지요. 이때 우리 촉한이 오나라를 친다면 이 강남 땅은 더 이
상 대왕의 소유가 아닐 것입니다. 제 말이 틀렸다고 하신다면 저는
이 자리에서 죽겠소이다."

말을 마친 등지는 소매를 걷어붙이고 펄펄 끓는 기름 가마솥 안으
로 뛰어들려고 했다. 손권은 등지를 만류했다.

"선생의 말씀이 옳습니다. 촉한과 화친하겠습니다. 선생께서 일을

성사시켜주십시오."

등지는 꼿꼿이 버티고 서서 대답했다.

"아까 저를 삶아 죽이려 했던 분도 대왕이시고, 지금 일을 맡기려 하는 분도 대왕이십니다. 대왕의 마음이 이처럼 정해져 있지 않으면서 어떻게 다른 사람과 신의를 맺으려 하십니까?"

손권은 허리를 굽혔다.

"제 뜻은 정해졌습니다. 선생께서는 의심하지 마십시오."

손권은 등지를 숙소로 보낸 후에 문무백관을 소집했다.

"나는 강남의 비옥한 땅을 지녔지만, 서촉의 산간오지를 지닌 유선만 못하고, 촉한에는 등지처럼 그 임금을 욕되지 않게 하는 신하가 있건만, 우리 오나라에는 촉한에 들어가 내 뜻을 전할 만한 사람이 없구려."

오나라에서는 장온이라는 사람이 촉한에 들어가 화친을 맺고 돌아왔다. 등지는 장온과 함께 다시 오나라로 왔다. 손권은 잔치를 베풀었다.

"오나라와 촉한이 힘을 합해 위나라를 친 후에 두 임금이 천하를 나누어 다스린다면 이보다 더 즐거운 일은 없겠습니다."

등지가 대답했다.

"하늘에는 두 해가 없고, 백성은 두 임금을 섬길 수 없습니다. 위나라를 이긴 후에 누가 천명을 받을지는 모르겠습니다만, 두 나라의 임금이 각자 덕을 닦고 충심을 다하다 보면 자연히 전쟁이 끝날 것입니다."

글공부를 한 선비이면서도 무장을 뛰어넘는 용기와 담력을 지닌 등지 덕분에 큰일이 이루어졌다. 칼을 휘두르며 적진을 무인지경처럼 달리는 장수의 활약만큼이나 통쾌한 장면이다. 등지는 20년 넘게 촉한의 대장군으로 있다가 천수를 다하고 죽었다.

서화숙은 등지다

목소리는 차분하고 냉정하며, 오랜 기자 경험에서 나오는 언설에는 치밀하고 정연한 논리가 있다. 앞으로도 선비의 기개를 잃지 않으면서 소신을 펼친 등지처럼 자신의 역할을 오래도록 해주기를 기대한다. 눈 속에서 피어나 봄의 희망을 갖게 하는 한 떨기 매화 같은 사람이다.

눈 속에 피어난 매화

누구나 마찬가지겠지만 특히 언론인에게는 자신의 견해를 내세우더라도 치밀한 논리와 주변의 압력에 굴하지 않는 용기가 있어야 한다. 협박에도 굴하지 않고 오히려 상대를 윽박질렀던 등지 같은 언론인이 있다. 많은 언론인이 정권 또는 정파의 눈치를 보는 가운데 거침없이 바른 말을 해서 독자의 폐부를 찌르며, 속을 시원하게 해주는 서화숙 대기자가 바로 이런 사람이다. 현재 언론계에서 단연 돋보이는 군계일학이며 백미라고 할 수 있겠다.

서화숙은 1982년, 한국일보에 입사해서 1999년 여론독자부 부장, 2002년에는 문화부장을 지냈다. 현재 한국일보 편집국 선임기자로 있다. 2001년에는 외대 출신 언론인에게 수여하는 '외언상'을 수상하기도 했다. 경력만 보면 특기할 사항이 없는 것 같다.

서화숙이 대중에게 널리 알려지게 된 계기는 2011년 8월 10일에 방송된 〈백지연의 끝장토론〉에 출연하면서부터가 아닌가 한다. 당시 우리나라에서는 뉴라이트를 비롯한 보수 세력을 중심으로 '이승만 재평가' 운동이 벌어지고 있었다. 이들은 '건국의 아버지'인 이승만의 동상을 세워야 한다고 주장했다.

서화숙은 뉴라이트 계열 학자들과 토론을 시작했다. 서화숙은 상대의 혼을 쏙 빼놓았다. 서화숙의 정연한 논리와 진심이 담긴 일갈에 상대는 제대로 반박하지 못했다.

"그렇게 많은 정적을 살해하고, 그렇게 많은 양민을 학살하고 한국 동란 중에 자기의 권력을 지키기 위해 개헌한 사람을 갑자기 건국의 아버지로 추앙한다는 뜻을 도대체 이해할 수 없습니다. …… 모든 것이 나쁘다고 얘기하지 않습니다. 미국과의 외교관계에서 능란한 외교를 폈다는 것도 다 인정합니다. 그러나 이것은 몇 십 년 전에 다 인정이 끝난 겁니다. 독재한 것도 다 인정이 끝난 것인데 지금 새삼 이승만 대통령이 아니었으면 민주주의는 없었을 것이기에 건국의 아버지로 세우자는 것은 과장입니다. …… 이미 빨갱이라는 가상의 적을 만들어놓고 민주 인사를 탄압하는 기회로도 삼았습니다. 그것 까지 다 인정을 해줘야 한다는 겁니까? …… 미국이 우리나라를 포기하려고 했는데 이승만 대통령이 뛰어난 외교력과 선지적 혜안으로 그걸 막았다고 인정한다고 치더라도 그 과정에서 일으킨 1951년 민주주의를 완전 유린한 개헌, 사사오입 개헌, 그 이후에 3·15 부정 선거, 4·19로 이어지는 행적, 양민 학살이 사라지는 것은 아닙니다. …… 대한민국이 2011년에 이르러 이승만의 동상을 세우자고 하는 이야기가 나올 수 있는 국가가 됐는지 아연할 정도입니다. …… 저 는 국가에 대해 자부심을 굉장히 갖고 있습니다. 우리나라가 이렇게 민주국가가 된 것에 대해 매우 감사합니다. 그리고 그렇게 독재자들, 독재를 없애기 위해 피를 흘리신 분들에게 늘 감사하고 죄송합니다."

_〈백지연의 끝장토론〉 중 서화숙의 발언

굳이 설명하지 않아도 서화숙의 역사 인식이 어떠한지 잘 알 수 있는 발언이다. 이런 사람이니 새누리당의 재집권을 달가워할 수가 없었다. 서화숙은 대통령 후보로 나선 새누리당의 박근혜 후보를 거침없이 비판했다.

정치판에는 박정희의 유산을 세습하려는 박근혜 새누리당 대선 후보가 있다. 5·16 군사반란이나 유신독재에 대해서 상식적인 판단을 거부하는 그는 최근에 박정희 집권 시절 가장 끔찍한 사법살인 중 하나인 인혁당 사건을 두고 '두 개의 재판 결과가 있다'고 말했다. 유신독재 때 정치재판을 인정한다는 말은 일제 때 독립운동가를 처형한 재판도 인정한다는 말이 된다. 그 자체로 공직에서 물러나야 마땅할 망언이다. …… 박근혜 후보는 국회의원으로 입법한 것은 없고 당대표였을 때는 사학법 개정과 국가보안법 폐기에 극렬하게 반대해서 사학 비리를 옹호하고 언론 자유를 위축시켰다. 현재 새누리당의 최고 실세이면서 민간인 사찰이나 4대강 의혹을 해결하는 데에 전혀 나서지 않고 있다. 가족들의 저축은행 관련 여부도 덮고만 있다. 박정희 딸을 걷어내면, 망언을 일삼는 이들을 거느린 상식 없는 공인일 뿐이다. 그런데도 그가 여론조사로는 대통령 후보 1순위이다. …… 박근혜가 이으려는 세습은 독재의 유산이다.

_2012년 9월 13일, 〈한국일보〉, '서화숙 칼럼'

박근혜는 51.6퍼센트의 득표율로 대통령에 당선됐다. 이후 대통령 선거에 국정원을 비롯한 국가기관이 대선에 개입한 정황이 속속 드러났다. 그런데 대선 패배의 당사자인 문재인은 물론이고, 민주당 의원을 비롯하여 수많은 언론이 침묵을 지키는 기현상이 발생했다. 모두들 손권의 기름 가마솥과 1천 명의 무사들의 위협에 겁을 집어먹은 것이다.

이미 법에 국정원은 정치 개입을 해서는 안 된다고 쓰여 있는데 이 법을 어긴 이들이 처벌도 받지 않고 국정원 직원으로 세금을 축내고 있다. 법무부는 엄정하게 수사하려는 검찰을 말리고 대통령은 결과적으로 그런 법무부와 국정원을 감싸주었다. 조직적으로 인터넷과 트위터로 정치 개입을 한 이들을 낱낱이 밝혀 벌을 주고 이명박 전 대통령에게까지 책임을 묻지 않는다면 모든 개혁안은 공염불이다. 그들을 처벌하지 않는 한 박근혜 대통령 역시 국정원법과 헌법을 훼손하고 있다는 사실을 잊지 말기 바란다.

_2013년 12월 12일, 〈한국일보〉, '서화숙 칼럼'

서화숙은 권력의 압력을 두려워하지 않는다. 요즘 서화숙은 한국일보에 '서화숙의 만남'이라는 칼럼을 연재하고 있으며, 국민TV〈서화숙의 3분 칼럼〉에 출연하고 있다. 목소리는 차분하고 냉정하며, 오랜 기자 경험에서 나오는 언설에는 치밀하고 정연한 논리가 있다. 앞으로도 선비의 기개를 잃지 않으면서 소신을 펼친 등지처럼 자신의 역할을 오래도록 해주기를 기대한다.

서화숙, 눈 속에서 피어나 봄의 희망을 갖게 하는 한 떨기 매화 같은 사람이다.

『삼국지 인물전』이
세상에 나오기까지

술 깬 다음 날

작년 11월의 일이다. 학술지에 투고할 논문을 준비하느라 정신이 없었다. 12월까지 보내야 했는데 생각만큼 원고 진행이 되지 않았다. 마음은 급해졌고, 온갖 스트레스가 몰려들기 시작했다. 하루 종일 책상 앞에 앉아 있는데도 글 한 줄 쓰지 못했다. 그렇게 하릴없이 시간을 보내다가 도저히 견딜 수 없어서 글쓰기를 포기하고는 술을 한 잔 마셨다.

취했다. 별별 생각이 다 들었다. 내 신세도 신세려니와 나라 돌아가는 모양까지 생각이 미치자 울컥 화가 났다. 휴대전화를 열고 마구잡이로 글을 쓰기 시작했다.

김한길은 원술이다. 원술의 별명은 '총중고골塚中枯骨', '무덤 속의 마른 뼈다귀'다. 얼마간의 힘을 믿고 까불어보긴 하는데 무덤 속의 뼈가 뭔 일을 할 수 있을까. 아무도 김한길을 인정해주지 않는다. 김한길은 이 자리가 끝이다. 이미 죽었는데 자기가 죽은 줄 모르고 있다.

안철수는 원소다. 원소는 머리가 좋고, 주변에 괜찮은 모사꾼도 많았다. 하지만 결정적일 때 머뭇거리거나 냉정한 판단을 하지 못해서 망했다. 안철수는 여전히 인기가 있는 편이지만, 어정쩡하게 있다가 여러 사람 속만 태우고 대업을 이루지 못할 것이다.

문재인은 유표다. 제법 괜찮은 기량을 지녔지만, 사람 괜찮은 게 가장 큰 장점일 뿐, 전투력이나 전략 수립 둘 모두 고만고만해서 위협을 줄 수 있는 사람이 못 된다. 형주 땅이나 지키려 하고 있는데, 그마저 지키지 못하고 뺏길 확률이 높다. 노무현과 거리를 두지 않으면 정치인으로의 성장은 여기서 끝이다.

조국 교수는 상산 조자룡이다. 조자룡은 전투력도 강하고 머리도 좋다. 아직 자신을 써줄 유비만 한 인물이 나타나지 않아서 연구실에 앉아서 공부를 하거나 가끔씩 트위터만 하지만, 물을 만나면 생각보다 강한 힘을 발휘할 사람이다. 조용히 공부만 하는 사람 같지만, 싸우는 버릇이 들면 본색이 드러날 것이라고 본다.

표창원은 마초다. 마초는 자신의 근거지를 잃고, 여기저기 방황하다가 끝내 유비의 품으로 들어가서 생을 마쳤다. 신념이 강하고 상대가 강해도 결코 기죽지 않는다. 표창원은 유비한테 의탁하기 전의 마초와 같은 신세다. 자기 근거지를 스스로 버리고 나섰다지만, 실은 잃어버린 것과 마찬가지다. 스스로 보수라고 하고 있지만, 우리 진영에 영웅이 있다면 이 사람을 얻지 못하리라는 법도 없다. 표창원은 어느 편에 서든 신망을 얻을 사람이다. 내가 잘은 모르겠지만, 이 사람도 정치권에 발을 들여놓을 거라 짐작한다. 어떤 선택을 해서 어떤 길을 갈지 무척 궁금하다.

취했어도 페이스북 친구들 보라고 쓰는 글이니 적어도 말은 되게 쓰려고 노력했다. 평소 삼국지 게임을 좋아해서 언젠간 써보고 싶던 글이었다. 몇 잔 더하고 잤다.

다음 날 무거운 마음으로 컴퓨터를 켜고, 늘 그랬던 것처럼 페이스북 화면을 띄웠다. 저 글을 열한 명이 공유해간 것도 신기할 노릇인데,

무려 80명한테서 친구 신청이 들어왔다. 그때까지도 술이 덜 깨서 눈을 비비적거리고 있었는데 술이 확 깼다. 휴대전화를 들고 나가서 담배를 피우면서 80명의 친구 신청을 모두 수락했다. 정신을 차리고 댓글을 봤다. 반응은 폭발적이었다. 이런 반응은 처음이라 얼떨떨했지만 기분이 괜찮았다. 동시에 '아니, 이런 막돼먹은 글을 왜 좋아하지?' 하는 생각도 들었다.

이날 밤 머리를 쥐어뜯으며 앉아 있는데 서울대 조국 선생님한테서 친구 신청이 들어왔다. 깜짝 놀랐다.

'그 유명한 조국이 친구 신청을 하다니! 이게 무슨 일이지?'

이런 생각을 하면서도 잽싸게 수락했다. 더 당황스러운 일이 벌어졌다. 조국 선생님이 메시지를 보내온 것이다.

"다른 페친 담벼락에서 김 선생님 글을 읽었습니다. 덕담해주셔서 감사합니다. 이 공간에서 종종 교유하시지요."

솔직히 처음에는 조국 선생님이 진짜가 아닌 줄 알았다. 누가 장난치는 것 같았다. 채팅을 하는 와중에 선생님의 담벼락을 확인했다. 요리조리 뜯어보고는 진짜인 줄 알고 더 놀랐다. 그러나 차마 저 글을 술 먹고 썼다는 말은 할 수가 없었다. '신문에서나 보던 사람과 페이스북 친구가 되고, 채팅까지 하다니!' 이것만으로도 정말 기뻤다.

저희와 계약하시죠

생각나는 대로 쓴 글이었으므로 '즉흥적 인물평'이라는 제목을 달았다. 몇 사람을 저렇게 써놓고는 더 쓸 생각을 하지 않았다. 이때 평소 친하게 지내던 페이스북 친구인 문경훈, 유희영, 김지하 님이 재미있으니 다음 편을 써달라고 했다. 나는 내 글이 재미있다는 생각을 해보지 않았기 때문에 세 분의 말을 이해할 수가 없었다. 뿐만 아니었다. 그 와중에 페이스북 친구 신청이 꾸준히 들어왔고, 댓글도 호평 일색이었다. 더더욱 이해할 수가 없었다.

오로지 저 세 분을 위해서 연재를 시작했다. 글을 짧게 쓰면 연재를 오래할 수 없으니까 내 기억을 바탕으로 삼고, 인터넷 검색을 하면서 글의 분량을 조금씩 늘려갔다. 반응은 역시 좋았다.

페이스북 친구가 450명쯤 되었을 때 또 한 번 사건이 터졌다. '즉흥적 인물평' 2편에 표창원 선생님이 댓글을 달아주셨다(그 글을 지워서 표창원 선생님 댓글을 인용하지 못하는 게 아쉽다). 또 깜짝 놀랐다. 혹시

나 해서 표창원 선생님한테 '페이스북 친구 해달라'고 댓글을 달았는데 바로 친구 신청을 해주셨다. 길 가다 좋아하는 연예인을 만나서 사인을 받은 기분이었다. 그게 끝이 아니었다. 표창원 선생님은 내가 한 꼭지를 쓸 때마다 그 글을 공유해주셨고, 『삼국지』 이야기 외의 다른 글도 공유해주셨다. 표창원 선생님의 파워는 엄청났다. 며칠 사이에 페이스북 친구가 천 명을 넘어섰다.

연재가 10회쯤 진행되었을 때 조국 선생님한테서 메시지가 왔다.

"작은 책을 내시면 어떨까요? 왼편에 원 인물, 오른편에는 현대 한국 인물로 배치하고, 정보와 에피소드를 넣으면서요."

나는 2013년에 왕의서재라는 출판사와 계약을 맺은 상태였다. 논문 때문에 작업을 못하고 있는 상황이었는데, 조국 선생님의 제안을 받은 것이다. 어쨌든 기분은 정말 좋았다. 그러나 내가 적극적으로 말할 수는 없었다. 미적거리고 있는데 내 맘을 아셨는지 자신이 출판사를 알아보겠다고 하셨다.

'아무리 조국이라도 그렇지. 출판이 쉬운 일이 아닌데 어떻게 하겠다는 것일까.'

유명인의 인정을 받으니 기분이 정말 좋았지만, 반신반의하면서 그래 주십사 대답만 했다. 조국 선생님은 허언을 하지 않았다. 며칠 지나서 어떤 출판사로부터 연락이 왔다. 정말 당황했다.

'이걸 어째야 하지. 진짜 연락이 오네? 지금 나한테 뭔 일이 벌어지는 거냐.'

그 출판사와는 계약하지 않기로 했다. 괜스레 미안해서 조국 선생님한테 감사 인사를 드렸다. 조국 선생님은 오히려 '그런 일은 비일비재하니 걱정하지 마라'고 하면서 나를 위로해주셨다. 그렇게 일이 마무리되는가 보다 했는데 선생님은 '다른 출판사 알아보고 연락할 테니 계속 작업을 하라'고 하셨다.

며칠 뒤에 휴먼큐브 황상욱 대표한테서 메시지가 왔다. 조국 선생님한테 연락을 받았다면서 당장 내일 만나자고 했다. 또 깜짝 놀랐다.

'아니 어떻게 바로 만나자고 하지?'

만났다. 더 놀라운 일이 생겼다. 황상욱 대표는 나를 보자마자 이렇게 말했다.

"선생님 원고, 다른 데랑 계약하지 않으셨으면 저희와 바로 계약하시죠."

세상 오래 살고 볼 일이라는 말이 나한테 적용될 줄은 꿈에도 몰랐다. 살아오면서 이렇게 빨리 무언가를 결정하는 사람은 처음 봤다. 명색이 계약인데 이런저런 말도 주고받으면서 천천히 결정해야 하는 거 아닌가? 정신이 없었다. 일단 계약하기로 하고 많은 이야기를 나누었다. 이렇게 내 원고는 휴먼큐브와 만나게 됐다. 지금 이 글을 쓰면서도 여전히 얼떨떨하다.

글을 쓰면서 울다

본격적으로 원고 작업을 시작했다. 그전까지 쓴 것은 다 버리고 새로 쓰기로 작정했다. 글 한 편씩 『삼국지』 인물의 특징이나 유명한 이야기를 먼저 정리하고, 거기에 현대 인물을 맞춰가는 방식으로 글을 썼다. 그리고 이 글은 내가 쓰는 것이니 내 머릿속에서 그려지는 인물에 대한 느낌을 담으려고 노력했다. 어리석은 인물을 쓸 때는 나도 어리석어지고, 담담한 인물을 쓸 때는 나도 담담해졌으며, 등장인물이 격정을 토로하면 나 역시 그러기 위해 노력했다. 평가는 독자의 몫이고, 인물들의 일화도 내가 지어내는 것이 아니라 편집하는 것에 가까웠지만, 내 마음을 담아야 글에 생명이 깃든다고 생각했다.

표창원 선생님 편을 쓸 때였다. 마초의 파란만장한 이야기를 정리한 다음, 표창원 선생님의 행적을 쓰기 시작했다. 표창원 선생님은 대선 당일에 〈GO발 뉴스〉에서 진행하는 생방송에 출연했다. 이 자리에서 표창원 선생님은 '시인과 촌장'의 노래를 들으면서 대성통곡을 했다. 그 이야기를 쓰는데 갑자기 울음이 터져버렸다. 눈물이 멈추질 않았다. 식구들이 모두 잠든 새벽에 나 혼자 엉엉 소리 내어 울면서 글을 써 내려갔다. 그때 표창원 선생님은 어떤 노래를 들으면서 그렇게 우셨을까. 그때의 동영상은 검색을 해도 나오지 않았다. 어쩔 수 없이 선생님께 메시지를 보내서 여쭤보았다. 〈풍경〉이라는 곡이라고 했다.

안희정 편을 쓸 때였다. 손책의 이야기를 쓰고는 안희정과 관련된 자료를 찾기 시작했다. 처음 찾아낸 자료가 노무현 대통령이 돌아가셨을 때 안희정의 모습을 써놓은 거였다.

"에이구, 제 어미가 죽었어도 그리 슬플까. 물 한 모금 안 넘기고 자지도 먹지도 않고 …… 기진해 있어서 내가 뭐 약 좀 가져갔더니 어머니나 드시라고 거들떠도 안 봐."

이번에는 쓰기도 전에 눈물이 났다. 방문을 닫아놓고 엉엉 울었다. 울면서 이런 생각이 들었다.

'안희정은 이제 냉정해졌어. 이 꼭지를 쓰려면 나도 그래야 한다.'

서른두 편의 원고를 쓰면서 이렇게 두 번 울었다.

1440명의 페이스북 친구들과 400명의 팔로워

작업이 막바지로 접어들면서 나는 급격히 지쳐갔다. 심신이 피곤해서 아무것도 하고 싶지 않았다. 좋아서 하는 일인데도 너무 힘이 들어서 어서 빨리 탈고하고 싶었다. 가끔씩 페이스북에 내 이런 상태를 여과 없이 쓰기도 했다. 그럴 때마다 페이스북 친구들이 격려와 응원의 메시지를 아낌없이 보내주었다. 글 한 편이 올라올 때마다 정성스레 댓글을 달았고, 나와 함께 울고 웃어주었다. 원고 작업 중간에 이외수 선생님도 격려의 말을 보내주셨다. 선생님께 감사드린다.

많은 분들이 아껴주셨는데 한 분 한 분에게 고마운 마음을 전하지 못한 것이 늘 미안하다. 글은 내가 썼지만, 이분들의 격려가 없었다면 이 책은 세상에 나오기 어려웠을 것이다. 이 지면을 빌려 감사의 인사를 드린다.

자, 이제 이 원고는 내 손을 떠난다. 호평이든 혹평이든 무관심이든 모두 내 몫이라 생각하며 차분히 기다리리라. 꽃피는 봄이 오면 좋은 곳에서 모든 분들을 만나고 싶다.

함께 걸어온 길

책의 마지막을 친구들의 댓글로 채우게 되어 정말 기쁩니다. 이 글을 마치고 난 후에도 예전처럼 만나겠지만, 지금은 제가 꼭 어디로 가는 것 같기도 하고, 작별 인사를 하는 것 같기도 하네요. 이런저런 생각이 드는 하루입니다. 그동안 부족한 글 읽어주시고, 저와 함께 걸어주셔서 정말 고맙습니다.

다채로운 의견

"조금씩 뿌리는 씨앗들이 꽃피어 상식이 통하고 민주주의가 바르게 이뤄지는 날이 오길 소망합니다. 그러한 마음으로 서화숙 기자님의 칼럼을 읽으며 응원하고 있구요. 이렇게 꿋꿋이 할 말을 해주는 지식인 분들이 계속 지탱해줘야 하지 않나요." _Jun Young Park

"저항은 어느 형태로든 필요하죠. 흔히들 비리나 부도덕한 권력에 대한 저항만을 생각하기 쉽지만 현실에 대한 저항도 중요하다고 생각합니다. 날로 나태해지는 자신에 대한 저항이나 독선적인 급진에 대한 저항도 같은 맥락 아닐런지요."_연하집

"가장 미약하게 시작하였지만 끝까지 버텨 창업을 한 유비처럼 홍세화 선생이 그러하면 좋겠습니다. 다름을 인정하자는 선생의 오랜 방랑 생활에서의 가르침이 '다른 것과 틀린 것'의 차이는 인정하자며 들먹이는 논리 희석의 도구가 된 것 같아 아쉽네요."

_Min-Gyun Oh

"어찌 보면 가장 힘을 얻지 못한 정당의 강령들이, 인간다운 생활을 다른 기성 정당의 그것보다 더 잘하게 만들 수 있는데도 불구하고 제 자신은 그걸 외면할까요? 이건 앞뒤 안 맞는 사고임에 틀림없습니다."_김철태

"그분(강기갑)은 유기농도 제대로 하시고, 소도 자유롭고 건강하게 키우시고, 닭이나 오리도 병 안 걸리게 하실 것 같다. 이 나라 정치도 건강하게 무병하게 유기농으로 하실 분이었는데……"_김정아

"일국의 동량지재들을 진영의 잣대로 범살하는 폐해가 그치지 않고

는 이 나라의 발전이 무망하리라 봅니다. 안타까운 마음입니다."

_정대일

"서영석 이사님이 진행하는 팟캐스트는 잘 듣고 있어요. 속이 뻥 뚫리는 거 같다고나 할까. 너무나 점잖아서 속 터지는 사람들보다 훨씬 좋더라구요. 그분의 거친 말엔 이 시대를 걱정하는 진심이 담겨 있는 거 같다는 생각이 드네요."_Sora Jeung

"유시민, 싸가지 없고 엘리트 의식이 많다는 건 멀리서 보는 것이고, 직접 만나고 겪어보면 따뜻하면서도 판단이 정확한 사람입니다. 은퇴를 하기엔 너무 아까운 사람."_뜨인돌

"잡고자 하는 물고기의 생태 습성을 정확히 알고 있어야 지금 잡을 수 있는지 없는지에 대해 답을 얻을 수 있습니다. 정치도 마찬가지겠죠. 무엇을 잡을지, 어떤 방법으로 잡을지, 잡고 난 후 누구와 나눌 것인지, 낚시 동행은 누구와 할지……."_성준호

"예언은 통찰력의 결정판이고, 표현력의 정수다. 그런데 엉터리 예언가들을 묵살하고 진짜배기 멋진 예언가를 찾아내어 그 적중을 증언해주고 소문을 내주는 능력자는 따로 있다. 비범한 예언이 아직 실현되기 전에 귀담아 듣고 기억하며 예의주시하고 있다가, 사실로

적중되는 순간을 정확하게 포착하는 능력을 지닌 사람이 그런 사람
이다." _김진필

"글을 쓰는 이유나 의도가 누군가를 시기하고 험담하기 위한 것이
아니라면, 견해 차이에서 생기는 문제는 서로가 감수해야 한다."

_Mann Heyin

"노무현의 이미지를 끊임없이 재생산하여 '정서적 반응'을 이끌어내
는 것은 저쪽 동네에서 박정희 가지고 계속 장난치는 것과 사실은
거의 다르지 않다고 봅니다. 좋은 기억은 추억이 되어야지 그것이
현재에도 계속 살아 있게 되면 곧 '망령'이 되어버리겠죠."

_Min-Soo Kwack

"(김문수) 군사독재 시절 민주열사로 고문을 받으면서도 심상정 씨의
위치를 말하지 않은 심지를 높이 평가합니다. 하지만 그 고문의 결
과가 김문수 씨를 변화시키지 않았나 싶습니다. 자신에게 남은 것이
하나도 없다는 상실감이 자신의 신념을 꺾어버린 건 아닌지……."

_이진수

"'분노하지 말아야 한다' 공감! 큰 그릇이 되려면 필부지용의 우를
범하지 말아야. 정치인 중에는 일이 생기면 파르르 분노하는 사람

이 많지요. 근데 결국은 자승자박인 경우가 많지요."_권순범

"민주진보 진영의 편이어서가 아니라 작가의 소견과 그분(이외수)의 철학이 민주진보 진영의 노선과 상식에 부합된 면이 많아서인데, 자칫 민주진보 진영에 비판적인 쓴소리를 하셨을 경우 무조건 자기편이 아니라고 몰매질하는 일은 없어야겠습니다."_조현선

"어느 순간부터 대한민국은 오른쪽이냐 왼쪽이냐로 갈리고 있는 것 같습니다. 높은 사람들은 소통, 통합을 강조하고 있지만 오히려 그들이 나서서 편 가르기를 하는 것 같습니다."_이정룡

"글을 쓸 때 최소한 '혼란, 설렘, 강박관념과 나보다 많이 아는 사람과 글을 잘 쓰는 사람에 대한 두려움'을 갖고 써야 좋은 글이 나오는 거 아닐까요? '혼란, 설렘, 강박관념과 두려움'도 없이 쓰인 위선과 독선으로 가득 찬 글들보다 백배, 천배 더 낫습니다."_이동하

"글을 쓰는 분들이 가장 중요시할 게 있다면, 제 생각엔 아마도 '정확한 사실에 기초했느냐'일 듯합니다. 어떤 사안을 놓고 평가를 내리는 것은 개인의 느낌을 적어가는 것이기에 문제가 안 되지만, 그 기초한 사실관계가 왜곡되거나 정확하지 않다면 말짱 도루묵이기 때문입니다."_김철태

"정의를 바로 세우겠다는 일이 실현될 수 없는 풍토인 줄 알면서 계속적으로 노력하면서 핍박받은 거 생각하면 정치가 이래선 안 되는데, 하면서 곰곰이 생각해보니 결국 우리가 선거라는 제도를 통해 정봉주에게 족쇄를 채운 것이 아닌가 합니다."_김철수

"평전을 쓴다는 것은, 작가의 평이 들어가야 정상이지, 사실만 늘어놓으면 그게 평전인가?"_김성철

"자신이 아는 바가 진리인 줄로 아시는 분들 많습니다. 나이가 많거나 높은 자리에 있는 분들 특히 그러시죠? 그래서 조직원의 자발성, 창조성의 싹이 자라날 수 없는 분위기를 조성합니다. 모든 부분의 절대강자는 없다는 사실을, 담당자에게 맡겨두시는 것이 훨씬 나은 결과를 가져올 수 있다는 사실을 아셨으면 좋겠습니다."

_Park Myoungcheon

"한국에서 표창원 교수님처럼 하기가 참 쉽지 않습니다. 기득권을 버린다는 것, 보수 진영에서 이탈한다는 것, 대단한 용기입니다. 원래 진보 진영에 있던 사람하고는 또 다른 용기죠. 그런 점에서 박수를 보내고 싶습니다."_권상출

"메시아는 없습니다. 다만 시민이 만들어내는 리더가 있을 뿐이지

요. 리더의 선의에 대한 기대는 실망만 있을 뿐입니다."_남홍일

"수고 많으셨어요. 때론 뛰는 가슴으로, 때론 큰 심호흡으로, 때론 숨죽이며, 많은 생각을 하게 했던 지난 시간들. 제 마음의 키가 한 뼘쯤 자란 것 같습니다. 감사의 마음 전합니다."_지현옥

"어릴 적 드래곤볼 해적판 문방구에 언제 올라오나 목 빼며 기다리던 심정으로 읽었던 글들이었습니다. 각고의 노력이 배어 있는 글로 정말 행복했습니다. 감사합니다."_Min-Gyun Oh

"그간의 에피소드. 대한민국 SNS 역사의 한 페이지에 남을 만한 SNS의 긍정적인 영향에 관한 실 사례가 될 것 같습니다."_선용규

"선생님이 강호로 나가시는 것을 보고 있자면 가까웠던 친구가 저 멀리 앞서 나가는 듯한 기분이에요. 어쩐지 섭섭하면서도 자랑스러운 느낌이죠!"_Min-Soo Kwack

"애쓰셨습니다. 세속적 대박도 생활인으로서 당연하지만, 그동안 같이한 우리들 마음속에서는 이미 크게 이뤘습니다. 남은 세월도 더불어 잘 지내봅시다."_임용한

"글쓰기를 좋아하며, 술을 좋아하며, 음악을 좋아하며, 사람을 좋아하며, 친구를 좋아하는 그런 친구. 사회에 비정상적인 현상에 적극 참여하여 자기 목소리를 낼 줄 아는 친구. 한 번 보면 그만의 매력에 빠져드는 친구. 이런 친구가 몸 고생 마음 고생 하면서 또 한 권의 책을 썼다. 작가로서 최선을 다했으니 이젠 하늘의 명을 기다려 따르면 될 듯……."_영주 남부초등학교 동창 이인규

감사 인사

연재 초기에 우리나라 정치 상황 전반에 대해 자상하게 가르쳐주신 정진욱 선생님(알라딘 사외이사)께 감사드립니다. 집필에 많은 도움이 되었습니다.

인물 아이디어를 주신 신종철 로이슈 대표, 김세규 동문, 유희영 님, 연하집 님께 감사하다는 말씀 드립니다.

연재 기간 동안 아낌없는 격려를 보내주신 명지고등학교 문예부 선배님들께 감사 드립니다.

거친 글을 재미있게 읽어준 영주 남부초등학교, 서울 홍연초등학교 동창 친구들에게도 감사의 마음을 전합니다.

깊이 있는 의견과 날카로운 지적을 아끼지 않은 동국대 90학번 동기들에게도 고마운 마음을 전합니다.

삼국지 인물전

ⓒ김재욱 2014

1판 1쇄 발행 2014년 4월 11일
1판 2쇄 발행 2014년 4월 21일

지은이 김재욱
펴낸이 강병선
편집인 황상욱

기획 황상욱
편집 황상욱 윤해승
교정 오효순
디자인 정연화
캐리커처 김재훈
마케팅 방미연 이지현 함유지 윤해승
온라인 마케팅 김희숙 김상만 한수진 이천희
제작 강신은 김동욱 임현식 **제작처** 영신사

펴낸곳 (주)문학동네
출판등록 1993년 10월 22일 제406-2003-000045호
임프린트 휴먼큐브

주소 413-120 경기도 파주시 회동길 210 1층
문의전화 031-955-1902(편집) 031-955-2655(마케팅) 031-955-8855(팩스)
전자우편 forviya@munhak.com **트위터** @humancube44 **페이스북** fb.com/humancube44

ISBN 978-89-546-2443-5 03300

www.munhak.com